Alice Aarau
Ben und Sonia Hur

Reisegast in Korea

Herausgeber der Reihe *Reisegast*:
Gerd Simon

IWANOWSKI´S REISEBUCHVERLAG

Jetzt neu im Internet:

www.iwanowski.de

Hier finden Sie aktuelle Infos zu allen Titeln, interessante Links - und vieles mehr!

Einfach anklicken!

© Buchkonzept Simon KG, München
und Iwanowski's Reisebuchverlag, Dormagen

3. Auflage 2001

Redaktion, Lektorat, Bildredaktion, Satz + DTP:
Buchkonzept Simon KG, München

Aus dem Englischen übertragen und bearbeitet von Dietrich Haubold und Bärbel Jung

Illustrationen: Han-dong Lee (Seiten 13, 61, 98, 115, 140, 145, 185, 215–224), Bildarchiv Buchkonzept Simon KG (Seiten 19, 33, 69, 85, 89, 107, 129, 137, 159, 205). Der Korean National Tourist Corporation Frankfurt a. M., insbesondere Frau Sabine Ben Fradj, sei für die Bereitstellung des Großteils der Illustrationen gedankt.

Gesamtherstellung: F.X. Stückle, D 77955 Ettenheim

ISBN 3-923975-77-5

Inhaltsverzeichnis

Vorwort 10

Das »Land der Morgenstille«

Die Menschen 12
Leidensfähigkeit 13
Fleiß 13
Gefühlsleben 14
Humor 14
Die Sprache 14
Kultur als Folge von
Geschichte 15
Die Anfänge 16
Die Drei Königreiche (ca. 37 v.u.Z.
–668 u.Z.) 16
Das vereinigte Shilla (668–935) 16
Koryo (936–1392) 16
Die Yi-Dynastie (1392–1910) 18
König Sejong 19
Invasionen 20
Das Einsiedler-Königreich 20
Die japanische Besatzungszeit
(1909–1945) 20
Die Geburtsstunde der Republik
Korea 21
Der Koreakrieg (1950–1953) 21
Die Nachkriegsentwicklung 22

Weltsicht, Perspektive und Wahrnehmung der Koreaner

Konfuzianismus 24
Konfuzianische Ideale 25
Die Familie 26
Regierung und Verwaltung 26
Bildung 27
Die Frau – Ein Mensch zweiter
Klasse 28
Das Eherecht 30
Religion 31
Buddhismus 32
Christentum 33
Schamanismus 34
Die *mudang* 36
Der *kut* 37
*Tips für Teilnehmer an einer
Kut-Zeremonie* 38
Der *kosa* 38
Wahrsagerei 40
Die Familie 40
Männliche Vorherrschaft 42
Ehrfurcht vor Eltern und Ahnen 42
Die Großfamilie 42
Altersversorgung 43
Rollenverteilung innerhalb der
Familie 44
Die männliche Rolle 44
Die Rolle der Frau 45
*Lexikon der
Familienbeziehungen* 46
Das *kibun* 45
*Tips für den Umgang mit dem
kibun* 49
Nunchi 50
Vorsicht: Nunchi 50
Fremde und Bekannte 51
Umgang mit Fremden 51
Umgang mit Bekannten 52
*Tips: Koreanischer Umgang mit
Fremden* 52
Sprache ohne Töne: Körper-
und Zeichensprache 53
Verbeugungen 53
Tips für Ihren »Kotau« 54
Ellbogenfreiheit 55
Zwischengeschlechtliche
Körperkontakte 56
Gleichgeschlechtliche
Körperkontakte 56
*Tips bei gleichgeschlechtlicher
Berührungsangst* 57
Blickkontakt 57
Gestik 58
Stille 59
Anklopfen 59

Inhaltsverzeichnis

Kreislauf des Lebens

Schwangerschaft und Geburt 60
Schwangerschaft 62
Namensgebung 63
Geburt 64
Fürsorge für Mutter und Kind 65
Holzkohle und roter Pfeffer 65
Das Fest der hundert Tage 66
*Tips für Glückwünsche zu
Schwangerschaft und Geburt* 66
Lexikon 67
Der erste Geburtstag 65
Geburtstagskleidung 68
Fotografieren 68
Das Festmahl 68
Was bringt die Zukunft? 68
Geschenke 69
*Tips für Feiern
zum ersten Geburtstag* 70
Lexikon 70
Kindheit 70
Die Rolle der Großfamilie 71
Liebe und Nachsicht 72
Spielen im Freien 72
Mit Kindern in Korea 73
Schule 74
Freizeit 75
Gutes Benehmen 75
Tips für den Schulbesuch 75
Studium 76
Erste zarte Bande 77
Studentendemonstrationen 78
Tips: Universität 78
Heirat 78
Partnersuche 80
Die Sterne lügen nicht 81
Die Hochzeitsvorbereitungen 81
Der *ham* 82
Uhrentausch 83
Der Hochzeitstag 83
Der Hochzeitsempfang 84
Flitterwochen 85

Tips für Hochzeitsgäste 86
Lexikon der Anreden 87
Konversation 87
Welt der Arbeit 87
Das Hausfrauendasein 87
Lohnabhängige Tätigkeiten 88
Selbständige 89
Tips: Arbeiten in Korea 90
Alter 90
Hwangap 90
Alter heute 90
Tips für den Umgang mit alten
Menschen 92
Tod 94
Ratschläge für Trauergäste 96
Lexikon 96
Konversation 96
Ahnenverehrung 96
Besuche am Grab 97
Häusliches Gedenken 98
(Un)rühmliche Ausnahme:
Die Christen 98

Kreislauf des Jahres

Die Jahreszeiten 99
Frühling 99
Sommer 99
Herbst 100
Winter 100
Lexikon der Jahreszeiten 102
Feste und Feiertage 102
Neujahr *(shinjang, sôl)* 103
Tips: Neujahr 105
Lexikon 105
Konversation 106
Erster Vollmond *(bôrum-nai)* 106
Unabhängigkeitstag *(samil,
samil-chôl)* 106
Tag des Baumes *(shingmok-il)* 106
Hanshik-Tag
(»Tag des kalten Essens«) 108
Tip: Hanshik 108

Inhaltsverzeichnis

Tag des Kindes *(ôrini-al)* 108
Tag der Eltern (früher Muttertag, *ôbôi-nal, ômôni-nal)* 109
Tag des Lehrers *(sûsûng-ûi nal)* 109
Buddhas Geburtstag *(buch'ônim t'ansaeng il)* 109
Totengedenktag (Volkstrauertag, *hyôngch'ung-il)* 110
Verfassungstag *(chehôn-il)* 110
Tag der Befreiung *(kwangbok-chôl)* 110
Herbstmondfest *(ch'usôk)* 110
Ch'usôk-*Lexikon* 110
Gedenktag zur Gründung der Nation *(kaech'on-chol)* 112
Tag des koreanischen Alphabets *(hangul-nal)* 112
Weihnachten *(k'ûrisûmassû = Christmas)* 112
Tips: Weihnachten 112
Lexikon 113
Konversation 113

Das Leben genießen

Alkohol und seine Begleiterscheinungen 114
Der Zweck heiligt die Mittel 115
Tips: Feuchtfröhlichkeit 116
Trinkbräuche 116
Frauen und Alkohol 117
Die *kisaeng* 118
Tips: Kisaeng 118
Singen 119
Ein Glas ablehnen 120
Haltung bewahren 121
Lexikon der Trinkfreude 121
Konversation 121
Freundschaft 122
Auch das Studium verbindet 122
Kontakte unter Erwachsenen 124
Tips: Freundschaft 124
Gaumenfreuden 124
Von der Bedeutung des Essens 126
Typische koreanische Gerichte 127
Tischsitten 128
Einige klassische koreanische Gerichte 130
Ausländisches Essen 131
Tips: Speisen in Korea 132
Lexikon und Konversation 132
Erholung und Freizeit 133
Senioren unterwegs 133
Getrennt reisen 134
Studenten 134
Familienferien 135
Tips: Urlaub 135
Spaß und Spiel 136
Yut 136
Paduk 136
Changgi 137
Nôlddwigi 138
Yônnalligi 138
Kûne 138
Ssirûm 139

Vom Umgang mit Koreanern

Der Amtsschimmel 140
Das Vorzimmer 141
Flexibilität 141
Eine Vorwarnung 142
Aufenthaltserlaubnis 142
Die Vorstellung 142
Tips: Vorstellung 144
Lexikon 144
Konversation 144
Tips: Namen und Anreden 145
Gespräche 146
Persönliche Fragen 146
Konversations-Lexikon 146
Zwanglose Plauderei 147
Tabuthemen 147
Gespräche zwischen Männern und Frauen 148
»Hoch die Tassen ...« 149
Das Teehaus 150

7

Inhaltsverzeichnis

Das Café 150
Gartenlokale 151
Hotelrestaurants 151
Kneipen und Bars 152
Bierlokale 152
Bars 152
Room Saloons 152
Tanzlokale 153
Diskos 154
Nachtklubs 154
Wer zahlt? 154
Trinkgelder 154
Öffentliche Toiletten ... 154
Tips: Toiletten 154
Lexikon 155
Konversation 156
Eingeladen bei Koreanern 154
Ankunft 156
Geschenke 156
Tips für Gastgeschenke 157
Das Essen 157
Nach dem Essen 158
Tip: Gesangseinlagen .. 159
Abschied 159
Koreaner zu Gast 159
Begrüßung 160
Getränke und Appetithappen 160
Tips: Alkoholische Elixiere ... 160
Essen 161
Servieren 162
Nachtisch 163
Nach dem Essen 163
Abschied 163
Abschieds-Konversation 163
Dienstbare Geister .. 162
Hausmädchen 164
Die Anstellung 165
Der erste Tag 166
Badezimmer 166
Anweisungen 167
Fahrer 167
Gärtner 168
Wachen 168
Wenn es an der Tür klingelt 168

Tips: Schutz vor Einbrechern 169
Auf dem Markt 169
Die Händler 170
Handeln 170
Loyalität 171
Wie Sie sich an das Handeln
gewöhnen 172
Tips für das Handeln .. 172
Lexikon 172
Konversation 174
Mit dem Taxi unterwegs 174
Ein Taxi ergattern 174
Verständigung mit dem Fahrer ... 176
Tips: Taxifahren 176
Die Fahrt im Taxi 177
Am falschen Ziel 178
Rennfahrer 179
Fahrpreis 179
Schichtwechsel und
Mittagspause 180
Hapsûng 180
Tips: Taxi-Lexikon 181
Konversation 181

Geschäftsleben

Geschäftsbeziehungen 182
Tip: Arbeitsessen 183
Gesellschaftliche Stellung 183
Titel 184
Rangordnung 184
Vorstellungen 184
Sprache und Kommunikation 185
Das koreanische »Ja« und
»Nein« 186
Telefon 186
Nonverbale Kommunikation 187
Zeit 188
Verabredungen 188
Verträge 189
Verhandlungen 189
Loyalität 190
Respekt 190
Tips: Betriebsklima 191

Inhaltsverzeichnis

Erfrischungen 191
Geschenke 192
Bestechung 192
*Tips: Verpflichtung durch
Geschenke* 192
Vor dem Vertrag das Vergnügen ... 193
Tips: Geschäft und Lust 193
*Tun und Lassen im
Geschäftsleben* 194
Lexikon 194

Leben in Korea

Wohnen 193
Wohngegend 196
Maklerbüros 197
Mietzahlung 198
Mietvertrag 198
Nebenkosten und Wartung 198
Lexikon der Wohnungssuche 198
Nah- und Fernverkehr 199
Mit dem eigenen Auto
unterwegs 199
Ein eigener Fahrer 200
Die U-Bahn 200
Busse 200
Taxis 201
Schnellbusse 201
Züge 202
Lexikon der Reisemittel 202
Kleidung 202
Lexikon: Kleider machen Leute .. 203
Gesundheit 204
Wasser 204
Essen 204
Ärzte 204
Apotheken 205
Tips: Medikamente 205

Zahnärzte 205
Lexikon der Medizin 206

Kulturschock

Kulturschock: Was ist das? ... 204
Symptome des Kulturschocks:
Übertriebene Sauberkeit 208
Gefühle von Hilflosigkeit und
Isolation 208
Depression 208
Heimweh 208
Reizbarkeit 209
**Kulturschock:
Jeden trifft es anders** 209
Alleinstehende in Korea 209
Ausländische Ehepartner von
Koreanern 210
Europäische Ausländer 211
Nichtkoreaner koreanischer
Abstammung 212
**Mit dem Kulturschock
leben** 213
Vorinformationen 213
Kontakt zu Koreanern 213
Koreanisch lernen 214

Kulturspiel

**Einführung und
Situationen 1–10** 215

Tun und Lassen

Von A–Z 225

Stichwortverzeichnis 229

Vorwort

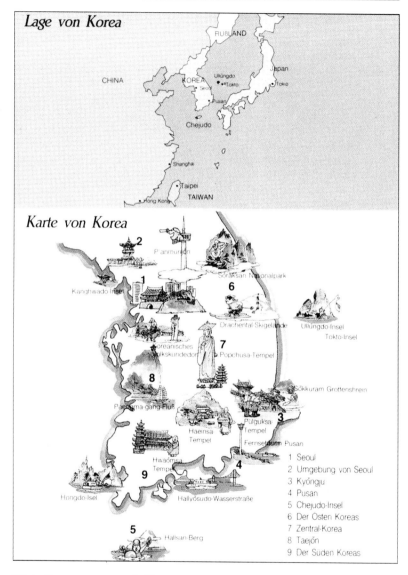

Viele **Begegnungen mit Koreanern** können interessant sein, lustig, anregend, humorvoll, bildend und voller Überraschungen. Andere erweisen sich als das Gegenteil: Sie verwirren, enttäuschen, reizen zu Ärger und Wut. Wer

Vorwort

länger in (Süd-) Korea lebt, der empfindet das Leben in diesem kleinen gebirgigen Land als geradezu wohltuend. Den Neuling dagegen befällt unweigerlich der **Kulturschock**. Die meisten Reisenden, die kürzere oder längere Zeit im »Land der Morgenstille« weilen, entdecken viel Liebenswertes: die Verbundenheit mit der Natur zum Beispiel, die sich auch in der Architektur widerspiegelt; die Nationalparks; die zahllosen Blumen und Bäume, die die Straßen selbst in den übervölkerten Städten säumen; die Wärme und Freundlichkeit der Koreaner, die man schon während der ersten Stunden in diesem Land verspürt; schließlich die allgegenwärtige Geschichte mit ihren lebendigen Traditionen – eine Geschichte, die nahtlos an die moderne Lebensweise und ihre Annehmlichkeiten anknüpft. Korea hat also, diese kurze Aufzählung soll als Beweis genügen, zahlreiche anziehende Reize.
Aber **selbst im schönsten Land enthüllt das Leben seine Tücken**, etwa wenn man nicht weiß, wo man eine Toilette, Haarshampoo oder ein Taxi finden kann. Dies liegt allerdings nicht so sehr daran, daß die technischen Gegebenheiten sich vom Gewohnten vollständig unterscheiden. Viele Besucher vermögen sich durchaus auf andere Bräuche und Verhaltensweisen einzustellen.
Für jemanden, der unversehens in einen anderen Kulturkreis verpflanzt wird, sind wohl meist die **grundlegenden Angelegenheiten des Lebens** am schwierigsten zu bewältigen. Trotz aller Verständnisbereitschaft stößt er auf etliche Widersprüche, die von einem westlichen Standpunkt aus schlichtweg unbegreiflich erscheinen. Und wenn er schließlich erstmals glaubt, diese alte und ehrwürdige Kultur endlich verstanden zu haben, dann geschieht etwas, das sämtlichen Erklärungsmustern zuwiderläuft.
Mit diesem Buch wollen wir Ihnen helfen, Korea so kennenzulernen und zu verstehen, daß Sie die Begegnung mit seiner reichen östlichen Kultur **uneingeschränkt genießen** können. Dabei werden Sie nicht nur lernen, sich in diesem einzigartigen Land zurechtzufinden, sondern auch erahnen, wie seine Menschen denken, fühlen und sich verständigen.

Das
»Land der Morgenstille«

Die **koreanische Halbinsel** ist gebirgig, durchzogen von engen Tälern, vielen kleinen Wasserläufen, langen und breiten Flüssen, fruchtbaren Ebenen. Die Landfläche umfaßt 221.370 qkm. Im Vergleich dazu muten seine drei unmittelbaren Nachbarn – China, Rußland und Japan – als wahrhafte Riesen an.

Korea scheint zum Südwesten hin ins Meer abzukippen – die höheren Regionen liegen alle im Nordosten, nach Süden und Westen hin flacht das Land zunehmend ab. Die **Gebirgsregion an der Ostküste** ist malerisch zerklüftet (kein Wunder, daß sie Touristen wie magisch anzieht); an manchen Stellen erscheinen die Berge höher als in Wirklichkeit. Wenige Gipfel der Halbinsel überragen 1.200 m. Am Ozean – dem Ostmeer – fällt diese Gebirgslandschaft jäh ab.

Tausende von Buchten und kleinen Inseln prägen die **West- und Südküste**. Mehr als 3.400 **Inseln** zählen zu Korea; die bekannteste (und größte) ist **Cheju** mit ihrem tropischen Klima, ihren langen Sandstränden, vulkanischen Höhlen und idyllischen Wanderwegen.

Der größte Teil der **landwirtschaftlichen Nutzfläche** (sie umfaßt etwa 20% Koreas) liegt im Süden, der Norden birgt hingegen mehr **Bodenschätze**. Die beiden Landesteile werden ungefähr am 38. Breitengrad durch eine 2.000 qkm umfassende **entmilitarisierte Zone** künstlich getrennt.

Im Süden, der **Republik Korea**, leben rund 45 Mio. Einwohner – bei schneller Zuwachsrate. Damit zählt Südkorea zu den dichtestbevölkerten Ländern, noch vor Indien oder Japan. Den Norden, die **Demokratische Volksrepublik Korea**, bevölkern nur etwa halb so viele Menschen.

Die Menschen

Archäologen vermuten, daß gegen 4.000 v.u.Z. **Stämme aus dem Altai-Gebirge** begannen, in die Mandschurei und nach Sibirien zu wandern. Manche von ihnen zogen noch weiter, bis zur heutigen Halbinsel Korea. Einige dieser Volksgruppen gelangten sogar bis Japan, wo sie zum rassischen Grundtyp der japanischen Bevölkerung beitrugen.

Jene Stämme, die die koreanische Halbinsel besiedelt hatten, schlossen sich um die Zeitenwende zu **drei Königreichen** zusammen, die schließlich 668 u.Z. unter der **Shilla-Dynastie** vereinigt wurden.

Die heutigen Koreaner bilden einen eigenen Menschenschlag, der sich deutlich von den Nachbarn unterscheidet; sie verfügen über eine **einheitliche Sprache und Kultur**. Dies hat ihnen bis in die jüngste Zeit geholfen, ihre

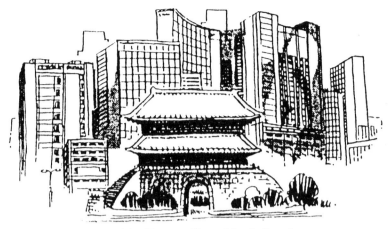

Land der Morgenstille und des Aufbruchs

Identität zu wahren – trotz immer wiederkehrender Invasionen fremder Mächte und einiger längerer Perioden nichtkoreanischer Herrschaft. Nicht zuletzt deshalb ist der **Stolz auf die eigene, ehrwürdige und einzigartige Kultur und Ethnie** auch für die modernen Koreaner selbstverständlich.

Leidensfähigkeit

Es scheint, als könnten Koreaner nahezu alles ertragen. Sie zeigen sich überraschend geduldig im Warten auf bessere Zeiten, getragen von der Hoffnung, daß – wenn nicht sie selbst – ihre Kinder es einmal besser haben werden. Diese schier **grenzenlose Leidensfähigkeit** kam in der jüngeren Geschichte unter anderem zum Ausdruck, als Japan 36 Jahre lang bei Einsatz aller (un)zulässigen Mittel die Koreaner kulturell, politisch und ökonomisch zu überfremden versuchte, ebenso im Koreakrieg, der in den 50er Jahren das Land fast völlig verwüstete.

Ebenso scheinen Koreaner fähig zu sein, die gleichermaßen unerträgliche Unterdrückung und Demütigung durch Machthaber, Beamte, Lehrer, Vorgesetzte und gar Ehegatten zu erdulden. Mitunter mutet diese Hingabe **fatalistisch** an, als Ergebung in die Erkenntnis, daß eine Veränderung der Verhältnisse niemals zu erreichen sei. Und dann wieder scheint in dieser Haltung die Erwartung mitzuschwingen, daß eine solche Ausdauer **im buddhistischen Sinne** am Ende reich belohnt wird.

Fleiß

Koreanische Geschäftsleute und Hausfrauen besitzen die Begabung, aus dem scheinbaren Nichts etwas hervorzuzaubern. Um ein selbstgestecktes

Ziel zu erlangen, scheint keine Anstrengung zu groß. Korea verfügt über wenig eigene Rohstoffe; als wertvollstes Kapital des Landes gilt der **hohe Bildungsstand** der Bevölkerung. Vom unbändigen Fleiß der Bevölkerung zeugen die wirtschaftlichen Erfolge der jüngeren Zeit.

Gefühlsleben

Eine **konfuzianisch geprägte Kultur** verlangt vom einzelnen, Gefühle im Zaum zu halten. Gelingt es aber gelegentlich, hinter die so stoisch anmutende koreanische Fassade zu blicken, dann erkennt auch der Fremde vielfältige Gefühle, die sich in bestimmten Situationen sogar in leidenschaftlichen Ausbrüchen entladen. Positive Gefühle, etwa Gemeinschaft, Freundschaft, Treue oder Mitleid, werden sehr tief empfunden und auch ausgedrückt.

Humor

Obwohl die Koreaner überaus gewissenhaft, beherrscht und geduldig erscheinen, besitzen sie einen **ausgeprägten Sinn für Humor**. Und mit eben diesem Humor meistern sie alle erdenklichen Schwierigkeiten und Situationen.
Der koreanische Humor zeigt sich auch in der **Volkskunst**, in Maskentänzen, Puppenspielen und sogar bei schamanistischen Zeremonien. Aber auch in ganz **alltäglichen Situationen** findet sich immer wieder jemand, der über die beneidenswerte Gabe verfügt, die anderen zum Lachen zu bringen. Schade, daß Ausländer diesen Wesenszug der Koreaner nur selten genießen können – in der Übersetzung geht der typisch koreanische Mutterwitz zumeist verloren.

Die Sprache

Die koreanische Sprache gehört zur **Altai-Familie**, sie besitzt Ähnlichkeiten mit dem Mongolischen und dem Mandschurischen. Linguisten weisen auf grammatische Übereinstimmungen mit dem Finnischen und Japanischen hin – Sprachen, bei denen das Verb ebenfalls steht am Satzende steht.
Obwohl viele chinesische Ausdrücke übernommen wurden und chinesische Schriftzeichen heute noch Verwendung finden, besteht keinerlei Verwandtschaft zwischen der koreanischen und der chinesischen **Grammatik**. Ursprünglich sprachen und schrieben koreanische Gelehrte **Chinesisch** (daneben bestand eine vereinfachte chinesische Schrift, mit der man Koreanisch zu Papier bringen konnte).
Doch im Jahre 1446 führte König Sejong **das koreanische Alphabet** *hangul* ein, um breiten Schichten der Koreaner das Lesen und Schreiben zu erleichtern. *Hangul* ist eine wissenschaftlich fundierte **phonetische Schrift** mit 10 Vokalen und 14 Konsonanten, aus denen sich 40 Schriftzeichen erge-

Land der Morgenstille

»Land der Morgenstille« –
Die geradezu meditativ anregende Architektur des alten Korea
bestätigt das poetische Selbstbild des Landes.

ben. In Anlehnung an das chinesische Schriftbild wird nicht in fortlaufenden Buchstaben wie bei den westlichen Alphabeten, sondern in **Silbengruppen** geschrieben. Im Vergleich zu vielen anderen Schriften und besonders dem Chinesischen läßt sich *hangul* ohne übermäßige Mühen lernen.

In koreanischen Gesprächen werden Sie oft **englische Fremd- oder Lehnwörter** vernehmen, etwa »computer«, »supermarket«, »aspirin« oder »bus«. Tatsächlich hat man viele neue (vor allem auch wissenschaftliche Begriffe) aus dem westlichen Ausland übernommen.

Vorbehalte gegen die Verwendung solcher entlehnter Wörter bestehen kaum, im Gegenteil. Viele einheimische Produkte schmücken sich mit englischen Namen.

Kultur als Folge von Geschichte

Koreanische Kinder erhalten während ihrer gesamten 12jährigen Schulzeit Geschichtsunterricht. Angesichts der **5.000 Jahre alten koreanischen Vergangenheit** wirkt unser Versuch, die Kultur aus ihrer Geschichte zu betrachten, geradezu sträflich knapp.

Viele geschichtliche Zusammenhänge lassen sich bis zum heutigen Tag aus der **geographischen Lage** des Landes erklären. Denn diese ließ die koreanische Halbinsel benachbarten Großmächten stets als besonders begehrenswert erscheinen.

Die Anfänge

Der koreanischen Überlieferung zufolge schickte der Himmelskönig Hwanin seinen Sohn Hwanung auf die Erde. Dieser heiratete dort eine Frau – eine Bärin, der er auf ihre Bitten hin Menschengestalt verliehen hatte. Sie gebar einen Sohn, **Tangun**, den Gründer des koreanischen Reiches. Tanguns Geburtstag, der 3. Oktober, ist ein **Nationalfeiertag**. Dieses Datum erinnert zugleich an die **Reichsgründung** am 3. Oktober 2333 v.u.Z. und die Ernennung des heute im Norden gelegenen **Pyongyang** zur Hauptstadt. Der Festtag heißt übrigens *kae ch'ôn chôl,* was soviel bedeutet wie »der Tag, an dem sich der Himmel öffnete«.

Die Drei Königreiche (ca. 37 v.u.Z.–668 u.Z.)

Chinesische Quellen nennen als **Gründungsdatum Koreas** das Jahr 1122 v.u.Z. Es finden sich allerdings nur wenige Aufzeichnungen zur koreanischen Geschichte bis zur Zeit der **drei Königreiche**.
Koguryo im Norden trat als erste größte Macht in Erscheinung und nahm auch als erstes koreanisches Königreich den über Indien nach China eingeführten Buddhismus an. Danach entwickelte sich **Paekche**, im Süden gelegen und bekannt für seine künstlerisch hochwertige Kultur, die das frühe Japan maßgeblich beeinflußte. Schließlich entstand **Shilla**, das sich vor allem durch militärische Stärke hervortat. Diese drei Königreiche (sowie das Herzogtum Kaya im Süden) bestanden nebeneinander bis zum Jahre 668, als Shilla die Halbinsel Korea unter seiner Herrschaft vereinigte.

Das vereinigte Shilla (668–935)

Die Shilla-Zeit gilt wegen ihrer Pflege der Künste und Wissenschaften als Koreas »**Goldenes Zeitalter**«. Staatsreligion war der **Buddhismus**, der auf die Volksreligion ausstrahlte und mit der traditionellen animistischen Vorstellungswelt ungewöhnliche Verbindungen einging. Hauptstadt des Shilla-Reiches war **Kyongju**, das als »Museum ohne Mauern« heute Touristen aus aller Welt anzieht. Im Lauf der Zeit vergrößerte sich das ökonomische Ungleichgewicht zwischen Herrschern und Beherrschten; Korruption und interne Machtkämpfe führten schließlich zum Sturz der Regierung.

Koryo (936–1392)

Die neue Dynastie, die das Land 400 Jahre regieren sollte, geht auf **General Wang Kôn** zurück. Der Buddhismus blieb Staatsreligion; das **konfuzianische Beamtensystem**, das Männern aus allen Schichten durch zentrale Prüfungen den Weg zu höheren Positionen in Militär und Verwaltung öffnete, wurde eingeführt; den hochgebildeten Beamten war sogar gestattet, königli-

Land der Morgenstille

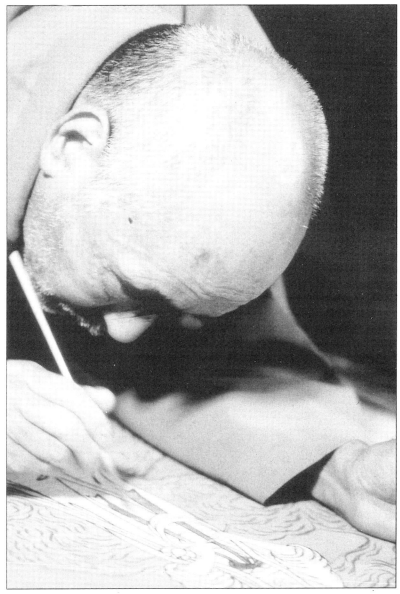

Nationaltugenden Fleiß, Konzentration, konfuzianische Leistungsethik

che Entscheidungen zu kritisieren. Die **Porzellanherstellung** nahm einen ungeahnten Aufschwung – bekannt sind die kostbaren grünlich glasierten

Die Ergänzungsseite des koreanischen Fleißes, der Geduld und der Leidensfähigkeit ist ein ausgeprägter Sinn für Humor.

Seladone jener Zeit –, ebenso die **Literatur**. Im Jahre 1231 allerdings eroberten die **Mongolen**, die bereits China in die Knie gezwungen hatten, das Land und beherrschten es bis 1368. In den Feldzügen wurden zahlreiche Kulturschätze zerstört.

Innenpolitische Probleme entstanden durch **Auseinandersetzungen zwischen Buddhisten und (Neo-) Konfuzianern**, die bislang eher friedlich nebeneinander gelebt hatten. Den Konfuzianern waren vor allem die hohen Ausgaben für die Tempel ein Dorn im Auge. Auch wandten sie sich dagegen, daß die buddhistischen Mönche ihre Familien verließen, da dies dem konfuzianischen Ideal der kindlichen Ehrerbietung und Fürsorge für die Eltern zuwiderlief.

Für Unruhe sorgten zudem die **japanischen Überfälle**. Japan hatte sich inzwischen zur straff organisierten Militärmacht entwickelt und unternahm immer häufiger Raub- und Eroberungszüge nach Korea.

Als die Ming-Dynastie in China den Mongolen die Macht entriß, entledigte sie sich auch des Königs von Koryo, der die Mongolen gegen die Ming unterstützt hatte. Dies gab **General Yi Sông-gye** die Gelegenheit, den koreanischen Thron zu übernehmen.

Die Yi-Dynastie (1392–1910)

Der erste Yi-König verlegte die Hauptstadt von der Nähe des heutigen Panmunjom nach **Seoul**, das er **Hanyang** nannte (*han* für den Fluß, an dem

Transskription nach McC/R	Aussprache	Transskription nach McC/R	Aussprache	Transskription nach McC/R	Aussprache	Transskription nach McC/R	Aussprache
ㅣ i	i	ㅚ oe	ö	ㄱ k, g	k, g	ㅋ k'	k (aspiriert)
ㅏ a	a	ㅘ wa	wa	ㄴ n	n	ㅌ t'	t (aspiriert)
ㅐ ae	ä	ㅙ wae	wä	ㄷ t, d	t, d	ㅍ p'	p (aspiriert)
ㅑ ya	ja	ㅡ ŭ	ü (im Rachen gespr.)	ㄹ l, r	l, r	ㅎ h	h
ㅒ yae	jä	ㅢ ŭi	üi (im Rachen gespr.)	ㅁ m	m	ㄲ kk	gg
ㅓ ŏ	offenes o	ㅜ u	u	ㅂ p, b	p, b	ㄸ tt	dd
ㅔ e	e	ㅟ ui	ü	ㅅ s	s vor i: sch	ㅃ pp	bb
ㅕ yŏ	jo	ㅝ wŏ	wo	ㅇ ng	ng	ㅆ ss	ss
ㅖ ye	je	ㅞ we	we	ㅈ ch, j	tsch	ㅉ tch	tch
ㅗ o	o	ㅛ yo	jo	ㅊ ch'	tch (aspiriert)		
		ㅠ yu	ju				

Hangul – die koreanische Schrift

Seoul liegt, *yang* für die lebensspendende Kraft). Die verbliebenen Stadttore, Paläste und zahlreichen Befestigungen in Seoul und Umgebung sind Zeugnisse des Yi-Reiches.

Um die korrupte Koryo-Regierung zu bekämpfen und seine eigene Herrschaft zu legitimieren, erklärte General Yi den (Neo-) Konfuzianismus zur Staatsreligion. Die **Buddhisten-Verfolgung** der späteren Koryo-Periode setzte sich fort; der Buddhismus wurde zur Quelle von Korruption und moralischem Verfall erklärt.

Die **strenge konfuzianische Ethik** beeinflußte nicht nur die Staatsführung, sondern auch das Familienleben, z.B. durch die strikte Trennung der Lebensbereiche von Mann und Frau, die vor allem von den *yangban*, der Oberklasse, beachtet wurde.

König Sejong

König Sejong regierte von 1418 bis 1450 und gilt als **einer der bedeutendsten Herrscher der koreanischen Geschichte**. Neben der Einführung des *Hangul*-Alphabets zählten zu den Verdiensten seiner Regierungszeit Fortschritte in der Geschichtsforschung, der Politik, der Medizin und in der konfuzianischen Staatsethik, außerdem Erfindungen wie die Sonnenuhr, die Wasseruhr und ein Regenmeßgerät. Auch die Landwirtschaft erforschte man wissenschaftlich und gab die gewonnenen Erkenntnisse an die Bauern weiter.

Doch König Sejongs größtes Verdienst bleibt ohne Zweifel die Erfindung und Einführung des *hangul*, des **koreanischen Alphabets**. Denn bis dahin konnten nur Gelehrte schreiben und lesen, kostete es doch Jahre intensiven Studiums, um die chinesische Schrift zu beherrschen.

Invasionen

Im späten 16. Jh. überfielen die **Japaner** mehrmals die Südküste Koreas. Der Grund: Der herrschende *shogun* **Toyotomi Hideyoshi** wollte Korea erobern, um es als Aufmarschgebiet gegen China zu nutzen. Die Koreaner kämpften tapfer, konnten aber wenig gegen die zahlenmäßig überlegenen Japaner ausrichten, die sogar bis nach Seoul vordrangen. Hilfe kam von China. Admiral **Yi Sun-shin** schlug mit seinen »Schildkrötenschiffen« (den ersten Panzerschiffen der Seekriegsgeschichte) mehrfach die Japaner und schnitt sie so von ihren Nachschubwegen ab. Yi, heute noch als Nationalheld gefeiert, fiel in diesen Kämpfen.

Der Krieg fand erst mit Hideyoshis Tod sein Ende. Korea lag weitgehend verwüstet darnieder und focht bis in die Neuzeit darum, sich von den Folgen zu erholen.

Das Einsiedler-Königreich

Während Korea stets Beziehungen zu China und Japan unterhielt (häufig nicht ganz freiwillig – der Hideyoshi-Invasion folgten mehrere Angriffe Mandschu-Chinas), verhielt es sich **abwehrend gegen westliche Einflüsse**. Man befürchtete, westliches Gedankengut und **christliche Mission** könnten die starke Stellung des Konfuzianismus untergraben. So gelang Missionaren zwar gelegentlich »die Rettung einiger Seelen«, sie mußten ihren »Einsatz« aber häufig mit dem Leben bezahlen. Koloniale Annäherungsversuche anderer Länder wurden schroff abgewiesen, und diese **isolationistische Politik** machte Korea zum »Einsiedler-Königreich«.

Die japanische Besatzungszeit (1909–1945)

Nach dem Ende des 19. Jh. war Korea bemüht, ausländische Einflüsse abzuwehren. Doch es mußte unter dem Druck der damaligen See- und Großmächte zunächst seine **Häfen öffnen** und geriet alsbald zum **Spielball bei den Machtkämpfen zwischen Rußland, China und Japan**. Nachdem Japan seine beiden Konkurrenten besiegt hatte – China 1894, das Zarenreich 1895 –, brachte es Korea zunehmend unter seinen Einfluß und besetzte schließlich das Land.

Die Japaner kontrollierten ab 1909 sämtliche Bereiche des koreanischen Lebens: Transport- und Kommunikationswesen, Fischerei, Holzhandel, Bergbau und Landbesitz. Die Kinder wurden in Japanisch unterrichtet, die Einwohner gezwungen, japanische Namen anzunehmen. Es war verboten, koreanische Geschichte zu unterrichten. Viele Koreaner wurden nach

Mit solchen gepanzerten »Schildkrötenschiffen« (kobuk son) wehrte der Nationalheld Yi Sun-shin im späten 16. Jh. mehrere Angriffe der Japaner ab.

Japan verschleppt – als billige Arbeitskräfte oder Soldaten der kaiserlichen Armee.

Die Geburtsstunde der Republik Korea

Nach Japans Kapitulation im II. Weltkrieg kamen die Vereinigten Staaten und die Sowjetunion überein, daß Korea südlich des 38. Breitengrades vorübergehend von den USA, das Gebiet nördlich davon von der UdSSR verwaltet werden sollte. Später jedoch waren die beiden Landesteile außerstande, sich über einen Zusammenschluß zu einigen. 1948 wurde **Syngman Rhee** im Süden zum Präsidenten gewählt, im Norden übernahm **Kim Il-sung** die Macht.

Der Koreakrieg (1950–1953)

1949 zogen sich die USA aus Südkorea zurück. Auch die Sowjetunion zog ihre Truppen ab; sie hinterließ aber ein gut ausgebildetes und ausgerüstetes koreanisches Militär. **Im Juni 1950 drang Nordkorea in den südlichen Landesteil ein**, eroberte binnen drei Tagen Seoul und kontrollierte einen Monat später die gesamte Halbinsel mit Ausnahme der im Südosten gelegenen Hafenstadt Pusan.
Die USA und andere Mitglieder der Vereinten Nationen sandten daraufhin Truppen und drängten in der Folgezeit die Kommunisten bis zur Nordgren-

ze am Yalu-Fluß zurück. Die junge **Volksrepublik China** intervenierte zugunsten des Nordens. Chinesen und Nordkoreaner zwangen die UN-Truppen zunächst zum Rückzug bis weit in den Süden. Im Gegenzug wurden die kommunistischen Verbände bis etwa zum 38. Breitengrad zurückgedrängt. Im Juli 1951 begannen Waffenstillstandsverhandlungen, doch ein Vertrag wurde erst zwei Jahre später unterzeichnet. Dieser beinhaltete allerdings lediglich eine Vereinbarung über eine vorläufige Feuerpause; alle Bemühungen um eine dauerhafte Lösung scheiterten.

Der Koreakrieg hinterließ als Vermächtnis ein **verwüstetes Land**. Nahezu jede Familie hatte Angehörige verloren, die Waffenstillstandsgrenze zwischen Nord und Süd zerriß zahllose Familienbande, Tausende von Waisenkindern irrten umher. Industrie und Landwirtschaft lagen zerstört darnieder.

Die Nachkriegsentwicklung

Syngman Rhee blieb Präsident, bis im April 1960 ein Studentenaufstand seinen Rücktritt erzwang. Im Juni 1960 erhielt **Chang Myon** das Amt des Premierministers unter Präsident **Yun Posun**. Sie regierten das unruhige, von inneren Problemen zerrissene Land nur etwa ein Jahr lang, bis am 16. Mai 1961 das Militär unter Generalmajor **Park Chung-hee** die Macht übernahm. Park, ab 1963 ziviler Präsident, gründete die **Dritte Koreanische Republik**. Die »*Yushin*-**Verfassung**« verlieh ihm außerordentliche Vollmachten. In den 17 Jahren seiner Herrschaft nahm Südkorea einen beispiellosen wirtschaftlichen Aufschwung, allerdings auf Kosten der städtischen Arbeiterschaft und der Landbevölkerung. Park wurde im Oktober 1979 ermordet.

Die Hoffnungen des Volkes auf eine Demokratisierung unter dem zivilen Präsidenten **Choi Kyu-ha**, dem früheren Premierminister, erfüllten sich nicht. Militärische Kräfte unter General **Chun Doo-hwan** übernahmen allmählich die Macht. Sie zeichnen auch verantwortlich für das **Massaker von Kwangju** im Mai 1980, bei dem ein Studentenaufstand in der Provinzhauptstadt Kwangju blutig niedergeschlagen wurde.

Ab 1980/81 folgte dann die **Fünfte Koreanische Republik** unter Präsident **Chun**, der mit Billigung und Unterstützung des Militärs schließlich die Macht übernahm und einer aus Militärs und Zivilisten gebildeten Regierung vorstand. Er konnte sich gegen Ende seiner Regierungszeit einer allmählichen Demokratisierung nicht länger verschließen und übergab 1988 **Roh Tae-woo** das Präsidentenamt. Im Parlament verfügten nach 1988 die Oppositionsparteien über die Mehrheit.

Rohs Amtsantritt fiel mit den **Olympischen Sommerspielen 1988** in Seoul zusammen, die Südkorea weltweit in die Schlagzeilen brachten. Unter seiner Regierung wurden die **Gespräche mit dem Norden** verstärkt, nachdem sich schon seit Beginn der 80er Jahre eine allmähliche Öffnung zwischen den verfeindeten Landesteilen andeutete. Die **künstliche Teilung ihres Landes** ist für die Koreaner im Norden wie im Süden Grund für Betrübnis. Es

Land der Morgenstille

Das Freiheitshaus von Panmunjom beschwört in seinem historisierenden Baustil das gemeinsame kulturelle Erbe von Nord- und Südkorea, erfüllt aber gleichzeitig die schmerzhafte sowie voyeuristische Aufgabe der früheren Berliner Aussichtsplattformen in den Osten der Stadt.

besteht, nicht allein wegen der durchtrennten Familienbande, ein tiefes Gefühl der Zusammengehörigkeit. Andererseits schwelt im Süden, vor allem in der älteren Generation, weiterhin die **Furcht vor einer Bedrohung aus dem Norden**. Mit wenigen Ausnahmen dienen alle jungen Koreaner zwei bis drei Jahre beim Militär. Allmonatlich finden zivile Verteidigungsübungen statt mit Probealarmen, bei denen alle Bürger für 20 Minuten die Straßen verlassen und Schutzräume aufsuchen müssen.

Die sich stabilisierende demokratische Entwicklung Südkoreas in den 90er Jahren – gepaart mit einer sprunghaften Produktivkraftentfaltung – läßt keinen Zweifel zu, welchem der beiden koreanischen politischen Systeme die Zukunft gehören wird. Es bleibt nur zu hoffen, daß die koreanische Wiedervereinigung so friedlich verlaufen wird wie die deutsche – und dabei noch aus den Schwierigkeiten jener deutschen Wiedervereinigung gelernt werden kann.

Weltsicht, Perspektive und Wahrnehmung der Koreaner

»Getrennte Rechnung« – dies ist für Europäer, selbst unter Freunden, durchaus nicht anstößig. Koreaner dagegen empfinden diese Zahlweise als unfreundlich und egoistisch. **Der perspektivische Standort bestimmt die Wahrnehmung.** Was für einen Alpenbewohner nur wenig mehr als einen Maulwurfshügel darstellt, das kann auf einen Koreaner, der kaum hohe Gipfel kennt, wie ein furchteinflößendes Bergmassiv wirken.

Wie man Ereignisse aufnimmt, wie man das Verhalten eines anderen Menschen beurteilt, wie man sein eigenes Verhalten anpaßt, all dies wird vom **kulturellen Hintergrund** bestimmt. Derlei Verhaltensweisen werden von Kindesbeinen an erlernt; sie werden durch einen gesellschaftlichen Prägestempel aufgedrückt, der das Sammelsymbol der sozialen Kommunikation bildet.

Finden wir uns nun aber plötzlich in eine andere Kultur versetzt, dann kann uns widerfahren, daß **erlernte Verhaltensweisen eine völlig andere, manchmal gefährlich unterschiedliche Bedeutung gewinnen**. Ein Lächeln signalisiert nach westlichem Verständnis zumeist Wohlgefühl oder Erheiterung. Wenn dann eine koreanische Sekretärin auf einen Tadel mit Lächeln antwortet, so verwirrt dies den Ausländer. Wenn er jedoch weiß, daß ein Lächeln in Korea oft Verlegenheit oder Scham ausdrückt, dann beginnt er, dem **Kulturschock** vorzubeugen.

Es erscheint uns nahezu unmöglich, koreanisches Verhalten bis in die kleinsten Einzelheiten zu erläutern. Die Kenntnis der **Grundprinzipien des koreanischen Sozialgefüges** jedoch kann helfen, ansatzweise zu verstehen, was man erlebt, sieht und hört. Der Konfuzianismus zählt zu den geistigen Grundlagen der koreanischen Gesellschaft, ebenso die Religionen – bis hin zur 5.000 Jahre alten Naturreligion des Schamanismus. Hinzu gesellt sich die hohe Bedeutung von Familie und verwandtschaftlichen Bindungen, und Teil davon sind auch die Gefühlsbegriffe *kibun* und *nunchi*, die den zwischenmenschlichen Umgang stark beeinflussen.

Konfuzianismus

Vermutlich hat nichts das koreanische Leben stärker geprägt als der Konfuzianismus. **In Korea scheinen die Lehren des Konfuzius heute lebendiger als in seinem Geburtsland China.**

Konfuzius war bekanntlich Lehrer und Philosoph, 551 v.u.Z. in China geboren. Ihm zufolge sollten die Führer eines Landes hoch gebildet sein und die Regierungsgewalt in den Händen der Fähigsten und nicht jenen des Erbadels

Weltsicht – Perspektive – Wahrnehmung

Traditionsbewußt in die industriezeitliche Moderne

liegen. Ein jeder sollte innerhalb der Gesellschaft eine Aufgabe übernehmen. Wenn **jeder die ihm obliegende Aufgabe gewissenhaft erfüllte**, so gewährleiste dies eine gerechte Gesellschaft und soziales Wohlergehen. Die Lehren des Konfuzius über Struktur und Ethik der Gesellschaft waren, ebenso wie sein Erziehungssystem (sozialer Aufstieg durch Bildung und zentrale Prüfungen), in Korea bereits zur Zeit der Drei Königreiche (57 v.u.Z.–668 u.Z.) bekannt. Auftrieb erhielten sie, auch in der Form des Neo-Konfuzianismus, während der Yi-Dynastie (1392–1910), als der Buddhismus zu einem Synonym für Korruption und Sittenverfall geriet und der Konfuzianismus als der Weg galt, die gesellschaftliche Ordnung zu wahren.

Konfuzianische Ideale

In Korea schlugen sich die Lehren des Konfuzius in einem festen Katalog ethischer Verhaltensweisen nieder. Als besonders wichtig gilt die **Harmonie der sozialen Beziehungen**: Leidenschaftliche Gefühle sind zu unterdrücken; jeder hat sich so zu verhalten, wie es sein Platz in der »Ordnung der Dinge« vorschreibt, damit die Gesellschaft reibungslos funktionieren kann. Die **fünf wichtigsten zwischenmenschlichen Beziehungen** sind in folgende Regeln gefaßt:
• Das Verhältnis von Sohn zu Vater bestimmen Gehorsam und kindliche Ehrerbietung.
• Zwischen Herrscher und Untertan besteht wechselseitige Verpflichtung, vor allem aber das Loyalitätsgebot für den Untertan.

- Mann und Frau unterscheiden sich in der Gesellschaft und im täglichen Leben durch Status und Aufgabenbereiche.
- Jüngere haben den Älteren Respekt entgegenzubringen.
- Freundschaft wird getragen von absolutem Vertrauen.

Von diesen fünf zwischenmenschlichen Beziehungen gründet nur eine auf Gleichheit der Beteiligten. Dies zeigt Auswirkungen bis in die heutige Zeit: **Die koreanische Gesellschaft ist immer noch vertikal strukturiert.** Jeder kennt seinen Platz im Vergleich und in der Beziehung zu allen anderen und verhält sich entsprechend.

Im täglichen Umgang mit Koreanern zeigt sich dies z.B. darin, daß man als Hilfsmittel der **Statuseinschätzung** bei jeder passenden (und oft auch unpassenden) Gelegenheit **Visitenkarten** austauscht. Ebenso gehören zu einer »**formvollendeten**« Vorstellung außer dem Namen auch Titel oder Berufsbezeichnung, ausgeübte Tätigkeit und Arbeitgeber. All diese Indikatoren helfen die Position in der sozialen Rangleiter genau feststellen.

Die Familie

Die Familie ist **Grundlage und Modell für die Gesellschaft**. Der Regierungschef ist der »Vater« seines Volkes und damit verantwortlich für dessen Wohlergehen. Das Volk wiederum schuldet ihm Respekt. In der Familie verantwortet der Vater das Wohl und Wehe der Seinen. Gerät ein Familienmitglied mit dem Gesetz in Konflikt, wird der Vater zur Rechenschaft gezogen, denn es gilt als seine Pflicht, alle Angehörigen zur Gesetzestreue anzuhalten und über ihr Tun zu wachen.

Regierung und Verwaltung

Selbstlosigkeit und **untadeliges Verhalten** bilden – so meinte jedenfalls Konfuzius – die **Voraussetzungen für eine verantwortliche und integre Amtsführung**. Traditionell besaß das Volk moralischen Anspruch auf solche Führungspersönlichkeiten – und zudem das Recht, ihr Verhalten kritisch unter die Lupe zu nehmen. Derart befähigte Personen wurden durch jährlich stattfindende Prüfungen ermittelt, bei denen Kenntnisse der verschiedensten Sachgebiete nachzuweisen waren.

Während der Yi-Dynastie verfügten nur die Mitglieder der hochgestellten *Yangban*-Klasse aus Adel, Militär und Beamtentum über das Recht, sich für diese Prüfungen zu bewerben. Obwohl Korea (wie wohl jedes andere Land der Erde) nur selten Politiker und Verwaltungskräfte hervorbrachte, die diesen hohen Idealen entsprachen, **erwarten die meisten Koreaner grundsätzlich von ihrer Regierung moralisches Verhalten**. Erweist sich ein Politiker oder ein Beamter als korrupt, erwartet man seine sofortige Entlassung. Dies geschieht auch meist, wenngleich diese »Symptomkurierung« wenig an den Ursachen ändert. Wichtig erscheint vielmehr, einen Sünden-

Weltsicht – Perspektive – Wahrnehmung

Ehrerbietung der Enkel zu Neujahr im Geiste der konfuzianischen Tradition

bock zu finden, der sich öffentlich an den Pranger stellen läßt, um die aufgebrachte Volksseele zu besänftigen.

Bildung

Das **konfuzianische Ideal des umfassend gebildeten Menschen** hat viele asiatische Länder beeinflußt. Dies zeigt sich sogar bei Asiaten, die bereits in der zweiten oder dritten Generation in einem westlichen Land leben. Sie sind immer noch äußerst leistungsbewußt und versuchen, ihren Kindern die bestmögliche Bildung angedeihen zu lassen.

In diesem Sinne legen auch Koreaner gesteigerten Wert auf eine gute **Ausbildung** – ist diese doch neben dem Fleiß der einzige **Weg zum Erfolg**. Bislang standen Professoren in Korea an der Spitze der gesellschaftlichen Stufenleiter. Dankbare Schüler bringen Lehrern aus allen schulischen Stufen und Bereichen lebenslang Achtung und Verehrung entgegen.

Alle koreanischen Familien bemühen sich, ihren Kindern – vor allem den Söhnen – den Besuch einer weiterführenden Schule oder Universität zu ermöglichen. Deshalb sind zum Beispiel einfache Fabrikarbeiter mit High-School-Abschluß nicht ungewöhnlich. Und unter volkswirtschaftlichen Gesichtspunkten ist der ausgezeichnete **Bildungsstand der Bevölkerung** ein nicht hoch genug zu bewertendes Kapital.

Das konfuzianische Ideal des umfassend Gebildeten wird im täglichen Umgang geübt. Wer seinen Gesprächspartner besonders ehren will, spricht ihn mit *son saeng* an. In der übertragenen Bedeutung heißt dies heute nur mehr »sehr geehrter Herr« oder (in Ausnahmefällen) »sehr geehrte Dame«; ursprünglich bedeutete diese **Anrede** »Erstgeborener« bzw. »Lehrer«.

Die Frau – Ein Mensch zweiter Klasse

Niemand könnte die positiven Auswirkungen des Konfuzianismus auf Bildung, Erziehung und Fürsorge für die ältere Generation bezweifeln. Dieses Bild verkehrt sich, wenn man seinen Einfluß auf die Rolle der Frau betrachtet.
Während des Vereinigten Shilla-Reiches (668–935) galten die Frauen den Männern nahezu gleichgestellt. Aber in der folgenden Koryo-Epoche (936–1392) – und mehr noch in der Yi-Dynastie – wurden die Frauen unter dem Einfluß konfuzianischer Lehren zu **Menschen minderen Rechts** herabgewürdigt. In den Familien trennte man Jungen und Mädchen ab dem fünften Lebensjahr auf Dauer. Söhne aus der *Yangban*-Klasse erhielten eine Ausbildung, die vor allem im Studium der konfuzianischen Klassiker bestand; mit diesen Kenntnissen konnten sie sich später für die regierungsamtlichen Prüfungen bewerben. Die Mädchen dagegen blieben in der Obhut ihrer Mütter und lernten Hauswirtschaft, bis sie verheiratet wurden und ihren Schwiegermüttern gehorchen mußten.
Es waren **sieben weibliche »Todsünden«** *(chilgo chiak)* festgeschrieben:
• Ungehorsam gegenüber den Schwiegereltern (vor allem der Schwiegermutter),
• keine Geburt von Söhnen,
• Ehebruch,
• Eifersucht,
• Übertragen einer Erbkrankheit,
• Klatschsucht,
• Stehlen.
Der Ehemann oder die Schwiegereltern einer solchen »Sünderin« verfügten über das Recht, sie zu **verstoßen**. In ihr Elternhaus konnte sie nicht zurück – mit der Hochzeit wurde sie auf Gedeih und Verderb Mitglied der Familie des Bräutigams. Sie konnte sich auch nicht **scheiden** lassen, gleichgültig, was sich ihr Ehemann zuschulden kommen ließ.
Bis zum Ende der Yi-Dynastie im Jahre 1910 durften **Frauen sich nur von Familienmitgliedern erblicken lassen**. Lediglich abends, auf ein Glockenzeichen hin, das die Männer warnte, konnten sie die Häuser für kurze Zeit verlassen. Dieses **Ausgangsverbot** galt zumindest für die städtische Gesellschaft und Damen »von Stand«. Auf dem Land genossen Frauen, die zum Lebensunterhalt der Familien beitrugen, weit größere Freiheiten. Häufig kamen Frauen noch nicht einmal während der Dämmerung aus den eigenen vier Wänden. Eine alte Koreanerin erzählte uns, wie aufgeregt sie war, als ihre Familie während des Koreakrieges nach der Hafenstadt Pusan im Südosten fliehen mußte: Es war ihr erster Blick auf die Welt außerhalb der hohen

Weltsicht – Perspektive – Wahrnehmung

*Der konfuzianischen Herabwürdigung der Frauen
setzt sich eine neue Generation des selbstbewußten, emanzipierten
weiblichen Geschlechts entgegen.*

Mauern ihres Hauses. Obwohl koreanische Frauen heute nicht mehr »kaserniert« werden, **unterliegt die weibliche Lebensweise noch starken Einschränkungen**. Ausländer nehmen dies oft geradezu fassungslos wahr. Zum Beispiel: Ein Mann und eine Frau studieren an derselben Universität Maschinenbau und werden alsdann von derselben Firma angestellt. Doch während er als Ingenieur arbeitet, besteht ihre Aufgabe darin, Kaffee zu kochen und die Schreibtische ihrer männlichen Kollegen abzustauben. Firmen stellen üblicherweise eher einen weniger qualifizierten Mann als eine Frau ein – vorgeblich weil sich ihre familiären Pflichten nicht mit der Berufstätigkeit vereinbaren lassen.

Für **Ehefrauen** der Mittelschicht gilt es immer noch als beinahe selbstverständlich, nach der Heirat oder spätestens nach der Geburt des ersten Kindes den **Beruf aufzugeben**. Viele Mädchen müssen auch zugunsten ihrer Brüder auf eine bessere schulische **Bildung** verzichten. Auf der anderen Seite wären die industriellen Erfolge Südkoreas etwa im Bereich der Mikroelektronik unmöglich gewesen ohne die Arbeit hochmotivierter und gut ausgebildeter Frauen.

Im täglichen Leben jedoch werden immer noch **Söhne den Töchtern vorgezogen**, weil sie Teil der Familie bleiben. Töchter gehören nach koreanischem Empfinden nur vorübergehend zur Familie, weil sie mit der Heirat ihre Eltern verlassen und in einen anderen Familienverband überwechseln. Männer unterstützen die Alten ihrer Familie, sie müssen sich um die Ahnenverehrung kümmern; Frauen dagegen sind für ihre Schwiegereltern verantwortlich. Frauen besitzen zudem **keinen gesetzlichen Anspruch auf ihre Kinder**. Diese gehören zum Vater oder den (männlichen) Verwandten des Vaters. Bei einer **Scheidung** erhält nahezu stets der Vater das Sorgerecht.

Die Geister der Vergangenheit leben also noch. Die zunehmende Urbanisierung, der Zerfall der Großfamilie und das Bemühen, den gesetzlichen Rahmen der Gesellschaft den Erfordernissen einer modernen Industriekultur anzupassen, sorgen allerdings für allmähliche Änderungen. Dennoch wird nach dem Empfinden der Koreaner eine Frau erst dann eine »richtige« Frau, wenn sie einen **Sohn geboren** hat. Und ein vollgültiger Mensch beiderlei Geschlechts muß spätestens ab Ende Zwanzig verheiratet sein ...

Das Eherecht

Auch im Eherecht spüren wir den konfuzianischen Einfluß. Die Herrscher der Yi-Dynastie wandten sich entschieden gegen Heiraten innerhalb eines Klans, also der erweiterten Großfamilie. Dies gilt noch heute; Genealogie ist deshalb ein Hobby vieler Koreaner. Die sorgfältig geführten Familienregister reichen häufig mehr als 500 Jahre zurück. Sie belegen stets die väterliche (patrilineare) Ahnenfolge – weiterer Beweis für die gesellschaftliche Geringschätzung der Frau. **Zwei Menschen, die ihre Herkunft auf denselben Urahn zurückführen können, dürfen nicht heiraten** – für moderne

Weltsicht – Perspektive – Wahrnehmung

*Wippspiel der Frauen beim Neujahrsfest.
Angeblich diente dieses Spiel in strenger konfuzianischer Zeit auch dazu,
die Frauen wenigstens einmal jährlich über die Mauern
des heimischen Anwesens spähen zu lassen.*

Paare eine häufig schmerzhafte und unverständliche Regelung. Unverständlich ist sie auch deshalb, weil sie voraussetzt, daß alle Gene, die einen Menschen bestimmen, vom Vater stammen. Denn **Verwandte mütterlicherseits können schon nach vier Generationen heiraten**.

In den vergangenen Jahren gab es verschiedene Ansätze, dieses Eherecht modernen Erfordernissen anzupassen. Bislang sind diese Versuche am Einspruch der (heute noch etwa fünf Millionen zählenden) Konfuzianer gescheitert. Für diese aufrechten und sehr einflußreichen Herren wäre eine Lockerung der ehrwürdigen Vorschriften der Anfang vom Ende der koreanischen Prinzipien und Ideale, das Einfalltor für Unmoral und Auflösung der Familie.

Religion

Wie viele andere Aspekte koreanischen Lebens vermengt auch die Religion **verschiedene Überlieferungen und Glaubensrichtungen**, die aus fremden Ländern kamen und später nach koreanischen Bedürfnissen umgeformt und verändert wurden. Dies gilt indes nicht für den **Schamanismus**. Diese früheste Religion brachten die Völker, aus denen sich später die koreanische Nation bildete, aus ihrer Urheimat mit. Sein Animismus wird als »der Glaube an die 10.000 Naturgeister« bezeichnet. Der **Buddhismus** gelangte

bereits während der Drei Königreiche (37 v.u.Z.–668 u.Z.) nach Korea. Der **Konfuzianismus**, der ebenfalls schon früh Fuß faßte, beherrschte das Leben während der Yi-Dynastie.
Das **Christentum** fand während der Hideyoshi-Invasion 1592 erstmals Eingang, konnte sich aber erst wesentlich später verankern. Die katholische Kirche kann heute auf eine gut 200jährige, der Protestantismus auf eine über 100jährige Geschichte zurückblicken.
Zwar kennt das heutige Korea keine staatsbeherrschende Religion, doch sind die meisten Koreaner von Konfuzianismus und Buddhismus beeinflußt. Vor allem die konfuzianische Ethik prägt Gesellschaft und Familienleben – selbst christlicher Kreise. Auch der Schamanismus ist immer noch eine sehr lebendige Religion.

Buddhismus

Von Koreas organisierten Religionsgemeinschaften verfügt vermutlich der Buddhismus über die **größte Anhängerschaft**. Nach der Überlieferung gelangte er 372 v.u.Z. von China in das nördlichste Königreich Koguryo und breitete sich von dort über die beiden anderen Königreiche aus. Beherrschenden Einfluß erlangte er während der Vereinigten Shilla-Periode (668–935). Damals erstanden in ganz Korea viele prächtige Tempel, der Mönchsstand war hoch angesehen.
Diese Blüte des Buddhismus setzte sich auch unter der Koryo-Dynastie (936–1392) fort. Davon zeugt zum Beispiel die *Tripitaka Koreana*, über 80.000 hölzerne Druckplatten mit den klassischen buddhistischen Schriften. Sie sind im Haein-Tempel in Südost-Korea aufbewahrt. Unter der Yi-Dynastie jedoch, die 1392 die Macht übernahm, verlor der Buddhismus seinen Einfluß. Er galt als Ursache für den moralischen Verfall der Gesellschaft, die Mönche wurden aus der Hauptstadt Seoul vertrieben.
Nach Jahrhunderten des Niedergangs gewann der Buddhismus erst unter japanischer Besatzung wieder an Gewicht – nicht zuletzt weil die Japaner Gemeinsamkeiten zwischen ihrem Heimatland und der koreanischen Kolonie mit Nachdruck förderten. **Volksreligion** allerdings wurde er erst in jüngster Zeit. Man schätzt die Zahl der praktizierenden Buddhisten heute auf etwa sieben Millionen, und vielleicht doppelt so viele stehen dem Glauben im weiteren Sinne nahe. Es gibt etwa 25.000 Geistliche beiderlei Geschlechts, und überall in Korea sieht man die **Mönche** mit ihren typischen grauen (oder braunen) Gewändern und spitzen Strohhüten. Koreaner aller Glaubensrichtungen fühlen sich den 7.244 anerkannten **Tempeln** verbunden, die im gesamten Land an malerischen Orten als Ausflugsziele auch Nicht-Buddhisten anziehen.
Der Buddhismus mit seiner über 2.000jährigen Geschichte hat das koreanische Volk tief geprägt. Der Glaube an das buddhistische *karma* hat möglicherweise zu einer schicksalsergebenen Haltung Problemen gegenüber bei-

Weltsicht – Perspektive – Wahrnehmung

Eine der über 80.000 Druckplatten der **Tripitaka Koreana**, *des buddhistischen Lehrwerks in Korea (aufbewahrt im malerischen Tempel Haein nahe Taegu)*

getragen – und zu der **Geduld**, mit der die Koreaner Schwierigkeiten und Hindernissen begegnen, die sie für unausweichlich halten.

Christentum

Der erste Kontakt zwischen Korea und dem Christentum fand vermutlich Ende des 16. Jh. während der **Hideyoshi-Invasion** statt. Der zum katholischen Glauben übergetretene japanische General Konishi Yukinaga hatte in seinen Stab einen Priester aufgenommen, dem es jedoch nicht gelang, Koreaner zu bekehren.

1777, unter der Herrschaft von König Chongjo, reiste ein junger Student namens **Sung Hun** nach Peking, wo er jesuitische Missionare kennenlernte und sich taufen ließ. Nach seiner Rückkehr bekehrte er seinerseits viele Landsleute, darunter auch Mitglieder einflußreicher Familien. So wurde die erste christliche Kirche gegründet – und die Koreaner verweisen noch heute stolz darauf, daß der christliche Glaube durch einen **koreanischen Laien** und nicht die Tätigkeit ausländischer Missionare das Land erreichte.

Gegen Ende des 18. Jh. zählte die koreanische Gemeinde etwa 4.000 Christen, die jedoch Mühe hatten, ihren Glauben in einer stark konfuzianisch geprägten Gesellschaft zu leben. Wenn sie sich weigerten, an Zeremonien der Ahnenverehrung für die Königsfamilie teilzunehmen, gerieten sie mit dem Staat in Konflikt. So mußten sich schließlich viele **in den Untergrund begeben**.

Die ersten **protestantischen Einflüsse** finden sich 1884. Damals kam Horace Allan als Arzt für die westliche Diplomatenkolonie ins Land. Später wurde er auch königlicher Leibarzt und gründete das erste Krankenhaus westlicher Prägung. Für die Protestanten erwies es sich als Vorteil, erst hundert Jahre nach den Katholiken ihre Missionstätigkeit aufzunehmen. So konnten sie aus deren Fehlern lernen. Überdies genossen sie einen anderen Rang, weil sie für die koreanische Regierung arbeiteten und vor allem in der Gesundheitsfürsorge und Erziehung tätig waren.

Die beiden christlichen Konfessionsrichtungen gewannen vor allem während der **japanischen Besatzung** an Popularität – nicht zuletzt wegen ihres Vertrauens auf Menschlichkeit, Gleichheit und Demokratie. Christen gehörten zu den Vorreitern des Widerstandes gegen die Japaner, und diese **progressive politische Bedeutung** blieb bis heute erhalten. Vertreter beider Kirchen haben eine wichtige Rolle im Widerstand gegen die Militärregierungen Park und Chun gespielt, ebenso bei den jüngsten Demokratisierungsbestrebungen.

Im **Koreakrieg** flohen zahlreiche Christen vom Norden in den Süden – Nordkorea betrieb eine konsequente Christenverfolgung. Die christlichen Gemeinden der heutigen Republik Korea wuchsen nicht zuletzt aus diesem Grunde beträchtlich. Heute lebt in Südkorea der in Asien (mit Ausnahme der Philippinen) höchste Prozentsatz an Christen.

Wie Buddhismus und Konfuzianismus hat auch das Christentum in der koreanischen Gesellschaft Spuren hinterlassen. Es waren Christen, die für die Gleichheit der Geschlechter eintraten und Frauen den Weg zur schulischen und unversitären Bildung öffneten. Auch im heutigen Korea engagieren sich die christlichen Führer immer wieder in sozialen Fragen und Problemen.

Schamanismus

Vertreter der sogenannten Hochreligionen, ob Christen, Buddhisten oder auch Konfuzianer, wählen den Schamanismus immer wieder zur Zielscheibe von Angriffen. Der Erfolg bleibt jedoch aus, denn dieser Glaube bietet – neben seiner religiösen Funktion – dem Koreaner Unterhaltung, ganz zu schweigen von **psychologischer Stabilisierung** und **sozialem Erleben**.

Der **Glaube an die guten und bösen Geister** ist so tief im koreanischen Bewußtsein verwurzelt, daß er sogar in andere Glaubensformen Eingang gefunden hat. So findet sich in den meisten koreanischen Häusern, vor allem auf dem Lande, ein **Geisterhäuschen** oder zumindest ein den Hausgeistern gewidmeter Ort. Und womöglich haben die Koreaner manche christliche Rituale, etwa das lange und inständige Beten, wegen ihrer Ähnlichkeit mit schamanistischen Praktiken derart bereitwillig angenommen.

Zweifellos sind aufgrund dieser Denkweise – Religionswissenschaftler würden von **Synkretismus** sprechen – auch Elemente anderer Religionen in den

Weltsicht – Perspektive – Wahrnehmung

Steinerne Buddhas in der besonderen koreanischen Darstellungsform

Schamanismus eingeflossen. Manche himmlische Geister nahmen, als der Buddhismus die herrschende Religion war, die Gestalt des Buddha an. Und als im Gefolge des Konfuzianismus die Geburt von Söhnen wichtig wurde, da verfügte der Berggeist über die Fähigkeit, für männlichen Nachwuchs zu sorgen.

Vielleicht behauptet sich der Schamanismus nur deshalb noch in Korea, weil er die Fähigkeit besaß, sich neben anderen Religionen unentbehrlich zu machen. Mit **schamanistischen Zeremonien** begehen international tätige Konzerne in Seoul die Einweihung neuer Verwaltungshochhäuser. Wenn weder westliche Medizin noch traditionelle Heilkunde eine Krankheit zu heilen vermögen, wird eine Schamanin gerufen, um einen *kut*, ein exorzistisches Ritual, durchzuführen. Wer weiß, vielleicht haben böse Geister die unheilbar scheinende Krankheit verschuldet ...

Die meisten Koreaner hegen keine Vorbehalte, an schamanistischen Ritualen teilzunehmen. Mögen die einen sie als unterhaltsame Abwechslung, andere als überkommene Formalität betrachten, so steht es doch für viele außer Zweifel, daß **Geister existieren** und man sich gut mit ihnen stellen muß, um Unheil von sich und den Seinen abzuwenden.

Schamanistische Rituale haben heute, in einer Zeit zunehmender Industrialisierung und Entfremdung der Menschen von ihren kulturellen Wurzeln, eine besondere Bedeutung erhalten. Während sie für viele Koreaner eine **Form des Protestes** darstellen – Demonstrationen oder Streiks beginnen häufig mit einem *kut* –, schlagen sie zugleich eine **Brücke zum kulturellen Erbe**. An Universitäten gehören oftmals Schamanentänze zur Tanzausbildung, und zahlreiche kleine Theatergruppen pflegen die Kunst der Schamaninnen.

Diese Kulturpflege unterscheidet sich allerdings wesentlich von der ursprünglichen Idee des Schamanismus. Denn **nach animistischem Glauben ist alle Natur belebt**, überall leben Naturgeister. Jeder Fluß, jeder Berg, jedes Tier, jedes Haus, jeder Baum wird von einem besonderen Geist bewohnt. Auch der Sterbende ist von einem Geist beseelt, der entweder den Weg in die jenseitige Welt findet oder nicht.

Die **Schamanin** kann helfen, diesen Geistern den richtigen Pfad zu weisen. Mit ihrer Unterstützung kann es gelingen, zur **Geisterwelt** in Kontakt zu treten. Diese Geisterwesen sind nicht gut oder böse an sich, sie folgen eigenen Gesetzen. Nur wenn man sie schlecht behandelt, mißachtet, ihnen verweigert, was sie als ihr Recht ansehen, dann bringen sie Unglück – von Krankheit über Naturkatastrophen bis hin zum Familienkrach. Wenn sie aber verehrt oder bei bestimmten Problemen angerufen werden, erweisen sie sich hilfreich. Es ist allerdings wichtig, den jeweils »zuständigen« Geist zu Hilfe zu rufen. So kann der Drachenkönig zwar Regen bringen, besitzt aber keine Macht über Krankheiten.

Die *mudang*

Die *mudang,* die **koreanische Schamanin**, verfügt über die besondere Fähigkeit, mit den Geistern zu sprechen; sie ist das **Bindeglied zur Geisterwelt**. Berichte über *mudang* lassen sich bereits in der Shilla-Zeit – schon damals waren die Schamanen weiblich – nachweisen.

Die *mudang* haben in der koreanischen Geschichte eine wichtige Rolle gespielt: Als **Beraterinnen in Staatsangelegenheiten** liehen ihnen die Herrscher ihr Ohr. Sogar während der Yi-Dynastie, als der Schamanismus offiziell unterdrückt wurde, waren *mudang* am königlichen Hof vertreten. Darüber hinaus gehörten die Schamaninnen zu den wenigen Frauen, denen **öffentlicher Kontakt zum männlichen Geschlecht erlaubt** war.

Der **Beruf der** *mudang* läßt sich nicht lernen – man glaubt, daß die Geister diese Frauen rufen, um ihnen zu dienen. Alleinstehende oder auch verheiratete Frauen können unter einer Art Gemütskrankheit leiden, bei der sie den Kontakt zur Wirklichkeit verlieren. Dies gilt als Zeichen, daß die Geister sie rufen. Die Betroffene hat nur eine einzige Möglichkeit, solchen Anfällen zu entgehen: *mudang* zu werden. Daneben gibt es Familien, in denen dieser Beruf erblich ist. *Mudang* verdienen ihren Lebensunterhalt, indem sie von Dorf zu Dorf ziehen, um die jährlichen oder halbjährlichen Zeremonien durchzuführen, die den Dorfbewohnern ausreichend Regen, Gesundheit und allgemeines Wohlergehen sichern sollen.

Der Leser könnte nun vermuten, daß die *mudang* wegen ihrer außergewöhnlichen Fähigkeiten hohe soziale Achtung genießen. Das Gegenteil ist der Fall: **Sie zählen zu den untersten sozialen Schichten** der koreanischen

Weltsicht – Perspektive – Wahrnehmung

Schamanische Totempfähle, die den bösen Geistern drohen.

Gesellschaft und werden selbst von denen, die ihren Rat suchen, abschätzig behandelt. Bis heute schämen sich Koreaner einzugestehen, daß sie eine *mudang* in der Familie haben.

Der kut

Bei der **schamanistischen *Kut*-Zeremonie** nimmt die *mudang* **Kontakt mit den Geistern** auf. Sie kennt verschiedene Varianten von schlicht und einfach (eine *mudang*, ein Kunde und einige Freunde) bis hin zum spektakulären Schauspiel mit mehreren *mudang*, Maskenkostümen, reichlichen Requisiten und viel Publikum. Eine einfache *Kut*-Zeremonie dauert immerhin einige Stunden, ihre aufwendige Variante mag Tage währen und entsprechend teuer zu stehen kommen.

Der **Zweck einer *Kut*-Zeremonie** besteht darin, ein Problem zu lösen, vielleicht eine schwere Krankheit zu heilen oder einen geschäftlichen Konkurs abzuwenden. Besondere Bedeutung besitzt ein *kut* dann, wenn ein Familienmitglied vorzeitig gestorben ist, also unverheiratet oder ohne Kinder zu hinterlassen. Die einsamen Geister solcher Menschen finden nur mühsam den Weg in die nächste Welt. Damit sie nicht in ihrer alter Umgebung verharren und den Lebenden Ärger einbringen, müssen sie mit Hilfe der *mudang* überredet werden, sich nicht weiterhin gegen den Übergang in die andere Welt zu sträuben.

Bei einem **aufwendigeren *kut*** trägt die *mudang* unterschiedliche Kostüme und Masken. Sie versinnbildlichen jenen Geist, mit dem sie Verbindung aufnehmen will. Ein Trommler gibt den Rhythmus vor, die *mudang* singt, verfällt in Sprechgesang, tanzt, erst verhalten, dann aufreizend und wild, um diesen besonderen Geist anzulocken. Wenn er erscheint, spricht er durch die *mudang*. Ein verstorbener Verwandter läßt so vielleicht sein letztes Wort verkünden, ein lebender Verwandter möglicherweise eine Botschaft übermitteln oder ein unzufriedener Geist Forderungen äußern.

Zu einem guten Teil ist der *kut* **dramatische Aufführung**. Grelle Farben, Fächer, Messer und Laternen stellen das Bühnenbild für den Auftritt des Geistes. All dies dient zugleich der Unterhaltung des Publikums, das sich häufig an den Tänzen beteiligt. Die Darbietungen der *mudang* müssen überzeugen. Sie ist nicht bloß Medium, sondern ebenso Schauspielerin, Tänzerin, Zauberin, Komödiantin und Musikantin. Während sie die Stimme eines Generals wiedergibt (die Beherrscher der fünf Himmelsrichtungen – Nord, Süd, Ost, West und Zenith – besitzen Generalsrang), balanciert sie vielleicht mit bloßen Füßen auf zwei scharfen Messern. Möglicherweise streckt sie auch während des *kut* ihren Fächer aus und fordert vom Publikum Münzen, um einen geldgierigen Geist zu besänftigen. Oder sie überschreitet eine »Brücke« aus Papier, die ihre Assistenten halten. Auch mag sie mit ihrem Körper lange weiße Tücher zerreißen – Symbol für die endgültige Trennung von Lebenden und Toten.

Tips für Teilnehmer an einer Kut-*Zeremonie*

• **Auch Ausländer können einen** *kut* **miterleben.** Die englischsprachigen Zeitungen weisen manchmal auf die Termine schamanistischer Zeremonien hin. Außerdem finden Sie, vor allem in den Bergen, *Kut*-Plätze für Personen, die das Ritual nicht zu Hause durchführen können. Zu bestimmten Jahreszeiten werden auch die Geister eines bestimmten Berges oder Flusses vor Ort mit einer *Kut*-Zeremonie angerufen.
• Die Anwesenheit von Fremden scheint die Stimmung bei einem *kut* nicht zu stören, doch **sollten Sie selbstverständlich zurückhaltend auftreten**. Während einige Koreaner die Zeremonie als bloße Unterhaltung ansehen, ist sie für andere sehr wohl eine tiefgreifende spirituelle Erfahrung.
• Wenn sich Ihnen die Gelegenheit bietet, sollten Sie sich von einem Koreaner begleiten lassen, der Ihnen das Geschehen erklärt. Ansonsten sollte man **sich nach den anderen Teilnehmern richten**. Auch **Kleingeld** ist wichtig – als Geschenk für die Geister während der Zeremonie. Meist werden auch **Speisen und Getränke** angeboten, nachdem man diese den Geistern dargebracht hat.

Der *kosa*

Mit der ***Kosa*-Zeremonie** wird die **Einweihung** eines Büros, eines Hauses, eines Schiffes oder Flugzeuges gefeiert. Dabei bittet man die Geister, dem

Gutmütig blickt dieser »Steinerne Großvater« mit Enkel drein.

neuen Ort oder Unternehmen Segen zu spenden. *Kosa* sind in Korea durchaus noch üblich, obwohl viele ihren spirituellen Wert bezweifeln.

Auf einem Tisch richtet man einen Schweinskopf, Essen und Wein an. Wein wird auf den Boden oder über das zu segnende Objekt gegossen; alle Anwesenden verneigen sich tief. Zu einem großen *kosa* wird vielleicht auch eine *mudang* geladen, um noch mehr Glück anzulocken, oder Tänzer tragen zur Festlichkeit bei. Viele, zumeist ältere, Hausfrauen halten ein- bis zweimal jährlich eine **häusliche *Kosa*-Zeremonie** ab, um den Segen der Hausgeister zu erbitten. Gewöhnlich haust einer im Firstbalken, ein anderer neben dem Schornstein. In den modernen Hochhäusern allerdings ist kein Platz für Geister, weshalb diese Rituale langsam aussterben.

Wahrsagerei

Ihre enge Verbindung zu den Geistern macht die *mudang* auch zur Expertin im Wahrsagen. Ebenso glaubt man, daß **Blinde** die besondere Begabung besitzen, in die Zukunft »sehen« zu können.
Heute noch suchen viele Koreaner bei bestimmten Gelegenheiten den Rat eines Wahrsagers: Mütter fragen sie vor der Hochzeit ihrer Kinder, ob das Paar eine glückliche Verbindung eingeht; Eltern vergewissern sich, ob ihr neugeborenes Kind den richtigen Namen erhalten hat; Familien erkunden die geeignete Wahl für den Platz eines Grabes (liegt es an einer ungünstigen Stelle, findet der Geist des Verstorbenen keine Ruhe). Hochkonjunktur haben Wahrsager vor den Zugangsprüfungen für die Universität und zu Jahresbeginn, wenn für die kommenden zwölf Monate Pläne geschmiedet werden. Auch **Geschäftsleute** gehören zu den Stammkunden, vor allem wenn wichtige Entscheidungen anstehen.
In Korea glaubt man, daß **Jahr, Monat, Tag und Stunde der Geburt das Geschick eines Menschen bestimmen**. Der Begriff dafür lautet *saju*, wörtlich »vier Pfeiler«, auf denen das Schicksal ruht. Die **zwölf Tiere des Tierkreises** stehen für die Jahre, Monate, Tage und Stunden, und die Kombination der einzelnen Zeichen soll Aufschluß geben über die Ereignisse, die die Zukunft bereithält.
Wenn jemand in Korea einen Psychologen konsultiert, dann gilt dies gemeinhin als Hinweis auf eine ernsthafte Geistesschwäche; der Besuch bei einem Wahrsager dagegen erregt kein Aufsehen. In mancher Hinsicht dienen die Wahrsager als **Psychotherapeuten**. Sie fühlen mit ihren Kunden und bauen deren verletztes Ego wieder auf. Einer verlassenen Frau etwa wird versichert, daß die gegenwärtige Lage ihr vorbestimmtes und damit nicht vor ihr verschuldetes Schicksal sei. So mindern Wahrsager Schuldgefühle bei Schicksalsschlägen und persönlichen Katastrophen.

Die Familie

Von den fünf grundlegenden Beziehungen, die laut Konfuzius das reibungslose Funktionieren der Gesellschaft gewährleisten, befassen sich drei mit der

Weltsicht – Perspektive – Wahrnehmung

Der familiäre Zusammenhalt beschränkt sich keineswegs auf das Festessen zu zeremoniellen Anlässen.

Familie: Vater–Sohn, Ehemann–Ehefrau, älterer Bruder–jüngerer Bruder. Dies ist nicht verwunderlich, denn nach koreanischer Tradition und konfuzianischer Überlieferung bildet die Familie die **Keimzelle des Staates**. Obwohl Urbanisierung und Industrialisierung das koreanische Familienwesen verändern, wird es immer noch weitgehend von diesen Leitlinien beherrscht.

Die koreanische Familie wird ausschließlich von der **männlichen Linie** bestimmt. Die Familienregister, die am Stammsitz des Geschlechts aufbewahrt werden und die Namen der männlichen Vorfahren über einen Zeitraum von 500 Jahren und länger verzeichnen, besitzen hohe Bedeutung. Entscheidend ist die Fortsetzung der auf Blutsverwandtschaft gründenden Familienlinie – und dies ist nur über die Söhne möglich. Das **Erlöschen eines Geschlechts durch Mangel an männlichen Nachkommen** gilt als Pflichtvergessenheit gegenüber den Ahnen und ist deshalb unbedingt zu verhindern.

Manche Männer heiraten zwei- oder dreimal in der Hoffnung, dieses Unglück abzuwenden. Heute noch sind viele Ehepaare unglücklich, wenn ihnen »nur« Töchter geboren wurden.

Verbleibt keine andere Möglichkeit, den **Fortbestand der Familie** zu sichern, wird häufig der Schwiegersohn von der Familie der Braut adoptiert. Dies kann allerdings nur geschehen, wenn er nicht der älteste Sohn seiner Familie ist; diesen binden Pflichten an seine Eltern und Vorfahren, denen er sich nicht entziehen kann.

Weltsicht – Perspektive – Wahrnehmung

Männliche Vorherrschaft

Die **koreanische Familienstruktur** ist einseitig männlich ausgerichtet. Eine Großmutter väterlicherseits ist die »richtige« Großmutter, die Mutter der Mutter hingegen bloß die »andere« Großmutter. Der für Koreaner so wichtige Stammbaum orientiert sich nur an den väterlichen Vorfahren. Eine Frau geht mit ihrer Heirat ihrer Familie verloren; sie wird Mitglied der Familie ihres Mannes. Ihr Name wird aus dem Stammbuch ihrer Familie gelöscht und jenem ihres Mannes hinzugefügt.

Männliche Nachkommen gelten als die einzig »richtigen« Familienmitglieder und werden daher stets den Töchtern vorgezogen. Traditionsgemäß hatte eine koreanische Frau die Pflicht, der Familie ihres Mannes Söhne zu gebären. Obwohl sie die eigene Familie legal und sozial verlassen muß, gilt sie nicht als vollwertiges Mitglied ihrer Schwiegerfamilie. Sie gehört nie vollkommen dazu – schließlich besitzt sie »anderes Blut«.

Ehrfurcht vor Eltern und Ahnen

Nach koreanischer Auffassung schulden Kinder ihren Eltern alles. Diese haben sie hervorgebracht, aufgezogen und für die Erziehung Opfer gebracht. Zwar erkannt man auch im westlichen Kulturkreis eine Verpflichtung den Eltern gegenüber an, doch empfinden Koreaner die **kindliche Dankesschuld** weit tiefer – sie läßt sich niemals gänzlich zurückzahlen, weder zu Lebenszeiten noch nach dem Tod der Eltern.

Nicht zuletzt deshalb werden mehrmals im Jahr Zeremonien am **Ahnenschrein** vollzogen. Sie widmen sich den drei vorangegangenen Generationen, Eltern, Großeltern und Urgroßeltern. Aber auch hier stehen ausschließlich die männlichen Mitglieder der Sippe im Vordergrund.

Die Großfamilie

Die Kleinfamilie setzt sich langsam auch in Korea sozusagen »praktisch« durch, aber dies ändert nichts am grundsätzlichen Verständnis von Familie. Und dazu gehören die Großeltern (möglicherweise auch Urgroßeltern), ihre Söhne, deren Frauen und die Kinder der Söhne. Der **innere Zusammenhalt der Familienangehörigen** ist äußerst stark; die Probleme eines einzelnen gehen alle an.

Das letzte Wort in wichtigen Angelegenheiten spricht selbstverständlich der **älteste Mann** im Haushalt. Er entscheidet, welche Universität ein Sprößling besucht, wer wen heiratet, welche Stellung ein Familienmitglied annehmen soll. Meist wird allerdings vor solchen Entscheidungen der **Familienrat** konsultiert.

Entfernte Verwandte väterlicherseits, Großonkel und deren Frauen, Vetter zweiten und weiteren Grades, zählen zur **erweiterten Familie**. Sie werden

Weltsicht – Perspektive – Wahrnehmung

Doch auch in Korea setzt sich die Kleinfamilie allmählich durch.

zu Hochzeiten oder zu *hwangap*, der Feier des 60. Geburtstages, eingeladen. Insgesamt aber sind die Kontakte spärlicher, die Verantwortlichkeiten gegenüber diesen Familienmitgliedern von geringerer Bedeutung.
Wichtig ist daneben die **Verbindung zu Verwandten mütterlicherseits**. Das gilt vor allem für Mütter und Töchter und natürlich Geschwister. Sie verknüpfen gefühlsmäßige und gelegentlich auch finanzielle Bande. Üblich ist auch, daß eine Frau während der Schwangerschaft bei ihrer Mutter lebt. Und nach der Geburt kümmert sich die Großmutter mütterlicherseits häufig um das Kleinkind. Trotz der gesetzlich verankerten Bindungen zwischen dem Nachwuchs und seinen Großeltern väterlicherseits scheint es für viele Jungverheiratete wesentlich unkomplizierter, wenn die Eltern der Frau für das Kind sorgen.

Altersversorgung

In Korea besteht (noch) **keine geregelte Altersversorgung nach dem Sozialversicherungsmuster** der meisten mitteleuropäischen Staaten. Ein entsprechendes System wird erst langsam aufgebaut. Hier steht noch die Tradition in der Verantwortung.
Es ist **Pflicht des ältesten Sohnes und seiner Frau, seinen Eltern im Ruhestand ein glückliches und sicheres Leben zu bieten**. Dies ist ein Grund dafür, warum der älteste Nachkomme mit seiner Frau häufig bei den Eltern wohnt. Die Schwiegertochter ist verpflichtet, ihrer Schwiegermutter zu gehorchen, die familiären Dienstleistungen zu erlernen, und überlagernd

steht die Aufgabe, sich bis zum Tod um die greisen Schwiegereltern zu kümmern. Dies schließt allerdings nicht aus, daß sich in manchen Familien aus persönlichen oder finanziellen Gründen ein anderes Kind um die Eltern kümmert. Fehlen männliche Nachkommen, übernimmt eine Tochter diese Verantwortung.

Das **Verhältnis zwischen Schwiegermüttern und Schwiegertöchtern** gilt traditionell als belastet, ändert sich aber mit dem Zunehmen von Urbanisierung und Kleinfamilie. Jede Schwiegermutter war einmal eine Schwiegertochter, die in der klassischen Familie als angeheiratete Frau wenig höher stand als ein Dienstmädchen. Ihr Status besserte sich erst nach der Geburt mindestens eines Sohnes. Wurden die Schwiegertöchter endlich zu Schwiegermüttern, zahlten sie ihr Leid oft unglücklichen jungen Ehefrauen heim. Die koreanische Trivialliteratur kennt unzählige Geschichten, in denen böse Schwiegermütter die Hauptrolle spielen. Auch die Vorabendserien im Fernsehen nehmen sich dieses Themas in epischer Breite an.

Rollenverteilung innerhalb der Familie

In der koreanischen Familie herrscht eine **strenge Rangordnung**. Jede(r) nimmt einen anderen Rang ein als jede(r) andere. An oberster Stelle steht der **Patriarch**, gefolgt von seiner Frau. **Kinder werden nach Geschlecht und Alter »sortiert«**: den älteren sind die jüngeren, den Jungen die Mädchen untergeordnet. Diese Rangfolge gilt selbst für Zwillinge – das erstgeborene Kind fordert (und erhält) Respekt von dem wenige Minuten jüngeren Zwilling. Der Status einer Schwiegertochter hängt von der Stellung ihres Mannes ab. So ist die Frau des zweiten Sohnes jener des ersten Sohnes unterstellt, selbst wenn sie älter sein sollte.

Die **koreanische Sprache** erfaßt mit Hunderten von Wörtern die feinsten Verästelungen familiärer Beziehungen. So kennt sie **verschiedene Bezeichnungen und Anreden** für den älteren und jüngeren Bruder des Vaters sowie deren Frauen. Viele jüngere Koreaner allerdings kennen sich in diesem Formalitätengewirr nicht mehr aus und beschränken sich auf wenigere Formen der Anrede.

Die männliche Rolle

Der Ehemann, der Vater ist für das »Außen« verantwortlich, er wird deshalb auch als »die Person draußen« bezeichnet. Seine Hauptverantwortung besteht darin, für den **Familienunterhalt** zu sorgen, wobei die Bedürfnisse der Eltern Vorrang vor jenen seiner Frau und seiner Kinder genießen.

Die **Ansprüche des Mannes wiederum überlagern die seiner Frau und Kinder** – zum Beispiel mit der Folge, daß seine Frau zu Hause sitzt und das Essen warmhält, bis er nach einem Umtrunk mit seinen Freunden oder Kollegen spätabends von der Arbeit heimkehrt. Aber mit der zunehmenden Bil-

Weltsicht – Perspektive – Wahrnehmung

Die Frau vertritt immer noch eher die traditionelle und damit häusliche Rolle, während der Mann sich den dynamischen Veränderungsprozessen »draußen« zuzuwenden hat – was sich sinnbildlich in der Kleidung dieses jungen Ehepaares im Pulguksa-Tempel zeigt (das übrigens schon recht verwegen öffentlich Händchen hält).

dung und Berufstätigkeit der Frauen verschiebt sich glücklicherweise auch dieses überkommene Rollenverständnis.
Der älteste Sohn trägt die Verantwortung für die Eltern – und den Rest der Familie. Kann der Vater die Familie nicht länger unterhalten, muß der älteste Sprößling für die Erziehung und die Heirat der jüngeren Geschwister sorgen und aufkommen. Dafür schulden ihm die jüngeren Geschwister Respekt, räumen in praktischer Konsequenz zum Beispiel sein Zimmer auf oder erledigen Besorgungen für ihn. Grundsätzlich wird von Jungen erwartet, daß sie älteren Familienangehörigen Achtung erbieten. Ihre **Haushaltspflichten** allerdings erschöpfen sich darin, gelegentlich auf die jüngeren Geschwister aufzupassen oder Botengänge zu übernehmen.

Die Rolle der Frau

Die Ehefrau und Mutter ist für das **Familienleben innerhalb der vier Wände** zuständig. Sie ist »die Person drinnen«, kümmert sich um die Kinder und bereitet ein gemütliches Heim. Lebt die Familie bei den **Schwiegereltern**, gehört es zu den Aufgaben der Ehefrau, diese zu bedienen.
Für diese vielfältigen Pflichten entschädigt sie in gewisser Weise ihre **»Finanzhoheit«**. Sie verwaltet das Familieneinkommen; meist liefert der

Ehemann ihr sein Gehalt ab und erhält im Gegenzug lediglich ein Taschengeld.

In einer koreanischen Ehe war – zumindest früher – **Liebe**, Zuneigung oder Freundschaft nicht vorrangig.

Das **Verhältnis der Geschlechter** wurde vielmehr von den strengen konfuzianischen Rollenzuweisungen und unterschiedlichen Aufgabenbereichen des Mannes und der Frau geprägt.

In jüngster Zeit jedoch fordern Frauen **verstärkten gesellschaftlichen Einfluß**. Zudem erwarten sie, daß auch die Männer sich um Haushaltsangelegenheiten kümmern, und wünschen sich mehr Romantik in der Ehe. Allerdings fühlen sich viele Männer aus offenkundigem Grund durchaus wohl in der traditionellen, männlich bestimmten Gesellschaftsordnung, und so ist es kaum zu erwarten, daß feministische Reformen Korea von einem Tag auf den anderen grundlegend umgestalten.

Grundsätzlich tragen **Töchter** mehr Verantwortung und Pflichten als ihre Brüder. Wenn sie älter werden, müssen sie der Mutter im Haushalt helfen, beim Wäschewaschen, Kochen, Putzen oder Kinderhüten.

Umfragen zufolge ziehen die meisten jungen Frauen eine von den Eltern und dem Heiratsvermittler **arrangierte Ehe** noch immer der reinen Liebesheirat vor – ihr Vetorecht bei der Auswahl des Kandidaten vorausgesetzt. Und mit der zunehmenden Verbürgerlichung der Gesellschaft, bedingt durch den wachsenden Wohlstand, gewinnen auch die **traditionellen Tugenden einer koreanischen Hausfrau** wieder Ansehen. In den Großstädten finden sich bereits zahlreiche private Schulen, in denen junge Frauen vor ihrer Heirat lernen können, wie eine Ehefrau ein großes Haus führt und eine perfekte Gastgeberin wird.

Lexikon der Familienbeziehungen

kajok	Familie
harabôji	Großvater
halmôni	Großmutter
abôji	Vater
ômôni	Mutter
nampyôn	Ehemann
puin	Ehefrau
bubu	Ehepaar
adûl	Sohn
ttal	Tochter

Bei der Anrede unter Geschwistern ist bestimmend, wer wen anspricht. Die Koreaner kennen also keine allgemeine Bezeichnung für »Bruder« oder »Schwester«. Ein Junge redet seine Geschwister wie folgt an:

Weltsicht – Perspektive – Wahrnehmung

hyông, hyông-nim (höfl.)	älterer Bruder
nuna, nu-nim (höfl.)	ältere Schwester
kûn-hyông, kûn-hyông-nim (höfl.)	ältester Bruder
kûn-nuna, kûn-nu-nim (höfl.)	älteste Schwester

Ein Mädchen benutzt zum Beispiel die folgenden Anreden:

oppa	älterer Bruder
ônni	ältere Schwester

Und hier einige weitere der gebräuchlichsten Verwandtschaftsbezeichnungen – Sie könnten aus insgesamt weit über 200 wählen:

dongsaeng	allgemein: jüngeres Geschwister
nam-dongsaeng	jüngerer Bruder
yô-dongsaeng	jüngere Schwester
chagûn-nam-dongsaeng	jüngerer Bruder
chagûn-yô-dongsaeng	jüngere Schwester
cheil-chagûn-nam-dongsaeng	jüngster Bruder
cheil-chagûn-yô-dongsaeng	jüngste Schwester
kûn-abôji	Onkel (älterer Bruder des Vaters)
samch'on	Onkel (jüngerer Bruder des Vaters)
kûn-ômôni	Tante (ältere Schwester der Mutter)
komo	Tante (allgemein: Schwester des Vaters)
imo	Tante (allgemein: Schwester der Mutter)
chok'a	Neffe oder Nichte (väterlicherseits)
namjok'a	Neffe (väterlicherseits)
yô-jok'a	Nichte (väterlicherseits)

Zur Erläuterung: Das Präfix *kun* bedeutet »der/die Ältere« im Vergleich von zwei älteren Brüdern oder Schwestern. In gleicher Weise bezeichnet *chagûn* den/die Jüngere/n von zwei jüngeren Geschwistern. *Cheil* (wörtlich: »erstens, Nummer 1«) bezeichnet in der Zusammensetzung *cheil-kûn* das älteste bzw. bei *cheil-chagûn* das jüngste Kind. Die Silbe *nam* oder *yô* bezieht sich auf das männliche oder weibliche Geschlecht (und findet sich oft auch als Hinweis auf Toilettentüren).

Das *kibun*

Wenn Sie die zwischenmenschlichen Beziehungen der Koreaner, ihr Verhalten und ihre (oft verschlungenen) Gedankengänge verstehen wollen,

Weltsicht – Perspektive – Wahrnehmung

dann kommen Sie nicht um die Beschäftigung mit dem *kibun* umhin. Dieser Begriff läßt sich nur schwer ins Deutsche übertragen. Er bezieht sich im weitesten Sinne auf Stimmung, Wohlbefinden und emotionales Gleichgewicht. Verletzt man das *kibun* eines anderen, dann sind sein Stolz und seine Würde getroffen, ist sein »**Gesicht**« bedroht.

Koreaner legen hohen Wert auf eine **harmonische zwischenmenschliche Beziehung**. Eine friedliche Atmosphäre, in der man sich rundum wohlfühlt, ist wesentlich bedeutsamer als der Abschluß dringender Geschäfte oder das Benennen unbequemer Wahrheiten. Verursacht ein Koreaner beim Durchsetzen eines Zieles Unbehagen, bringt er dabei jemanden um seine Seelenruhe, dann ist das Ziel dem Weg zum Opfer gefallen. Denn wenn die persönlichen Beziehungen sich nicht harmonisch gestalten, dann ist es nahezu unmöglich, ein gestecktes Ziel zu erreichen. Dies gilt mehr oder weniger für alle Kulturen, aber in Korea spielt das **persönliche Wohlbefinden** eine tatsächlich überragende Rolle. Wer darauf keine Rücksicht nimmt, sich allein der Tüchtigkeit, absoluten Ehrlichkeit oder gleich welchen »höheren« moralischen Prinzipien verpflichtet fühlt, gilt als kalt und gefühllos.

Kibun spielt in allen Bereichen des koreanischen Lebens eine Rolle. Es ist wichtig, das *kibun* anderer einschätzen zu können und es nicht zu verletzen. Natürlich muß man auch seinen eigenen Gemütszustand berücksichtigen und vermeiden, ihn aus dem Gleichgewicht zu bringen. **Wer sich nicht um das *kibun* seiner Mitmenschen kümmert, macht sich das Leben schwer.** Die Kunst, das *kibun* seiner Mitmenschen zu erfühlen, nennt sich *nunchi* (mehr darüber später).

Auf Ausländer wirken Koreaner häufig übertrieben emotional oder sensibel mit einem nur allzuleicht verletzbaren *kibun*. Zum Beispiel läßt sich das *kibun* eines Koreaners erschüttern, indem ihm ein Untergebener nicht den angemessenen Respekt erweist, sich nicht schnell oder tief genug verbeugt, beim Sprechen nicht die angemessenen Höflichkeitsformen benutzt, ihn nicht binnen einer angebrachten Zeit über wichtige Angelegenheiten informiert oder ihm – schlimmer noch – etwas mit der linken Hand überreicht. Diese für Koreaner **selbstverständlichen Benimmregeln** erscheinen Ausländern oftmals zu schwierig, sind beim Kontakt mit Koreanern aber unbedingt zu beachten.

Gelegentlich sind diese ungeschriebenen Gesetze selbst für Koreaner nicht einfach zu befolgen. Wer in Unkenntnis des sozialen Ranges jemanden irrtümlich wie einen sozial Niedrigergestellten behandelt, dann ist dessen *kibun* verletzt, und er wird wahrscheinlich den Kontakt abbrechen. Es liegen zahlreiche solcher Stolpersteine herum. Zum Beispiel tritt man ins **Fettnäpfchen**, wenn man, nicht wissend, woher der Gesprächspartner stammt, sich abfällig über seine Heimatstadt äußert.

Im **Geschäftsleben** wartet man mit **schlechten Nachrichten** bis zum Ende des Arbeitstages, so daß sich der Betroffene bis zum nächsten Morgen in Ruhe stabilisieren kann. **Kündigungen** geschehen meist ohne Vorwarnung.

Weltsicht – Perspektive – Wahrnehmung

Kibun *ist mehr als Atmosphäre und Ambiente.*

Wie könnte man jemandem eine Weiterarbeit zumuten, dessen *kibun* dermaßen erschüttert wurde? Auch wenn man sich mit einer geringwertigeren Gabe für ein **Geschenk** revanchiert, kann das *kibun* des Empfängers Schaden nehmen.
Man muß also **behutsam mit dem *kibun* umgehen – mit dem eigenen wie jenem anderer.** Dies erscheint um so wichtiger, als Korea eine Klassengesellschaft ist.
Dabei gilt allerdings, daß **ein Ranghöherer weniger Rücksichten nehmen muß als der sozial Niedrigerstehende.** Ein gesellschaftlicher »Niemand« hat offenbar weniger »Gesicht« zu verlieren. Schilt ein Ehemann seine Frau in aller Öffentlichkeit, dann ist sie nach koreanischem Empfinden längst nicht so gedemütigt wie im umgekehrten Fall ihr Gatte.

Tips für den Umgang mit dem kibun

Im Kontakt mit Koreanern sollten Sie stets bedenken, wie wertvoll ihnen ihr *kibun* ist. Ausländern wird zwar eine gewisse Narrenfreiheit zugebilligt. Will man jedoch als westliche »Langnase« in Korea **tiefere Kontakte knüpfen** oder gar **geschäftliche Erfolge erzielen**, dann sollte man nie vergessen, daß *kibun* vor kühlen materiellen Erwägungen Vorrang genießt. **Rücksicht auf das *kibun* der Partner** erleichtert das Leben in Korea und sichert Ihnen den Respekt Ihrer koreanischen Freunde und Geschäftspartner.

Weltsicht – Perspektive – Wahrnehmung

Nunchi

Mit *kibun* geht ein anderer koreanischer Wert eng einher: *Nunchi, wört*lich etwa »Augenmaß«, bezeichnet **die Fähigkeit, sich auf das *kibun* eines anderen einzustellen**, bezieht sich aber nicht allein auf den Oberflächeneindruck.

In einer Gesellschaft, in der es die soziale Harmonie so wenig wie möglich zu stören gilt, kommt es wesentlich darauf an, **die Gemütsverfassung anderer Menschen zu erkennen und sich darauf einzustellen.**

Nunchi-Einfühlsamkeit verschafft soziale Vorteile. Man spürt den richtigen Zeitpunkt, seinen Chef um eine Gefälligkeit zu bitten, man erahnt konfliktträchtige Situationen im Verkehr, im Umgang mit staatlicher Autorität und dergleichen voraus. Und *nunchi* verfeinert die Übermittlung schlechter Nachrichten.

Diese Fähigkeit benötigt eine Antenne, die den Gemütszustand anderer Menschen auffängt. Ein Teil dieser Wahrnehmung besteht in der **Beobachtung und Interpretation von Körpersprache, von Tonfall und sprachlichem Ausdruck**. Viele Koreaner haben einen »siebten Sinn« dafür entwickelt.

Natürlich gibt es überall auf der Welt instinktive und reaktive Wahrnehmung. Schon Kinder wissen sehr genau, wann und wie sie von Eltern oder Verwandten beispielsweise ein Eis erbetteln können. Doch zählt ein wichtiger Unterschied: Europäer zeigen ihre Gefühle, man kann ihnen ansehen, was sie gerade bewegt. **Koreaner dagegen versuchen, ihre Emotionen zu beherrschen, ihre wahren Gefühle zu verbergen.** Deshalb braucht es ein hohes Maß an *nunchi*, um die Gemütsverfassung eines Koreaners zu erkennen.

Vorsicht: Nunchi

Häufig ist es unmöglich, die durch Worte oder Körpersprache übermittelten Botschaften von Angehörigen fremder Kulturen zu verstehen. **Koreaner bewerten Stimmungen anders als Europäer.** Einige wenige ärgerliche Worte mögen einem Koreaner schwerwiegender erscheinen, als sie aus westlicher Sicht gemeint waren. Wenn Sie einen Anruf mit schlechten Nachrichten erhalten und daraufhin Ihre gedrückte Stimmung zeigen, dann wird sich das Dienstmädchen vermutlich den ganzen Tag auf Zehenspitzen bewegen, um die Atmosphäre nicht noch stärker zu vergiften. Belehren Sie es nun gar noch, das Geschirr nicht in kaltem Wasser abzuspülen, dann wird es diesen Rüffel vermutlich als Ausdruck allgemeiner Unzufriedenheit mit seiner Arbeit begreifen.

Welche Konsequenzen ziehen Sie nun als dickfellige »Langnase«? Machen Sie sich in jedem Fall auf zahlreiche Mißverständnisse und kleinere Kommu-

Weltsicht – Perspektive – Wahrnehmung

*Der konfuzianische Sozialkodex und das überschaubare und abgegrenzte Gefüge
der dörflichen Gemeinschaft wirken noch immer stark
auf das neuzeitliche koreanische Leben ein.*

nikations-Katastrophen gefaßt. Und führen Sie die Ursache dafür nicht allein auf den **Unterschied der Kulturen** zurück, sondern auch auf **Ihren persönlichen Mangel an** *nunchi*.

Fremde und Bekannte

Ein Neuankömmling versteht meist kaum, warum in Korea **ein und derselbe Mensch in verschiedenen Situationen völlig unterschiedliche Behandlung genießt**. Dem ausländischen Geschäftsmann zum Beispiel wird man unter Partnern mit ausgesuchter Höflichkeit und Freundlichkeit begegnen, selbst wenn er seine Kollegen zum allerersten Mal trifft. Kurz darauf jedoch kann es ihm beim Herbeiwinken eines Taxis widerfahren, daß er zur Seite gestoßen wird, seinen Hühneraugen ein Leid geschieht – ohne ein Wort der Entschuldigung. Der Widerspruch zwischen diesen beiden Verhaltensweisen – **bestrickende Höflichkeit** und **ungehobelte Rücksichtslosigkeit** – scheint unverträglich.

Umgang mit Fremden

In westlichen Gesellschaften herrschen bestimmte Regeln beim Umgang mit Fremden. So heißt es zum Beispiel: »Wer zuerst kommt, wird zuerst bedient«, »Fremden tritt man nicht zu nahe« oder: »Wer Hilfe braucht, dem wird geholfen.«

In Korea dagegen ist **ein Mensch, dem man nicht vorgestellt wurde**, mit dem man noch nie etwas zu tun hatte und vermutlich auch nie etwas zu schaffen haben wird, schlichtweg eine »Unperson«. Und für den Umgang mit Unpersonen bestehen selbstverständlich keine Regeln. Bevor man nun die Koreaner für dieses scheinbar unzivilisierte Benehmen tadelt, sollte man bedenken, daß ihre Gesellschaft vom **dörflichen Leben** geprägt ist. Bis vor kurzem lebten die meisten Koreaner in kleinen Bauerndörfern. Jeder war mit jedem anderen in einem überschaubaren sozialen Rahmen verbunden, war auf ihn angewiesen. Einleuchtend, daß man selbst völlig Fremden gegenüber die strengen koreanischen Benimmregeln befolgte.

Dies änderte sich schnell mit der **Urbanisierung**. In den Städten bestanden wenig Verflechtungen zu anderen Menschen, man war und blieb sich fremd. Auch der Mangel an Geld und Zeit machten es unmöglich, sämtliche Mitmenschen nach den überkommenen Regeln zu behandeln. Auf den Straßen fanden sich unzählige bedürftige Fremde, die nach dem alten Sittenkodex Anspruch auf Hilfe und Unterstützung besaßen – und um nicht ihnen allen Achtung und Hilfe erweisen zu müssen, bestand wohl der einzige Ausweg darin, sie nicht zur Kenntnis zu nehmen. Zu dieser **»Verwilderung« der Sitten** trug zudem die Anonymität der Großstadt bei. Diebe und Betrüger konnten unbesorgt ihren Geschäften nachgehen, ohne von der Gesellschaft ausgestoßen zu werden. Es wurde gefährlich, anderen zu vertrauen oder auch nur freundlich zu ihnen zu sein. Fremde, das waren Menschen, die einen ausnutzen wollten, Strolche, die ihre Mitmenschen nicht achteten.

Umgang mit Bekannten

Die meisten Menschen, mit denen ein Koreaner mehr oder minder regelmäßig verkehrt, müssen nach den **Höflichkeitsregeln** behandelt werden. **Zu diesem Personenkreis gehören**: ehemalige und derzeitige Nachbarn, Angehörige von Dienstleistungsberufen, Lehrer (die eigenen und jene von Freunden und Bekannten), Klassen- und Schulkameraden oder Studienkollegen. Auch die Belegschaft der Firma, bei der man beschäftigt ist, zählt dazu, selbst wenn man nicht jeden einzelnen Mitarbeiter persönlich kennt. Mit den Freunden und Freundesfreunden umschließt dieser soziale Umkreis also hunderte, vielleicht sogar tausende Menschen. Ihnen allen gerecht zu werden, dies erfordert viel Geld, Zeit und persönliche Zuwendung.

Hinweise: Koreanischer Umgang mit Fremden

Die meisten Koreaner werden Ihnen **freundlich** und **zuvorkommend** begegnen. Nicht umsonst gilt die Halbinsel als »Land der Höflichkeit«. Trotz-

Weltsicht – Perspektive – Wahrnehmung

dem wird man Sie gelegentlich auch als »Unperson« behandeln – und dies mag eine schmerzliche Erfahrung bedeuten.
Bis in die jünste Vergangenheit war der Besuch von Fremden für die recht geschlossene koreanische Gesellschaft ein Ereignis, nahezu eine Sensation. Daraus erklären sich viele Mißverständnisse und Vorurteile – wozu gehört, daß man einem Ausländer keine koreanischen Sprachkenntnisse zutraut. Und so wird **völlig ungeniert, als sei er eine distanzierte Figur auf dem Fernsehschirm, über ihn geredet**, das Aussehen, die Kleidung oder der Haarschnitt bewertet. Umgekehrt liegt für Ausländer der Trugschluß nahe, Koreaner betrachteten sämliche Fremden als »Unpersonen«. Dies ist nur bedingt richtig, denn **sobald ein Koreaner eine Beziehung zu einem Ausländer hat aufnehmen können, behandelt er ihn mit dem einer »wirklichen« Person gebührenden Respekt**. Meist sind Koreaner – abgesehen davon, daß sie sich über Fremde in deren Beisein vollkommen ungehemmt auslassen – zu Europäern oder Amerikanern sogar noch höflicher als zu den eigenen Landsleuten.

Sprache ohne Töne: Körper- und Zeichensprache

Manche »Begriffe« der Körpersprache besitzen vermutlich weltweit Geltung. Dazu zählen wohl Weinen, Stirnrunzeln, Lachen oder Erröten. Manches Zeichen findet sich jedoch nur in einer Kultur. Gesten können Worte unterstützen, sie mit Nachdruck versehen oder als Lügen entlarven. **Westlichen Besuchern fällt häufig auf, daß vieles, was in ihrer Heimat mit Worten gesagt wird, in Korea durch Gesten und körperliche Signale Ausdruck findet.**
Steht man schwerbeladen im – meist völlig überfüllten – Bus, dann ist es durchaus üblich, daß jemand mit einem Sitzplatz sich anbietet, die Last zu halten. Dieses Angebot erfordert keine Worte. Der Betreffende zupft so lange an der Einkaufstüte oder Aktentasche, bis der Besitzer merkt, daß da jemand ist, der ihm die Bürde abnehmen möchte. Dies verleitet Ausländer oft zu der irrigen Annahme, dies geschehe deshalb wortlos, weil die Koreaner annähmen, der Fremde beherrsche ihre Sprache nicht. Doch Koreaner untereinander verhalten sich nicht anders. Denn sie **fühlen sich unbehaglich, wenn sie Worte mit einem Menschen wechseln müssen, dem sie nicht formell vorgestellt worden sind**. Gesten als Sprache ohne Töne bieten einen guten Ausweg.
Wir wollen einige weitere Beispiele für diese Sprache ohne Töne nennen:

Verbeugungen

Als **erstes »auffälliges Sozialverhalten«** der Koreaner wird Ihnen wohl die Verbeugung ins Auge springen. Jeder Koreaner vollzieht täglich unzählige

Male diesen »Kotau«, der die verschiedensten Bedeutungen tragen kann. Sehen sich zwei Koreaner an einem Tag zum ersten Mal, dann verbeugen sie sich und **grüßen** sich mit *annyông haseyo!* (»Friede mit Ihnen!«) – wobei zuerst die sozial niedriger eingestufte Person grüßt. Der Gegrüßte sollte unmittelbar darauf in gleicher Weise antworten. Nimmt der Angesprochene einen weit höheren Rang ein – wie etwa der Vater gegenüber dem Kind –, dann verbeugt er sich nicht, sondern grüßt auf informelle, persönliche Weise zurück.

So läßt sich der relative Status von zwei Menschen leicht daran erkennen, wie sie einander begrüßen. Lehrer und Schüler, Angestellter und Arbeitgeber, Onkel und Nichte – sie alle kann man leicht durch die Art ihrer Verbeugung zuordnen.

Koreaner verbeugen sich auch, wenn sie einander **vorgestellt** werden. Der Vorstellende macht zwei Leute miteinander bekannt, diese verbeugen sich und nennen ihre Namen. Und dann folgt der unvermeidliche Austausch der **Visitenkarten**, denn es ist manchmal schwierig, den leise gemurmelten Namen zu verstehen, und außerdem klärt die Karte über den sozialen Status des Gegenübers auf.

Auch beim **Abschied** verbeugt man sich. Der Gast erhält den Wunsch *annyônghi kashipshio* mit auf den Weg (»Gehen Sie in Frieden«), dem zurückbleibenden Gastgeber wünscht man *annyônghi keshipshio* (»Bleiben Sie in Frieden«). Bei der Trennung etwa vor der Tür einer Gaststätte lautet der Gruß selbstverständlich bei beiden *annyônghi kashipshio*. Im **Umgang mit Ausländern** ist auch der englische Abschiedsgruß *Goodbye* üblich. Kindern bringt man bei, mit erhobener Hand seitwärts zu winken und *bye bye* zu rufen.

Die Skala der Verbeugungen umfaßt weit mehr als die eben genannten Beispiele, die meist aus einem Kopfnicken (gegenüber niedriger Eingestuften oder Untergebenen) oder einer Verbeugung in der Hüfte im rechten Winkel (gegenüber Höhergestellten und Älteren) bestehen. In der **allerhöflichsten Form** kniet der Koreaner nieder, stützt die Handflächen auf und berührt mit der Stirn den Boden. Dies ist gebräuchlich zum Beispiel nach der Hochzeitszeremonie, bei den Totengedenktagen an den Gräbern oder an Neujahr gegenüber Eltern, Großeltern und Lehrern.

Tips für Ihren »Kotau«

Die **Kunst der (richtigen) Verbeugung** scheint nahezu so schwer zu erlernen wie eine Fremdsprache. Ausländer wirken häufig recht sonderbar, wenn sie sich in den verschiedenen Arten von Verbeugungen versuchen.

Doch **mit einer Verbeugung am richtigen Ort zur richtigen Zeit sammelt man Punkte bei Koreanern** – gleichgültig wie unbeholfen sie wirken mag. Die Geste zeigt Ihr respektvolles Bemühen um die koreanische Kultur und

Weltsicht – Perspektive – Wahrnehmung

Selbst die für koreanische Verhältnisse großzügig bemessene Wohnanlage des Olympischen Dorfes in Seoul weist darauf hin, daß Korea kein Land der Ellbogenfreiheit ist.

Umgangsformen. Und seltsam: Wer sich länger im Land aufhält, wird nach einiger Zeit die koreanischen Verbeugungen auch gegenüber seinen Landsleuten anwenden.

Ellbogenfreiheit

Ellbogenfreiheit, **persönlicher Bewegungsspielraum** – in Korea mit seiner hohen **Bevölkerungsdichte** sind diese Begriffe nahezu Fremdwörter. Im statistischen Zahlenvergleich mit anderen Ländern erscheint Südkorea nicht einmal besonders übervölkert, doch da der Großteil des Gebietes aus Gebirge besteht, drängt sich im unteren Süden der koreanischen Halbinsel die weltweit höchste Zahl von Menschen pro Quadratkilometer.
Schlafen, Arbeiten, Essen und sogar Stehen in Korea scheinen deshalb bei den meisten Nichtasiaten **klaustrophobische Ängste** auszulösen. Selbst in kleinen Städten sind die Gehwege so schmal angelegt, daß Fußgänger Mühe haben, sich nicht ständig anzurempeln. Die imaginäre Luftblase freien Raums, mit der sich ein Mensch aus dem Westen gerne umschließt, platzt unmittelbar nach der Ankunft in Korea.
Die **mangelnde Bewegungsfreiheit** empfinden Korea-Besucher oft als besonders störend. Im Aufzug, im Büro, beim Einkaufen – immer werden die für Europäer als selbstverständlich gehaltenen Grenzen um die eigene Person verletzt. Und dies verursacht »Streß«. Diesen Belastungen ist der

Fremde nicht nur außerhalb der eigenen vier Wände ausgesetzt, sondern auch im trauten Heim. Zum Beispiel kann geschehen, daß das Dienstmädchen ausgerechnet dann das Geschirr spülen will, wenn auch die Hausfrau am Abfluß zu tun hat, weil sie das Gemüse für das Mittagessen vorbereitet. Kommen sich die beiden derart in die Quere, stört dies jedenfalls nicht die Koreanerin – sie ist's gewöhnt.

Ausländer argwöhnen überdies häufig, daß das stetige Schubsen und Anrempeln vorsätzlich geschieht. Bietet sich auf der Straße Platz für vier Menschen nebeneinander an, scheint es dem Nichtkoreaner geradezu unmöglich, sich an ihnen vorbeizuwinden, ohne zumindest von einem gestreift zu werden. Dieses **Gefühl persönlicher Bedrängnis** kann all die positiven Eindrücke, die Korea bietet, ins Abseits rücken. »Warum«, fragt sich die geplagte Langnase, »warum nur treten mir die Koreaner absichtlich auf die Hühneraugen?«

Dieser Unmut wird zusätzlich dadurch geschürt, daß sich **niemand entschuldigt** – weder bei Rempeleien im Bus noch bei Zusammenstößen vor der Aufzugtür. Nie fällt ein Wort des Bedauerns, weder auf Englisch noch auf Koreanisch. Und es tröstet keineswegs, daß die Koreaner einander nicht besser, sondern eher noch schlechter behandeln. Bringt man dieses Problem vor Koreanern zur Sprache, muß man sich mit der Erklärung bescheiden, all dies geschehe ohne Absicht und erfordere daher auch keine Entschuldigung.

Zwischengeschlechtliche Körperkontakte

Laut Konfuzius sollen Jungen und Mädchen ab dem fünften Lebensjahr (nach koreanischem Verständnis zu Beginn des siebten Lebensjahres) getrennt erzogen werden. Bis in die jüngste Zeit bestanden daher deshalb nahezu ausnahmslos getrennte Schulen, so daß Schulfreunde aus dem anderen Geschlecht selten waren. Selbst heute wirkt es mitunter fast so, als betrachteten Koreaner im Heiratsalter das andere Geschlecht als Wesen vom anderen Stern.

Traditionell war **körperlicher Kontakt zwischen Jungen und Mädchen bis zur Hochzeit verboten**. Zuneigung wurde nur in den eigenen vier Wänden gezeigt. Heute allerdings können Sie auf dem Campus von Universitäten oder in Parks zuweilen händchenhaltende Pärchen erblicken. Aber **Küssen** ist weiterhin tabu. Trotzdem ist häufig die Klage zu hören, die westlichen Filme hätten die koreanische Jugend verdorben – entgegen der offensichtlichen Tatsache, daß Koreaner immer noch wesentlich prüder sind als ihre westlichen Altersgenossen.

Gleichgeschlechtliche Körperkontakte

Ganz im Gegensatz zu den strengen Vorschriften für den Umgang zwischen den Geschlechtern herrschen bei Freunden des gleichen Geschlechts **kei-**

Weltsicht – Perspektive – Wahrnehmung

*Zwischengeschlechtliche Spiele mit Anfassen
sind nach traditioneller koreanischer Auffassung
ab dem (umgerechnet) siebten Lebensjahr unerwünscht.*

nerlei Berührungsängste. Es wirkt völlig normal, wenn zwei Frauen Hand in Hand spazierengehen. Und in einem überfüllten Hörsaal kann durchaus ein Student auf dem Schoß eines anderen sitzen, den engen körperlichen Kontakt genießend. All die zwischen Männern üblichen Berührungen, Gesten und Vertraulichkeiten lassen für den koreanischer Sitten unkundigen Ausländer nur einen Schluß zu: In Korea leben überraschend viele Homosexuelle.

Doch das Gegenteil ist der Fall. **Homosexualität** scheint in Korea weitgehend unbekannt. Und Koreaner amüsieren sich, wenn Besucher aus anderen Ländern den vertrauten gleichgeschlechtlichen Umgang als Ausdruck von Homosexualität werten. Für sie ist solches Verhalten ein sehr natürlicher und freundschaftlicher Weg, Gefühle zu zeigen.

Tips bei gleichgeschlechtlicher Berührungsangst

Ein Koreaner wird einen Mitmenschen desselben Geschlechts nur dann berühren, wenn er besonders freundschaftliche Gefühle hegt. Ergreift jemand die Hand eines ausländischen Gastes oder legt ihm beim Gespräch die Hand auf den Oberschenkel, ist dies lediglich Ausdruck tiefer Freundschaft. **Fühlt man sich allerdings durch solche »Vertraulichkeiten« belästigt**, besteht kein Grund, den koreanischen Freund nicht sachte darauf hinzuweisen. Dann sollten Sie **freundlich erklären**, daß diese Gesten in Ihrer Kultur auch anders aufgefaßt werden können. Es ist kaum anzunehmen, daß sich ein Koreaner durch eine solche Erklärung beleidigt fühlt.

Blickkontakt

Vielen Menschen wird erst dann bewußt, daß ihr **Blickkontakt nach bestimmten kulturellen Spielregeln erfolgt**, wenn sie auf jemanden mit einem anderen kulturellen Hintergrund treffen. Im Westen sieht man bei einem Gespräch dem Partner in die Augen und löst den Blick nur kurze Momente. Keinen Blickkontakt zu halten gilt als Zeichen von Mißachtung oder Mißtrauen. (Lügner können angeblich niemandem in die Augen schauen.) Umgekehrt gilt es als Zeichen von Dreistigkeit, Eltern, Lehrern oder Vorgesetzten in die Augen zu blicken, wenn man getadelt wird.
In Korea **wird der Gesprächspartner nur für kurze Augenblicke angeschaut**. Ansonsten blickt man rechts oder links an ihm vorbei. Je höher die gesellschaftliche Stellung des Gesprächspartners, desto länger hält dieser Blickkontakt. Auch bei einem Streit oder Geschäftsabschluß sieht man sich bedeutungsvoll in die Augen. Wird ein Koreaner getadelt, senkt er den Blick.

Gestik

Manche Gesten der Koreaner irritieren den Ausländer. So ähnelt ihr **Herbeiwinken** der westlichen »Auf Wiedersehen« signalisierenden Handbewegung: Die ausgestreckte Hand – mit der Handfläche nach unten – schließt sich in Greifbewegungen nach innen. Umgekehrt könnte ein Koreaner ein westliches Winken aus der Entfernung als Herbeiwinken auffassen. Koreaner **winken zum Abschied** – falls überhaupt –, indem sie die ausgestreckte Hand, Handfläche zum Beschauer hin, seitwärts von links nach rechts bewegen. Die westliche Geste des **Heranlockens** – Greifbewegungen mit der Handfläche nach oben oder wiederholtes Krümmen des Zeigefingers – gilt als äußerst unhöflich. Ein Koreaner würde so allenfalls seinen Hund herbeirufen.
Um einer Person von höherem Status etwas zu **überreichen**, benutzen Koreaner ausschließlich die **rechte Hand**. Noch respektvoller wirkt es, den rechten Arm mit der linken Hand in Ellbogenhöhe abzustützen. Besonderen Respekt drückt das Überreichen oder Annehmen eines Gegenstands mit **beiden Händen** aus. Neigt ein Kind zur Linkshändigkeit, gewöhnen Eltern oder Lehrer ihm dies gnadenlos ab – nur der Gebrauch der rechten Hand gilt als erlaubt und höflich.
Sind Koreaner glücklich, dann **lächeln** und lachen sie ebenso wie alle anderen Menschen. Aber in Korea kann ein Lächeln auch ganz **andere Bedeutungen** haben. So lächelt ein Koreaner, wenn er sich schämt oder unbehag-

Weltsicht – Perspektive – Wahrnehmung

In Korea wird beim Essen üblicherweise nicht gesprochen, um den Genuß des Mahles nicht zu beeinträchtigen.

lich fühlt. Läßt etwa das Hausmädchen eine kostbare Vase fallen, so lächelt es – was den unaufgeklärten Ausländer möglicherweise noch mehr verärgert. Sie werden bemerken, daß Mädchen und Frauen beim Lächeln oder Lachen schamhaft **den Mund mit der Hand bedecken**. Zwar schwindet diese Sitte langsam dahin, doch läßt sie sich immer wieder noch beobachten.

Stille

Koreaner lieben die Stille, das Schweigen. Zwei Freunde können lange Zeit schweigend miteinander verbringen, aber in Gedanken und Gefühlen innig verbunden sein; solche Empfindungen in Worten auszudrücken hieße, ihren Wert zu mindern.

Auch beim **Essen** wird üblicherweise nicht gesprochen. Dies rührt von der Überzeugung her, daß der Genuß ungeteilte Aufmerksamkeit erfordert. Deswegen erscheint auch einem Koreaner das westliche »Arbeitsessen« als kulturlose Erfindung. **Entweder man ißt oder redet über Geschäfte.** Beides zugleich zu tun schadet Appetit und Verdauung.

Anklopfen

In Korea gilt es als **unhöflich, einen Raum ohne vorherige Ankündigung zu betreten.** Früher diente ein höfliches Räuspern diesem Zweck; heute klopft man meist an.

Dies gilt auch im **Geschäftsleben**. Erteilt eine Sekretärin die Erlaubnis, das Zimmer ihres Chefs zu betreten, dann tritt man nicht einfach ein, selbst wenn die Tür halb geöffnet ist. Die Rücksichtnahme erfordert zwei- oder dreimaliges Klopfen, ehe man den Raum betritt. Auf ein »Herein!« braucht danach nicht gewartet zu werden. Ausländern gegenüber benehmen sich Koreaner ebenso.

Ähnlich verhält man sich in **öffentlichen Toiletten**. Manchmal sind ihre Schlösser beschädigt, gelegentlich fehlen sie ganz und gar. Ist die Tür geschlossen, wird zunächst höflich geklopft. Hat jemand bereits den Platz eingenommen, wird er zurückklopfen oder ein Geräusch von sich geben, das anzeigt, daß dieses »stille Örtchen« besetzt ist. Statt der Frage: »Ist da jemand?« und der Antwort: »Ja« genügt in Korea also ein Räuspern oder Klopfen.

Zu beachten ist allerdings folgendes – und dies gilt für Koreaner wie Ausländer: Betritt man einen Raum, in dem es sich der Bewohner bequem gemacht hat – Jackett ausgezogen, Schlips gelockert, Füße auf dem Schreibtisch –, dann gilt es als höflich, ihn nicht zur Kenntnis zu nehmen. Der Besucher hat den Raum nicht zu verlassen, sich aber ruhig und abwartend zu verhalten, bis sich der Mitanwesende wieder in sein sozusagen »öffentliches Selbst« verwandelt hat. Erst dann nimmt man einander wahr und grüßt sich. Dieses Ritual ohne Worte, das sich in Korea Tag für Tag hunderttausendfach abspielt, ist auch Ausdruck von *kibun* – und der **sensiblen Höflichkeit, die das Zusammenleben auf engstem Raum erfordert**. Mögliche Reibungspunkte zwischen den Menschen werden in Korea oft dadurch vermieden, daß man den anderen nicht durch unzeitgemäßes Auftreten kompromittiert.

Kreislauf des Lebens

In Korea richtet sich das Verhalten des einzelnen vor allem nach seinem Alter und seiner gesellschaftlichen Position. Will man nun wissen, wie Koreaner in einem bestimmten Abschnitt ihres Lebens denken, warum sie sich nach bestimmten Regeln verhalten, dann muß man sich näher mit ihren Erfahrungsgrundlagen und Verantwortlichkeiten in den verschiedenen **Lebensphasen** beschäftigen sowie den **Zeremonien** und **Festen**, die diese Abschnitte begleiten.
Schwangerschaft und Geburt, die frühe Kindheit, die Zeit in der Schule, Studium, Hochzeit und Ehe, Beruf, Tod und Ahnenverehrung – jeder Lebensabschnitt und jede Lebenserfahrung bringt eigene Riten, Freuden und Schwierigkeiten. All dies ist Thema der folgenden Ausführungen, die auch **Hinweise für Ausländer** geben, die Gelegenheit haben, an solchen das koreanische Leben prägenden Ereignissen teilzunehmen – Hinweise etwa darauf, welche Geschenke, welche Kleidung und welches Benehmen diesen Anlässen entsprechen.
Wir finden allerdings keine einheitlichen Bräuche vor, denn in jeder Provinz und Familie wird anders gefeiert, jeder einzelne stellt sich auf seine Weise den Herausforderungen eines neuen Lebensabschnitts. Beschrieben werden »**typische**« **Verhaltensweisen**; aber wir dürfen nicht vergessen, daß Korea sich von einer traditionsverhafteten, vorwiegend bäuerlichen Gesellschaft zu einem modernen Industriestaat wandelt. Die alten Bräuche waren sinn-

voll und nützlich, als noch Großfamilien zusammenlebten, der Ackerbau die Zeiteinteilung bestimmte. Heute noch sind manche dieser Bräuche wichtig für das Miteinander, und die jüngere Generation hält sie deshalb am Leben. Andere jedoch erweisen sich als teuer, zeitaufwendig oder gar schlicht lästig und werden ersetzt durch neue, angepaßtere Sitten und Gebräuche.

Schwangerschaft und Geburt

Koreaner glauben, daß es den Ahnen gegenüber ihre vornehmste Pflicht ist, Kinder zu zeugen und zu gebären, vor allem männliche Nachkommen. Diese **Sohnespflicht** ist gleichzeitig eine Versicherung für das Leben im Alter. Denn Söhne sind traditionell verantwortlich für das Wohlbefinden und finanzielle Auskommen ihrer greisen Eltern. Heute, in einer Zeit der **Familienplanung**, wünschen sich koreanische Paare meist nur noch zwei Kinder, manchmal auch nur ein Kind. Doch sollte es – darauf bestehen vor allem die Eltern und die Großeltern – vorzugsweise ein Sohn sein. Schließlich bringen Mädchen zweifachen Kummer: wenn sie geboren werden und wenn sie den Familienverband durch Heirat verlassen müssen.

Glücklicherweise gilt das alte Sprichwort nur noch bedingt, nach dem ein Vater von drei **Töchtern** unbesorgt bei offener Tür schlafen kann. Früher trieben Töchter durch die hohe Mitgift, die notwendig war, um sie unter die Haube zu bringen, manche Familie in den Ruin. Deshalb konnten die Eltern vieler Töchter gelassen bei offenen Türen schlafen – ein Dieb hätte bei ihnen nichts von Wert mehr gefunden.

Schwangerschaft

Noch vor einigen Jahren war es der Stolz junger Eltern, ein »**Flitterwochen-Baby**« genau neun Monate nach der Hochzeit zur Welt zu bringen. Heutzutage warten viele Paare lieber ein oder zwei Jahre – nicht zuletzt deshalb, damit die junge Frau ihrem Beruf nachgehen und ihren Teil zur Ausstattung des Haushaltes beitragen kann. Eine schwangere Frau verbringt die letzten Monate der Schwangerschaft üblicherweise bei ihren oder den Schwiegereltern. Dort wird sie nahezu wie ein Kind umhegt, denn ihr **körperliches und seelisches Wohlbefinden**, was sie ißt, liest oder denkt, ist der Gesundheit des Kindes förderlich. Manchmal arbeitet sie noch während der ersten Schwangerschaftsmonate, aber eine offenkundig schwangere Frau sieht man kaum in einem Büro oder hinter einem Bankschalter.

Die Zeit der Schwangerschaft wird immer noch von mancherlei **Aberglauben** überschattet – selbst bei gebildeten Frauen. »Man kann ja nie wissen«, lautet die Erklärung. So essen viele Frauen während dieser neun Monate kein Huhn, damit das Kind nicht mit rauher Haut (»Gänsehaut«) zur Welt kommt. Auch Krebse werden gemieden, da das Baby bissig werden könnte, wenn die Mutter Scherentiere verzehrt.

Kreislauf des Lebens

Der Gesichtsausdruck des kleinen »Thronfolgers« in dieser konservativen Familie macht seine Bedeutsamkeit deutlich. Immerhin wurden zwei ältere Töchter nicht um ihre Lebenschance als Erstgeborene gebracht (wie es heute noch vorkommt!).

In den Städten gehen viele Frauen regelmäßig zur **Schwangerschaftsvorsorge**. Auf dem Land wiederum fehlt es nicht am **Rat weiblicher Verwandter oder Nachbarinnen**. Viele dieser Ratschläge sind auch in schulmedizinischer Sicht wertvoll. So stärkt man schwangere Frauen vor (und vor allem nach) der Geburt mit einer schmackhaften Seetangsuppe *(miyôk guk)*, eine gesunde, eisen- und jodreiche Kost.

Abtreibungen sind, vor allem beim ersten Kind, bei weiblichen Fötussen häufiger als bei männlichen. Die Fortschritte der vorgeburtlichen Diagnostik dienen leider nur allzu oft dem Zweck, bereits im pränatalen Stadium dem ersehnten Stammhalter freie Bahn zu schaffen.

Namensgebung

Namen besitzen in Korea erhöhte Bedeutung. Da man meint, daß sie der Familie Glück oder Unglück bringen können, zieht man bei der Namensgebung oft **Wahrsager** zu Rate. Weil viele Namen sich von **chinesischen Schriftzeichen** ableiten, gelingt es allerdings häufig nicht, ihren Sinn allein durch Hören zu erfassen.

Mit wenigen Ausnahmen besteht ein koreanischer Name aus **drei Silben**. Die erste gibt den **Familiennamen** wieder. Die beiden folgenden Silben bilden den **Vornamen**. Traditionell handelt es sich bei allen drei Silben um chinesische Wörter, deren Bedeutung sich nur anhand des Schriftzeichens voll erkennen läßt. Erst neuerdings verleihen Eltern ihren Kindern auch rein koreanische Namen.

Vor der Geburt des Kindes wählt in der Regel der älteste Verwandte aus der Familie des Vaters je einen Namen für einen Jungen und ein Mädchen aus. **Nachname** ist immer der des Vaters. (Frauen behalten nach der Hochzeit ihren Familiennamen bei, so daß Mann und Frau verschiedene Nachnamen tragen – die Ehefrau eines Herrn *Park* mag zum Beispiel *Kim* oder *Choi* heißen.)

In vielen Familien ist **ein** Bestandteil des **Vornamens** für alle männlichen Verwandten derselben Generation gleich. *Kim Chul Soo, Kim Chul Min* und *Kim Chul Sûng* etwa könnten durchaus Vettern sein, stimmen doch Familienname und erste Silbe des Vornamens, in diesem Fall als **Generationsname** verwendet, überein. In der nächsten Generation von Vettern lautet vielleicht der zweite Teil des Vornamens gleich, etwa *Kim Young Ho, Kim Jun Ho* und *Kim Jae Ho*. Die darauffolgende Generation würde dann wieder die erste Silbe des Vornamens als Generationsnamen nutzen.

Was für Vettern galt (und zum Teil heute noch gilt), war auch für die Söhne einer Familie üblich, seltener aber bei Mädchen, da diese nur bis zur Hochzeit Mitglied »ihrer« Familie sind. Die Notwendigkeit, alle männlichen Kinder einer Generation derart zu kennzeichnen, geht zurück auf die Größe der »klassischen« koreanischen Familie: Acht bis zwölf Kinder bildeten nicht die Ausnahme, sondern eher die Regel.

Geburt

Heutzutage geschieht die Entbindung meist im Krankenhaus. Werdende Mütter finden nur dürftige Aufklärung und **Geburtsvorbereitungsmaßnahmen** wie Schwangerschaftsgymnastik, und die meist männlichen Ärzte stehen nicht gerade im Ruf von Freundlichkeit und Mitgefühl. Aber die Babies schaffen es dennoch, das Licht der Welt zu erblicken ... Und unverzüglich stellt sich die ausschlaggebende Frage nach dem Geschlecht des Neugeborenen.

Die Ankunft eines **Stammhalters** ist Anlaß für ein großes Fest. Wird »nur« eine Tochter geboren, sollte man sich mit **Glückwünschen** und Freudenbezeigungen etwas zurückhalten, um nicht möglicherweise den Vater oder die enttäuschten Schwiegereltern zu kränken. Diese Einstellung ändert sich zwar allmählich, trotzdem ist ein Sohn immer noch heißester Wunsch einer Koreanerin.

So nimmt es nicht wunder, daß alle den frischgebackenen Vater als erstes nach dem Geschlecht des Nachwuchses fragen. Ist es ein Sohn, dann ist der Vater verpflichtet, seine Freunde und Kollegen zu einem **Festessen** einzuladen. Bei einem Mädchen »trösten« ihn im Gegenzug seine Freunde mit einer Einladung zum Essen.

Kreislauf des Lebens

Fürsorge für Mutter und Kind

Mutter und Kind kehren üblicherweise nach etwa einwöchigem Krankenhausaufenthalt nach Hause zurück. Hier wie dort kümmert sich meist eine ältere Verwandte um sie. In der Klinik sind Mutter und Kind noch getrennt, daheim bleiben sie innig verbunden. Beide werden **warm eingepackt**, selbst mitten im Sommer (wenn das Thermometer auf Werte von über 40° C im Schatten klettern kann). Die Mutter muß lange Unterwäsche tragen, nur Gesicht und Hände beiben unbedeckt. Man wickelt sie in eine schwere Steppdecke und dreht möglicherweise noch die Heizung an. Dahinter verbirgt sich die **traditionelle Überzeugung**, daß die Mutter, wenn sie im Kindbett ihre Haut der Luft aussetzt, im Alter an Arthritis leiden werde. Nicht selten erzählen ältere Frauen, sie hätten im Hochsommer nach einer Geburt den Arm unter der Steppdecke hervorgestreckt und litten nun deswegen an diesem Arm unter Rheuma.

Äußerst wichtig ist die **Ernährung der Wöchnerin**. Meist wird sie von ihrer Mutter, manchmal auch der Schwiegermutter verköstigt. Zur Wöchnerinnendiät zählt Seetangsuppe, bis zu siebenmal täglich serviert. (Kaum verwunderlich, daß viele Frauen nach dieser »Überdosis« *miyôk guk* nie mehr freiwillig auf den Tisch bringen.) Daneben stehen verschiedene Sorten Reisschleim sowie andere leichte und warme Gerichte auf dem Diätplan. Koreanische Frauen, die in westlichen Hospitälern entbinden, trauen ihrem Gaumen nicht, wenn man ihnen gekühlte Getränke oder normales Essen anbietet.

Ausschließliche Flaschennahrung für Babies hat sich in Korea nur teilweise durchsetzen können. In Korea gilt die **stillende Mutter** als Naturmythos. Früher wurden die Kleinkinder deshalb ausschließlich mit Muttermilch ernährt – und Sie können Koreanern begegnen (meist die jüngsten Mitglieder einer Familie), die bis ins Schulalter die Brust saugten. Immer noch gilt es als hohes Muttergut, das Kind möglichst lange stillen zu können. Die Mutter selbst wird, als traue man ihren mütterlichen Fähigkeiten nicht, wie ein Kind behandelt; besonders die älteren weiblichen Verwandten glauben, daß sich das Kind nahe dem Hungertod befinde. Deshalb erhält es zudem das Fläschchen, und heutzutage gelingt es kaum einer jungen Mutter, ihrem Kind länger als einige Monate die Brust zu geben.

Holzkohle und roter Pfeffer

Früher prangte nach der **Geburt eines Sohnes** eine Girlande aus roten Pfefferschoten am Tor des Anwesens. Die **Geburt einer Tochter** wurde mit einer Kette aus Stroh und Holzkohle angezeigt. Diese Form der Geburtsanzeige sollte zugleich Besucher fernhalten. Erst nach dem **21. Lebenstag** konnten Außenstehende das Baby in Augenschein nehmen. Heute schmückt allenfalls auf dem Dorf noch eine Pfefferschotengirlande das Hoftor.

Während die Mütter das Haus schon vor dem 21. Tag verlassen, müssen die Babies bis dahin das Heim hüten.

Das Fest der hundert Tage

Die *Paek-il*-Feier wird aufwendig ausgerichtet, erfreut aber wohl mehr die Familie als die Hauptperson, den Säugling, den der Trubel und die vielen Gäste eher verwirren. Neben einer Vielzahl von Gerichten gehören Reiskuchen *(ttôk)* zum traditionellen **Festschmaus**. Oft reicht eine Feier nicht aus und werden die Familien von Mutter und Vater sowie dessen Arbeitskollegen gesondert eingeladen. Weibliche Verwandte helfen der Mutter bei den zeitraubenden Vorbereitungen und Gastgeberpflichten, während sich die Großeltern um das Baby kümmern. So haben die Frauen die Arbeit und die Männer einen willkommenen Vorwand, ausgiebig zu schmausen und zu zechen.

Als Gast sollten Sie sich für die Einladung zu einer *Paek-il*-Feier mit einem **Geschenk** bedanken, etwa einem kleinen silbernen Eßbesteck, winzigen Goldring oder Kinderkleidung. Nachbarn werden auf koreanische Art von diesem Ereignis informiert: Sie erhalten eine Platte mit Reiskuchen und anderen Leckereien. Das Gegengeschenk besteht meist aus Kleidung oder einer Garnitur weicher koreanischer Baumwollunterwäsche.

Selbstverständlich darf an einem solchen Tage auch ein **Fotograf** nicht fehlen. Traditionsgemäß werden Mädchen bekleidet, Knaben nackt fotografiert, um unmißverständlich auf den männlichen Nachwuchs hinzuweisen. In allen Fotostudios hängen Dutzende dieser **Hundert-Tage-Bilder**, auf denen die Männlein und ihr kleiner Unterschied zu bewundern sind.

Die Tradition der *Paek-il*-Feiern geht darauf zurück, daß ein Neugeborenes in seinen **ersten hundert Lebenstagen** als schwach und verletzlich galt. Erst nach Ablauf dieser Frist hielt man es für kräftig genug, außer Haus genommen und der Öffentlichkeit präsentiert zu werden. Außerdem schien es angesichts der früher hohen **Säuglingssterblichkeit** angeraten, die Geburt erst dann freudig zu feiern, wenn man das Überleben des Kindes gesichert glaubte.

Tips für Glückwünsche zu Schwangerschaft und Geburt

- Ist eine koreanische Bekannte oder Nachbarin eindeutig **schwanger**, dann sind **Glückwünsche** angebracht. Peinlich wären diese allerdings, wenn sie nur einige Kilo zugelegt hätte.
- Sie sollten sich an die Sitte halten, während der ersten **21 Tage nach der Geburt keinen Besuch** abzustatten, es sei denn, man lädt Sie ausdrücklich ein oder Sie sind eine enge Freundin der Mutter. Ein **persönlich überbrach-**

ter Blumengruß wäre zwar möglich, in die Wohnung gebeten wird die Besucherin allerdings nur, wenn die Pflegerin von Mutter und Kind überzeugt ist, daß beide Besuch verkraften können.
• In vielen westlichen Ländern wird der Familie nach der Geburt des Kindes ein **Geschenk** überbracht. Manche Koreaner haben diese Sitte übernommen, doch stellt sie keine Verpflichtung dar. Beim **Hundert-Tage-Fest** jedoch sind Geschenke üblich – bei entfernten Bekannten Kinderkleidung, bei guten Freunden ein silbernes Eßbesteck aus Stäbchen und Löffel.
• Ereilt Sie das Glück, zu einem *Paek-il*-Fest eingeladen zu werden, dann sollten Sie diese Gelegenheit nicht missen. Als angemessene **Kleidung** gilt der dunkle Anzug bzw. das »kleine Schwarze«. Und man sollte reichlich Zeit mitbringen, denn es wird in jedem Fall ein langes und genußvolles Fest.

Lexikon

imshin	Schwangerschaft
imshin-bu	schwangere Frau
paek-il	»hundert Tage« (nach der Geburt)
saeng-il	Geburtstag
saeng-il chang-ch'i	Geburtstagsfeier
imshin haessûmnida	Ich bin schwanger.
imshin-ûl ch'ukha hamnida	Glückwünsche zur Schwangerschaft
adûr-ûl wôn hashim-nikka?	Wünschen Sie sich einen Sohn?
ttar ûl wôn hashim-nikka?	Wünschen Sie sich eine Tochter?
adûr-ûl/ttar-ûl wôn hamnida	Ich wünsche mir einen Sohn / eine Tochter.
tûknam-ûl ch'ukha hamnida	Glückwünsche zur Geburt eines Sohnes
tûknyô-rûl ch'ukha hamnida	Glückwünsche zur Geburt einer Tochter
paek-ir-ûl ch'ukha hamnida	Glückwünsche zum Hundert-Tage-Fest

Der erste Geburtstag

Früher starben Kinder häufig schon vor Vollendung ihres ersten Lebensjahres. Die verbesserte medizinische Versorgung hat die Lebenserwartung der Säuglinge steigen lassen. Dennoch gilt der erste Geburtstag weiterhin als **besonderes Ereignis**. Lediglich der 60. Geburtstag besitzt eine vergleichbar hohe Bedeutung.
Die *Ttol*-Feier zeigt gewisse Ähnlichkeit mit dem Hundert-Tage-Fest, wird aber noch aufwendiger begangen. Neben dem vielgängigen Essen und den *Ttôk*-Reiskuchen, die in Korea zu jeder festlichen Gelegenheit auf den

Tisch kommen, werden *mujigae-ttôk*, (»Regenbogen«-Kuchen) serviert. Diese Reiskuchen sehen aus wie rosa, grün, braun und weiß geschichtete Torten. Damit aber endet die Ähnlichkeit mit westlichen Gerichten: Der Kuchen aus Reis liegt schwerer im Magen und schmeckt herzhafter.

Geburtstagskleidung

Beim ersten Geburtstag trägt das Kind die **traditionelle koreanische Tracht**, den *hanbok* (*han* steht für Korea, *bok* für Kleidung). Dieses farbenfrohe Gewand wird oft aus Seide gefertigt. Jungen tragen eine weite Seidenhose, Hemd, Weste und Jacke sowie einen schwarzen Hut mit Goldstickerei. Mädchen werden mit Miniaturausgaben des *hanbok* ihrer Mutter ausstaffiert: langem, unter den Armen geschnürtem Wickelrock und kurzem, boleroartigem Oberteil mit langen, weiten Ärmeln. Mädchen tragen entweder einen schwarzen Hut oder ein Krönchen.

Diese Kleidung sitzt recht unbequem – kein Wunder, daß die Kinder auf den Erinnerungsfotos meist nicht gerade glücklich dreinblicken.

Fotografien

Die Fotos, die an die erste Geburtstagsfeier erinnern, wirken allesamt recht **uniform** und **formell**: Das Kind, angetan mit dem *hanbok*, sitzt hinter einem mit Speisen und den speziellen Reiskuchen dekorierten Tisch, auf dem sich auch Teller mit Früchten der jeweiligen Jahreszeit finden. Meist also ein schöner Anblick, den der Hintergrund festlich betont. Als Kulisse dient oft ein reich bestickter mehrteiliger Wandschirm mit Glückssymbolen wie Kranichen, Bergen, Wolken, Kiefern und Schildkröten. Auf manchen der Fotos sind neben dem Geburtstagskind die Verwandten zu sehen – Eltern, Großeltern, Geschwister, Onkel und Tanten, auch sie meist im farbenfrohen *hanbok*.

Das Festmahl

Früher begann das erste Geburtstagsfest meist um die **Frühstückszeit**. (Das koreanische Frühstück kommt wie die anderen Mahlzeiten mit Reis, Suppe, *kimchi* und Beilagen einher.) Die Industrialisierung der Gesellschaft brachte es mit sich, an Wochentagen stattfindende Feste auf den **Abend** zu verlegen. Alle Frauen aus Verwandtschaft und Bekanntenkreis kümmern sich um die Vorbereitungen sowie die Kinder.

Was bringt die Zukunft?

Am ersten Geburtstag versucht man, einen **Blick in die Zukunft des Geburtstagskindes** zu werfen. **Verschiedene Gegenstände** werden ihm

Kreislauf des Lebens

Im konfuzianisch-bildungsorientierten Korea gehört auf den Gabentisch des ersten Geburtstagsfestes neben anderen Symbolen (z.B. Nudeln = langes Leben) bereits auch der Schriftpinsel als Sinnbild für Gelehrsamkeit.

vorgelegt: Geld, ein Schreibpinsel, ein Faden und ein Buch. Greift es nach dem Geld, wird es reich; der Schreibpinsel verheißt eine schriftstellerische Zukunft, gewiß aber hohen Bildungsstand; der Faden bedeutet langes Leben; und nach dem Buch wird nur ein Kind greifen, vor dem ein Werdegang als Akademiker oder Wissenschaftler liegt. Manchmal versuchen die Eltern allerdings, das Schicksal zu beeinflussen, indem sie das Kind in die Nähe des bevorzugten Gegenstandes rücken.

Geschenke

Das häufigste Geschenk zum ersten Geburtstag ist ein **Goldring**. Als man noch keine Sparbücher kannte, galt Goldschmuck als Rücklage für Notzeiten. Goldringe ließen sich – etwa im Krankheitsfall – jederzeit in Bargeld rückverwandeln. Für die kostspieligen Ringe legen weniger wohlhabende Familienmitglieder und Gäste oft zusammen. Auch **Kleidung** oder **Spielsachen** eignen sich als Geschenk.

Da der Unterhalt von Kindern in Korea ebenso wie in Europa kein »billiges Vergnügen« ist, kann man auch **Bargeld** schenken. Es wird in einem einfachen **weißen Umschlag** überreicht.

Schreibutensilien, etwa ein Tuschereibstein, sind ebenfalls willkommen. Sie sollen dem Kind (meist erhalten Jungen solche Geschenke) Glück bringen und enthalten zudem ein verstecktes Kompliment an die Intelligenz des Kindes, dem der Geber eine akademische Laufbahn wünscht.

Tips für Feiern zum ersten Geburtstag

• **Ausländische Eltern** können den ersten Geburtstag ihres Kindes nach Gutdünken gestalten. Koreaner empfinden Verständnis dafür, daß Ausländer ihre Traditionen über jene des Gastlandes stellen. Andererseits bietet Ihnen eine Feier zum ersten Geburtstag günstige Gelegenheit, Freunde und Geschäftspartner einzuladen.

• Als **ausländischer Gast einer koreanischen Geburtstagsfeier** sollten Sie alles stehen- und liegenlassen, um der (häufig nur mündlich und manchmal erst am Vortag oder gar erst Festtag übermittelten) Einladung zu folgen. Es bedeutet eine Ehre, an einem solchen Ereignis teilnehmen zu dürfen – und an das Festessen werden Sie sich noch lange erinnern. **Formelle Kleidung** ist angebracht, ebenso ein passendes **Geschenk**: ein Goldring, Kleidung oder Spielzeug.

Lexikon

ch'ôttol	Erster Geburtstag
ônje-ga ch'ôttol imnikka?	Wann ist der erste Geburtstag?
ch'ôttor-ûl ch'ukha hamnida	Glückwünsche zum ersten Geburtstag!
ônje-ga saeng-il imnikka?	Wann ist Ihr Geburtstag?
saeng-ir-ûl ch'ukha hamnida	Zum Geburtstag alles Gute!

Kindheit

Koreanische Kinder leben **unbeschwert glücklich**. Davon zeugen ihr Lächeln und die **Fürsorge**, die selbst Fremde ihnen entgegenbringen. Kinder sind nach Meinung der Koreaner ein wertvoller, erfreulicher und sinnstiftender Teil des Lebens, müssen also geliebt und verwöhnt werden. In ihrer Liebe zum Kind opfert sich eine koreanische **Mutter** nahezu auf. Will

Kreislauf des Lebens

Koreanische Kinder wachsen in Liebe und Fürsorge auf (hier beim **Yut**-*Spiel zu Neujahr).*

es spielen, bleibt sie bis spät in die Nacht auf, selbst wenn sie früh aufstehen muß. Sie zeigt unendliche **Geduld** und versucht nach Kräften, dem Kind glückliche erste Lebensjahre zu bereiten. Denn der Ernst des Lebens beginnt früh genug – spätestens mit Schulbeginn. Koreanische Mütter wollen stets das Beste für ihren Nachwuchs – und heute schließt dies Kunst- und Klavierunterricht oder *Taekwondo*-Stunden ein.

Die Rolle der Großfamilie

Die Mutter ist unersetzbar, aber daneben **tragen alle Verwandten Verantwortung für die Kinder**. Koreanische Kinder werden immer umsorgt, sie wachsen auf im Bewußtsein von Liebe und Geborgenheit. Die **Rolle des Vaters** im Leben eines Kindes ist indessen begrenzt. Leben drei Generationen unter einem Dach (dies ist auf dem Lande noch Brauch, in Großstädten ein wohlhabenden Familien vorbehaltener Luxus), dann kümmert sich meist die **Großmutter** um die Kinder, während die Mutter die Hausarbeit erledigt. Kinder leben oft Tage, Wochen und sogar Jahre im Heim von Verwandten, etwa wenn beide Elternteile studieren oder berufstätig sind.

Bis zur Einschulung **schlafen Kinder selten allein**. Sie verbringen die Nacht mit einem Erwachsenen ihrer Wahl, wobei es besonders die Großmütter freut, wenn das Enkelkind sich an sie kuschelt. Dies liegt zudem daran, daß es in Korea **keine Schlafzimmer im westlichen Sinne** gibt. Die Familie schläft auf dem Fußboden; abends holt man Schlafmatten und Kissen aus dem Schrank, breitet sie aus und verwandelt im Nu den Wohnraum in ein Schlafzimmer. Da der Fußboden Bettfunktion besitzt, auf dem oft auch noch die in der Wohnung lebenden Verwandten der Kernfamilie schlafen, sind die Kinder nicht an »ihr« Bettchen gebunden.

Liebe und Nachsicht

Wer eine Familie besucht, kommt nicht ohne zumindest ein kleines **Geschenk** für die Kinder. Sogar Fremde verwöhnen die Kleinen; Koreaner lieben Kinder, gleichgültig zu wem sie »gehören«. Gelegentlich kann dies die Nerven belasten – etwa im Restaurant, wo die **Kinder tun und lassen können, was ihnen beliebt**. Koreaner scheint der Trubel im Gegensatz zu vielen westlichen Ausländern nicht zu stören.
Die Anliegen der Erwachsenen müssen häufig hinter jenen der Kinder zurückstehen. Ein europäischer Freund erzählte uns folgendes Beispiel: Er fand sich im Kino neben einer Familie mit vier Kindern, das jüngste vielleicht drei Jahre alt. Diesem gefiel die Vorstellung nicht, es nörgelte, schrie und störte. Da der Film in Englisch mit koreanischen Untertiteln lief, fühlten sich die Koreaner nicht gestört, aber unser Bekannter konnte kein Wort verstehen. Schließlich wandte er sich an seinen koreanischen Begleiter und bat ihn, mit den Eltern zu reden. Dieser lehnte (für einen Koreaner selbstverständlich) ab. Der Lärm nahm erst ein Ende, als unser Bekannter selbst mit den Eltern sprach und sie bat, das Kind sich draußen austoben zu lassen. Die Eltern zeigten sich zwar überrascht, erfüllten aber seinen Wunsch.
Während bei uns an heißen Sommertagen Kinder oft nackt, nur mit Windelhöschen bekleidet, herumlaufen, wird Ihnen in Korea bei der **Kinderkleidung** ein »kleiner Unterschied« auffallen. Dort sind die Kinder bis auf ein Hemdchen splitternackt. So lassen sich einerseits Buben und Mädchen leichter auseinanderhalten, andererseits Windeln sparen. Und in Korea erregt das Urinpfützchen eines Kleinkindes keinerlei Aufsehen – eine Freiheit, die bei uns nur die Schoßhunde genießen.

Spielen im Freien

Koreaner wohnen dicht beieinander; in den Städten herrschen Wohnblocksiedlungen vor. So finden Kinder mühelos Spielgefährten. Vor der Verbreitung des Autoverkehrs war die **Kinderbetreuung** einfach und gefahrlos: Die älteren Kinder behüteten die jüngeren, und wenn sich ein Winzling verlief, entstand keine Panik. Jeder in der Nachbarschaft wußte, wohin der Ausreißer gehörte.
Heute drängen sich Autos auf Plätzen, auf denen Kinder früher spielen konnten, und in den Hochhäusern (in Seoul sind Wohnblocks mit 300 Mietparteien die Regel, nicht die Ausnahme) kann niemand sämtliche Nachbarn kennen. Deshalb führen Kinder hier ein weit **gefährlicheres Leben**. Doch

— *Kreislauf des Lebens* —

Ausländische Kinder, vor allem, wenn sie hellhäutig, blond und blauäugig sind, faszinieren die Koreaner. Dies führt gelegentlich zu einem (für Ausländer) Übermaß gutgemeinter Zuwendung.

tagtäglich sieht man sie, oft kaum aus dem Krabbelalter heraus, allein in Seitenstraßen spielen oder auf den Hauptstraßen herumspazieren, ohne daß irgendjemand in Sicht ist, der sich um sie kümmert. Da bleiben Unfälle leider nicht aus.

Tips: Mit Kindern in Korea

• Ein **ausländisches Kind**, vor allem wenn es hellhäutig und blond ist, fasziniert die Koreaner. Im Zoo zum Beispiel mag Ihr Kind die Elefanten bestaunen, für die koreanischen Besucher dagegen ist es das exotischste aller Lebewesen auf weiter Flur.

• Kinderlieb wie sie sind, berühren und streicheln Koreaner gern und ohne Scheu Kinder. Die einen Kinder wissen derlei Aufmerksamkeiten, vor allem wenn sie mit Eis und Bonbons einherkommen, durchaus zu schätzen, manche reagieren widerwillig. Vor **ungewollten Streicheleinheiten** kann man sein Kind allerdings nur schützen, wenn man sich mit ihm so wenig wie möglich in der Öffentlichkeit sehen läßt. Oder man erklärt seinem Sprößling, daß dies die koreanische Art ist, Freundlichkeit und Zuwendung zu zeigen.

• Wer länger in Korea weilt und einen Haushalt samt Personal führt, wird womöglich vor dem Problem stehen, dem Hausmädchen beibringen zu müssen, daß es dem Kind nicht alles durchgehen läßt. Vielleicht hat es aber bereits bei Ausländern gearbeitet und kann dem Kind die **Bedeutung des Wortes »Nein!«** deutlich machen. Diese **pädagogische Rigidität** widerspricht allerdings dem koreanischen Wesen. Meist erhält das Kind seinen Willen, wenn es nur lange genug quengelt, und so wird es bald vergessen haben, daß es selbst seine Spielsachen aufzuräumen oder kleine Aufgaben zu erledigen hat. Das Kindermädchen wird sich leichter durchzusetzen wagen, wenn es sich auf elterliche Anweisungen berufen kann. Zum Beispiel: »Deine Mutter hat Eis vor dem Mittagessen verboten!« Oder das Kind muß begreifen lernen, daß bei Anwesenheit der Eltern deren Anweisungen und nicht die Nachgiebigkeit des koreanischen Personals Vorrang haben.

Schule

Nach den unbeschwerten, fröhlichen ersten Lebensjahren beginnt mit der Einschulung für koreanische Kinder der sprichwörtliche »**Ernst des Lebens**«. Die **konfuzianische Tradition** betrachtet Lernen als eine der wichtigsten Lebensaufgaben – sowohl um des Lernens selbst willen wie zur Verbesserung der beruflichen oder gesellschaftlichen Stellung. Während der Yi-Dynastie konnten Angehörige der Unterschicht nach Bestehen der amtlichen Prüfungen auf den verschiedenen Ebenen durchaus Reichtum und Ehre nach Hause bringen – eine Auszeichnung für die Familie und das ganze Dorf. Nicht zuletzt deshalb wird auch heute noch auf **Bildung** besonderer Wert gelegt.

Korea hat seine **Analphabetenrate** auf etwa acht Prozent gesenkt. Sie liegt damit niedriger als in anderen vergleichbaren und sogar höher entwickelten Ländern. Und die Alphabetisierung schreitet weiter voran. Zur Zeit absolvieren über 95% aller koreanischen Kinder ihre Pflichtjahre in der staatlichen Grund- und Hauptschule. 90% besuchen Mittelschulen und Gymnasien (*High School* – Koreas Schulsystem ähnelt dem der USA), obwohl die Eltern Schulgeld bezahlen müssen.

Heute bestehen, im Gegensatz zu den 60er Jahren, weniger strenge **Aufnahmekriterien** für die mittleren und höheren Schulstufen, und die meisten Schulformen werden am Wohnort des Kindes angeboten. Hingegen stellen die Aufnahmeprüfungen für Universitäten eine schwierig zu meisternde Hürde dar; es herrscht ein harter Kampf um Studienplätze, und eines jeden Schülers Hauptziel sind gute Noten für die Eingangsprüfungen zum Studium.

An **Sachwissen** lernen koreanische Schulkinder wahrscheinlich mehr als ihre Altersgenossen in westlichen Ländern. Allerdings wird vor allem mechanisches **Auswendiglernen** gefordert, so daß sich ein System behauptet, das bei uns während der Bildungsdiskussion der 60er und 70er Jahre als »Frontalunterricht« gebrandmarkt und weitgehend abgeschafft wurde. Aber vielleicht bleibt angesichts der hohen Schülerzahlen – selbst in der Grundschule sitzen 50 bis 70 Kinder in einer Klasse – keine andere Möglichkeit. Teil der **intensiven Lernbelastung** junger Koreaner bilden die täglich Stunden beanspruchenden Hausaufgaben. Die Hausaufgabenhilfe fällt in den Fürsorgebereich der Mütter, besonders gegen Ende der *High School*, wenn für die Universitätsaufnahmeprüfung gepaukt werden muß. Dann nehmen die Kinder zwei Eßpakete mit in die Schule, je eines für mittags und für abends. Manchmal bleiben die Eleven bis 22.00 Uhr in der Schule oder privaten Lernzirkeln und verrichten noch bis weit nach Mitternacht ihre Hausaufgaben.

Freizeit

Unter diesen Bedingungen **mangelt es koreanischen Schulkindern an Zeit für Freundschaften und privaten Umgang.** Sie lernen, lernen und lernen, kämpfen um gute Noten und Spitzenplätze in ihrer Klasse. So bleibt wenig Zeit für Spaß, vielleicht allenfalls während der Heimfahrt im überfüllten Bus, während schulischer Sportfeste oder der zweimal jährlich stattfindenden Schulausflüge. Zeit zur Erholung im Kreis der Familie bietet allein der **Sonntag**, der einzige freie Tag in der Woche. Im Winter und im Sommer erhalten die Schüler immerhin je einen Monat **Ferien**. Das Schuljahr beginnt im März und endet im Februar.

Gutes Benehmen

Ausländer stellen oft angenehm überrascht fest, wie **höflich** und zuvorkommend koreanische Schulkinder sich **älteren Mitmenschen gegenüber** verhalten. Auch dies entspricht konfuzianischer Tradition. Erwachsene Bekannte begrüßen sie mit einer Verbeugung, und wenn sie es auch vielleicht nicht gerne tun, so verrichten sie doch ohne Murren Besorgungen oder hüten kleinere Kinder. Wegen der zeitraubenden Schularbeiten (und weil koreanische Mütter bereit sind, fast alles für ihre Kinder zu tun) müssen sie nur selten im Haushalt anfassen.

Tips für den Schulbesuch

- Ausländer schicken ihre Kinder meist in eine von Koreas hervorragenden **internationalen Schulen**.
- Einige wagemutige Familien haben gute Erfahrungen mit rein **koreanischen Schulen** gemacht. Ausländerkinder lernen die **Sprache** meist sehr schnell, und wenn sie dann auf eine westliche Schule überwechseln, sind sie ihren Klassenkameraden besonders in Mathematik und Naturwissenschaften meist ein gutes Stück voraus. Anpassungsschwierigkeiten scheinen kaum zu bestehen.

- Sicher bedeutet es keinen leichten Entschluß, sein Kind auf eine koreanische Schule zu schicken. Auf jeden Fall sollten Sie sich zuvor **mit erfahrenen Eltern beraten.**

Studium

Nach mehreren Jahren intensiver Vorbereitung und harten Lernens für die Aufnahmeprüfung bietet das Studium zunächst eine **Zeit der Entspannung und Lebensfreude.** Dies mag ausländische Professoren überraschen, die vom Lerneifer koreanischer Jugendlicher gehört haben. Doch gewährt das Universitätsleben vielen Studenten eine kurze Ruhepause zwischen vorangegangenem Schulstreß und dem vorhersehbaren harten Berufsleben oder Dasein als Hausfrau und aufopferungsvolle Mutter.

Dies gilt aber längst nicht für alle. Viele Studenten und Studentinnen aus ärmeren Familien sind auf Stipendien angewiesen, die nur bei guten Prüfungsnoten vergeben werden. Daher zerfällt das Leben auf dem Campus in eine **Zweiklassengesellschaft:** Die Sprößlinge reicher Familien können das Studium zunächst als Bummelstudenten angehen, die anderen geraten vom Regen in die Traufe. Ihr **Prüfungsstreß** setzt sich bis zum Studienabschluß fort.

Die **Wahl von Universität und Hauptfach** hängt wesentlich von den Noten der Aufnahmeprüfung ab. Begabung oder Neigung stehen meist hintan. Glücklich sind die wenigen, die an der Universität ihrer Wahl das Fach ihres Interesses studieren können. Viele finden sich in einer Fakultät wieder, deren Fächer sie schlicht langweilen, weshalb sich ihr Arbeitseinsatz auf das notwendige Minimum beschränkt. Dieselben Studenten aber können Stunden in Bibliotheken hocken und sich über Wissensgebiete informieren, die sie faszinieren, für die sie jedoch nicht eingeschrieben sind.

Geselligkeit prägt das Leben auf dem Campus. Die Studenten können vielerlei Klubs und Interessengruppen beitreten, an einem Rundfunkprogramm oder einer Zeitung mitarbeiten, Theater spielen oder Selbstverteidigung trainieren. Das soziale Leben nimmt viel Zeit in Anspruch, die nicht vertan ist, da in diesen Gruppen oft **lebenslange Freundschaften** geschlossen werden. In jüngerer Zeit ließ sich eine Wiederbelebung der **traditionellen koreanischen Volkskünste** beobachten. Viele Gruppen widmeten sich überlieferten Masken- und Volkstänzen oder traditioneller Musik. In den Jahren der Diktatur galten diese Künste auch als eine **Form des Protestes.**

Zahlreiche männliche Studenten verwenden einen erheblichen Teil ihrer Zeit auf das **Trinken.** Dabei lernen sie, wie »Mann« sich in Gemeinschaft anderer Männer verhält, eine wichtige Sozialisation in der koreanischen Gesellschaft. Alkohol ist billig, *makkôlli* etwa, ein noch gärender ungefilterter Reiswein, so daß knappes Taschengeld diesen Mannbarkeitsritus kaum begrenzt.

Kreislauf des Lebens

Kampfsporte (hier: **taeggyôn**) *sind verbreitete studentische Hobbies.*

Studentinnen trinken zwar keinen Alkohol, dafür aber sitzen sie stundenlang mit Freundinnen in einer der vielen Cafeterias, die sich auf dem Universitätsgelände und in den umliegenden Stadtteilen finden.

Erste zarte Bande

Da die meisten Koreaner **nach Geschlechtern getrennte Schulen** besuchen, bieten sich vor Beginn des Studiums nur wenige Gelegenheiten zu näheren Kontaktaufnahmen mit dem anderen Geschlecht. An der Universität lockert sich das moralische Korsett.
Es finden sich allerlei organisierte wie unorganisierte Möglichkeiten für ein Treffen von Mann und Frau. In Mode gekommen ist das *blind date*, eine Verabredung zwischen unbekannten Partnern. Ein solches Rendezvous arrangiert häufig eine dritte Person, die zwei junge Leute aus ihrer Bekanntschaft miteinander »verkuppeln« will.
Meist jedoch vereinbart man **Gruppentreffen**, bei denen beispielsweise Studentinnen einer Fakultät sich mit Studenten eines anderen Fachbereichs oder gar einer anderen Universität verabreden. Bei solchen *dates* stellt jeder Student einen kleinen persönlichen Gegenstand, seinen Kugelschreiber etwa, zu einer Art Verlosung zur Verfügung. Jedes Mädchen wählt einen Gegenstand und damit dessen Besitzer zum Partner dieses Treffens aus.
Die **Gesprächsthemen** kreisen um Studienfach, persönliche Interessen oder Herkunft und Familie. Allerdings scheint meist das **Aussehen** des Partners sympathiebestimmend – und nach Jahren der »Abstinenz« hegen viele

romantische Erwartungen, die die Wirklichkeit kaum erfüllen kann. Oftmals ist es der Macho-Typ, der schnöde seine *Date*-Partnerin mustert und, wenn er sie unattraktiv findet, wortlos die Cafeteria verläßt. In Korea nennt man **Mauerblümchen**, die bei solchen Treffen regelmäßig sitzengelassen werden, einen »Kürbis«. Diese *dates* führen selten zu einer Liebesbeziehung oder gar Heirat. Meist überwiegt die Enttäuschung, und die Suche geht weiter. Daher beschränkt sich diese Art der Kontaktaufnahme vorwiegend auf die ersten Studienjahre.

Studentendemonstrationen

Seit den Zeiten der Yi-Dynastie gilt es in Korea als **Verpflichtung künftiger akademischer Führungskräfte**, die Regierung und das Verhalten der Politiker kritisch zu begleiten. Heute noch verbirgt sich diese Einstellung hinter vielen Studentenprotesten, und manche Regierung mußte nach heftigen Demonstrationen abdanken. Im Bewußtsein dieser Gefährdung zeigen Koreas Machthaber nervöse **Überreaktionen**: Knüppel und Tränengas, Absperren der Universitätsviertel.

Tips: Universität

- **Ausländische Studenten** müssen in Korea mit **längeren, weniger intensiv betriebenen Studiengängen** rechnen. Dafür entschädigt vielleicht die Möglichkeit eines kleinen »Studium generale« zur Befriedigung interdisziplinärer Interessen. Ehe man koreanischen Kommilitonen Bummelei vorwirft, sollte man bedenken, daß diese jahrelang oft mehr als zwölf Stunden täglich gepaukt haben, um einen Studienplatz zu ergattern. Deshalb genießen sie diesen Lebensabschnitt als eine Zeit relativer Freiheit.
- **Ausländische Lehrkräfte** werden gleichermaßen respektiert wie einheimische Professoren, müssen sich dieser gesellschaftlichen Wertschätzung aber auch als würdig erweisen. Pädagogische **Prinzipienreiterei** macht dem ausländischen Gastlehrer das Leben nur schwer: Fehlen im Kurs, Vorsagen, »Spicken« und Abschreiben sind in Korea keineswegs so verpönt wie im Westen. Umgekehrt wird der ausländische Lehrer die ihm im konfuzianischen Geiste entgegengebrachte Achtung schätzen lernen.

Heirat

Alleinstehende im heiratsfähigen Alter vernehmen in Korea häufig die Frage: »Wann gibt's bei dir Nudeln zu essen?« Nudeln sind traditioneller Bestandteil eines Hochzeitsessens, und so dient diese Frage als Wink mit dem Zaunpfahl, vom Singledasein endlich Abschied zu nehmen. **Unverhei-**

Kreislauf des Lebens

*Bei ihr gibt es bald Nudeln (= Bestandteil des Hochzeitsessens) zu speisen.
Die kosmetischen Flecken auf den Wangen
sollen neidische und bösartige Geister abwehren.*

ratete wecken in Korea missionarische Leidenschaft. Jeder bemüht sich, sie so rasch wie möglich unter die Haube zu bringen. Die Verbindung zweier Menschen (und damit auch zweier Familien) durch **Heirat ist eines der wichtigsten Ereignisse im Leben eines Koreaners.** Nur die Feiern des ersten und 60. Geburtstags besitzen ähnliches Gewicht.

Die **Hochzeitsbräuche** haben sich seit den 60er Jahren gewandelt. Alte Sitten sind in Vergessenheit geraten, neue haben sich hinzugesellt. Dies schafft manchmal Unsicherheit darüber, welche Bräuche und Rituale anzuwenden sind.

Partnersuche

Sowohl die **Liebesheirat** wie die **arrangierte Hochzeit** sind in Korea Brauch. Nahezu die Hälfte aller Ehen stiftet heute noch ein **Heiratsvermittler**, eine früher allgemein verbreitete Sitte. »Hochzeitsschmuser« ist meist eine ältere Frau, die genau weiß, worauf es in einer glücklichen Ehe ankommt. Sie ist in der chinesischen **Astrologie** bewandert, denn weiterhin sollte das Horoskop der Ehekandidaten zusammenpassen. Die Eltern junger Leute beauftragen sie und liefern ihr die für ein solches Arrangement wichtigen Informationen. Zu diesen zählen familiärer Hintergrund, Erziehung, Ausbildung und gesellschaftliche Stellung. Meint die Heiratsvermittlerin geeignete Kandidaten gefunden zu haben, bringt sie das vorgeschlagene Brautpaar und seine Eltern auf »neutralem« Boden, zumeist im Restaurant eines renommierten Hotels, zusammen.

Dieses Treffen dient vornehmlich dem **Kennenlernen der beiden Familien**, an dem die beiden Hauptpersonen eher schüchtern teilhaben. Die Eltern der jungen Frau interessieren vor allem der Charakter des Mannes, sein Beruf und wie seine Familie ihre Tochter behandeln würde. Den Eltern des Mannes liegt daran, daß die Braut in ihre Familie paßt, gesund ist (schließlich soll sie Kinder gebären und die Pflichten einer Hausfrau und Mutter übernehmen) und hohe Charaktertugenden aufweist. Nach diesem Vorgespräch läßt man das junge Paar eine Weile allein, damit es sich besser kennenlernen kann.

Hegt einer der beiden Ehekandidaten Vorbehalte gegen den Partner, wird er oder sie **nicht zur Ehe gezwungen**. Allerdings wirkt es häufig so, als erklärten die beiden sich mit allem und jedem einverstanden, nur um der täglichen Nörgelei der Eltern zu entrinnen.

Für eine Frau gelten 22 bis 25 Jahre als **heiratsfähiges Alter**. Ist sie mit 27 oder 28 Jahren immer noch ledig, schwinden ihre »Chancen« mit Beschleunigung im Quadrat. Männer heiraten meist im Alter von 25 bis 28 Jahren, sind aber an ein weniger striktes Zeitlimit gebunden. Auch wer über 30 Lenze zählt, wird meist nach einer Braut unter 25 Jahren Ausschau halten. Besonderer Druck wird auf junge Menschen ausgeübt, die jüngere Geschwister im heiratsfähigen Alter besitzen. Denn immer noch gilt, daß die jüngeren erst nach den älteren Kindern heiraten sollen. Wollen zwei junge Leute **aus eigenem Antrieb einen gemeinsamen Hausstand gründen**, dann besprechen sie ihr Vorhaben mit den Eltern. Stimmen diese zu, lädt der junge Mann seine Freundin zu einigen Treffen ein, bei denen sie grundsätzliche Dinge klären wie Wohnort, gemeinsame Zukunftspläne und Berufstätigkeit der Ehefrau. Haben sie sich geeinigt, teilen sie ihren Eltern mit, daß einer Heirat nichts mehr im Wege steht.

Umfragen unter jungen Frauen haben ergeben, daß die meisten einer »**Liebesheirat**« eher skeptisch gegenüberstehen. Sie halten eine von den Eltern arrangierte Heirat für sicherer – vorausgesetzt, man räumt ihnen ein »**absolutes Vetorecht**« gegen nicht genehme Heiratskandidaten ein.

Die Sterne lügen nicht

Wie auch immer eine Heirat ihren Anfang nimmt, ab einem gewissen *point of no return* schwinden die Unterschiede zwischen Liebes- und arrangierter Heirat. Ist die Entscheidung gefallen, wird ein **Wahrsager** von einer oder beiden Müttern hinzugezogen. Er vergleicht die Lebensdaten des Paares, Geburtstag und -stunde, Monat und Jahr. Stellt der Astrologe **schwerwiegende Unverträglichkeiten** fest, werden sich die beiden Mütter vermutlich einer Heirat energisch widersetzen. Harmonieren die Tierkreiszeichen, schlägt der Wahrsager ein **glückverheißendes Hochzeitsdatum** vor.

Die Hochzeitsvorbereitungen

Nach Festlegen des Hochzeitstermins (bis dahin verbleiben meist nur ein oder zwei Monate Zeit) werden beide Familien aktiv. Wie üblich fällt die meiste Arbeit den Frauen zu. Sie müssen die **Hochzeitshalle** aussuchen (selbst einer christlichen kirchlichen Trauung folgt eine Zeremonie in einer gemieteten Hochzeitshalle oder einem anderen Saal), den **Hochzeitsempfang** planen und **Geschenke** für die jeweils andere Familie vorbereiten.

»Hast du drei Töchter, wird dein Haus einstürzen«, lautet eine Perle koreanischer Weisheit. Sie birgt eine gewisse Wahrheit, denn manch eine Familie mußte ihr Haus verkaufen, um die **Mitgift** finanzieren zu können. Ihre Höhe hängt vom sozialen Rang der Bräutigamfamilie ab. Meist muß die Braut die männlichen Verwandten, so auch Onkel, Neffen und Großväter, ihres künftigen Ehemannes mit westlicher Kleidung ausstatten. Die weiblichen Verwandten werden mit koreanischer – mitunter auch westlicher – Kleidung bedacht. Hinzu kommen wertvolle Geschenke wie kostbarer Schmuck für die Schwiegermutter oder teure, dekorative Steppdecken für ausgesuchte Verwandte ihres Bräutigams.

Seit jüngerer Zeit findet sich auch die Sitte, daß die Brautfamilie dem Bräutigam – vor allem wenn eine verheißungsvolle Karriere vor ihm liegt, etwa als Anwalt oder Arzt – die »**Drei Schlüssel**« überreicht. Die Schlüssel stehen für Wohnung oder Haus, neuen Wagen und Arzt- oder Anwaltspraxis. Da sich solche Aufwendungen nur wenige Familien leisten können, versuchen die Mütter vielversprechender Söhne um so mehr, ihnen eine »gute Partie zu angeln« und »an Land zu ziehen«.

Neben den Geschenken für die Familie des Bräutigams hat die Brautfamilie auch für die **Wohnungseinrichtung** zu sorgen. Dies kann teuer zu stehen kommen: Außer Möbeln gehören dazu Elektroherd, Kühlschrank, Waschmaschine, Fernseher und Stereoanlage. Geschenke spendet auch die Gegenseite, meist aber weniger kostspielige. Wenn die Familie der Braut kein Apartment oder Haus zur Verfügung stellt (und dies vermögen nur wenige) oder das junge Paar nicht zunächst bei den Eltern des Bräutigams wohnt (auch dies ist üblich), dann ist die Familie des Bräutigams verantwortlich für die Unterkunft. Beide Familien teilen sich die Kosten von Trauung und Empfang.

Neben diesen allgemeinen Regeln bestehen viele Varianten, die auch von den Familienverhältnissen abhängen. Entstammt zum Beispiel der Bräutigam einer angesehenen, aber verarmten Familie, dann fallen die Geschenke von seiner Seite magerer aus. Will das Paar im Ausland studieren, bitten die Eltern des Bräutigams manchmal die Angehörigen der Braut, statt der Wohnungseinrichtung einen Teil der Studienkosten zu übernehmen. **Geschenke zwischen den Familien** werden immer **vor dem Hochzeitstermin** ausgetauscht. Und obwohl nach der Heirat die Braut der Familie des Bräutigams angehört, bemühen sich die beiden Familien um gute, freundschaftliche Beziehungen.

Der ham

Kurz vor der Hochzeit **tragen die Freunde des Bräutigams die Geschenke seiner Familie zum Haus der Braut**, nach der Überlieferung in einer Holztruhe, *ham* genannt. Ein Freund des Bräutigams, der schon Vater eines Sohnes ist, oder (wenn sich kein solcher findet) der körperlich größte Freund spielt das »Pferd«. Dieses »Pferd« trägt die Kiste auf dem Rücken und darf, getreu seiner Rolle, nicht sprechen. Ein anderer Freund spielt den »Pferdeführer«.

Dieser verkündet vor der Haustür der Braut, das Schleppen habe das arme Tier derart ermattet, daß es sich nur gegen Entgelt zum Weitergehen bewegen lasse. Die Frauen der Brautfamilie und der »Pferdeführer« verhandeln »schrittweise« über die **Transportgebühr**. Das freundschaftliche Feilschen kann, zur Freude der Nachbarn und Umstehenden, geraume Weile dauern, zumal wenn die Freunde des Bräutigams bereits ein wenig angeheitert sind. Bei modernen Hochhauswohnungen wird entsprechend über jede Treppenstufe verhandelt, die das »Pferd« zu bewältigen hat.

Die Männer werden an der Eingangstür von der Familie der Braut begrüßt, und drinnen wartet schon das Brautpaar. Erfrischungen werden gereicht,

Kreislauf des Lebens

Traditionelle Hochzeiten solchen Pomps sind mit hohen Kosten verbunden.

doch meist zeigen sich die Männer nur daran interessiert, eine Hälfte des gesammelten Geldes möglichst schnell in Alkohol umzusetzen. Die andere Hälfte überreichen sie dem Brautpaar als **Hochzeitsgeschenk**.

Bei einer **modernen Variante dieser alten Sitte** lädt auch die Braut ihre Freundinnen ein, die dann mit den Freunden des Bräutigams das Ereignis in einer Disko feiern. Das Überbringen des *ham* wird nicht ausnahmslos ausgeübt; manchen Frauen ist dieser Brauch sogar zuwider.

Uhrentausch

Ein vergleichsweise **junger Hochzeitsbrauch** ist der Austausch von Uhren. Teuer sollten sie sein – und deshalb importiert. Zwar besiegeln heutzutage auch Hochzeitsringe das Bündnis, aber sie werden nicht immer und überall getragen. Deshalb kann man jungvermählte Koreaner häufig an der neuen, glänzend goldenen Armbanduhr erkennen.

Der Hochzeitstag

Am Morgen des großen Tages wird die Braut in einem **Schönheitssalon** »zurechtgemacht« – und selbst ein Aschenputtel in eine Schönheitskönigin verwandelt.

Hochzeiten sind ein **geradezu öffentliches Ereignis**. Außer Verwandten und Freunden kommt jeder, der in irgendeiner Beziehung zu Braut oder Bräutigam steht und die Zeit erübrigen kann. Die Hochzeitshallen sind besonders im Frühjahr und im Herbst ausgebucht; dann folgt eine Hochzeitsfeier der anderen und stoßen die Gäste beim Abschied mit den Ankömmlingen der nächsten Feier zusammen. Am Eingang stehen zwei Tische, an denen man sein **Geldgeschenk** abgeben kann, je ein Tisch für die Familie von Braut und Bräutigam. Geld ist das übliche Hochzeitsgeschenk, und ein naher, vertrauenswürdiger Verwandter verwahrt die Umschläge mit den Geldscheinen.

Die meisten Hochzeiten finden in **Hochzeitshallen** statt. Die Rolle des **Zeremonienmeisters** mag ein Professor übernehmen, bei dem Braut oder Bräutigam studieren, ein besonders geschätzter Freund oder Verwandter. Während der Zeremonien werden dem Paar gute Ratschläge für sein gemeinsames Leben erteilt. Sie spielen sich an vorderster Front ab, hinter der sich in der meist völlig überfüllten Halle die Gäste ungeniert unterhalten. (Bei einer christlichen Trauung in der Kirche leitet selbstverständlich der Pfarrer oder Priester die Zeremonie.)

Während der **Trauung** stehen nur Braut, Bräutigam und Zeremonienmeister auf dem Podium. Nach der Zeremonie verbeugen sie sich zunächst voreinander und dann vor dem Publikum.

Der **Familie der Braut** merkt man oft Trauer an. Es fließen Tränen, denn gesellschaftlich wie auch rechtlich hat die Jungvermählte nun den Schoß ihrer Familie für immer verlassen. An die Stelle der Verpflichtungen gegenüber den leiblichen Eltern treten nun jene gegenüber der Familie ihres Mannes.

Deshalb bedeutet das anfängliche Eheleben für viele **frischgebackene Ehefrauen** eine schwere Bürde. Selbst eine Liebesheirat führt nicht ins »Land des Lächelns«. Der »Ernst der Lage« zeigt sich bereits daran, daß eine Braut ihren Mann während der Hochzeit nicht anlächeln darf – andernfalls würde das erste Kind mit Sicherheit ein Mädchen ...

Nach der Trauungszeremonie werden die allseits beliebten **Erinnerungsfotos** aufgenommen, zunächst in westlicher Kleidung, dann in Nationaltracht (die Braut trägt die traditionelle Kleidung einer Prinzessin, der Mann den *hanbok*). Danach vollzieht das Paar die **zeremoniellen Verbeugungen** vor den Eltern des Bräutigams und den anderen Verwandten.

Der Hochzeitsempfang

Als Südkorea noch vorherrschend Agrarland war, feierte man Hochzeiten und Empfänge **zu Hause**; war das Haus zu klein, wurde der Garten oder die zum Reisdreschen und -trocknen dienende Tenne vor dem Gebäude einbezogen. In den Städten fehlt meist der Platz und auch die Zeit zum Ausrichten eines solchen Festes, so daß man heute meist in einem nahegelegenen **Restaurant** kräftig tafelt. Dies muß allerdings zügig vonstatten gehen, denn in solchen Lokalen sind viele Gäste zu bedienen und treten sich die Teilnehmer verschiedener Hochzeiten oft tatsächlich auf die Füße. Nicht selten fei-

Kreislauf des Lebens

Kalbi tang *(Eintopf mit kurzer Rippe vom Rind) ist traditionell Teil der Gästeverköstigung beim Hochzeitsempfang.*

ern die Gäste der Brauteltern in einem anderen Restaurant als jene der Bräutigamfamilie.

Die **Hauptgerichte** bestehen meist aus Nudeln, Eintopf mit kurzer Rippe vom Rind *(kalbi t'ang)*, gelegentlich auch einem traditionellen koreanischen Mahl mit Reis, Suppe und *kimchi*. Dazu reicht man Reiskuchen, die oft die Frauen beider Familien zubereitet haben.

Flitterwochen

Frühling und Herbst gelten als die reizvollsten und daher für Hochzeiten beliebtesten Jahreszeiten. Bevorzugtes Ziel von **Hochzeitsreisen** ist die Insel **Cheju** mit ihren malerischen Stränden, Höhlen, Wasserfällen und Vulkankratern. Reisebusse mit Hochzeitspaaren durchqueren die Inseln; an jedem der vielen sehenswerten Orte trifft man Dutzende von Flitterwöchnern, die Männer meist in einen westlichen Anzug, die Frauen in einen farbenfrohen *hanbok* gekleidet.

Die Flitter-»Wochen« währen meist nur zwei oder drei Tage, selten eine Woche. Koreaner kennen keinen **Urlaub** nach westlicher Art. Berufstätige erhalten fast nie längere Urlaube. Statt dessen geben die Betriebe zu bestimmten Feiertagen (oder wenn es der Kalender anbietet) einige Tage frei.

Kreislauf des Lebens

Beliebtes Ziel für Hochzeitsreisen ist die Insel Cheju.

Nach der Rückkehr von der Hochzeitsreise verbringt das Paar die erste Nacht im Elternhaus der Braut. Darauf folgt der **Umzug zu den Eltern des Bräutigams**, bei denen viele Jungverheiratete auf Dauer leben. Dafür bestehen nicht nur finanzielle Gründe, vielmehr ist es auch so, daß die Braut durch ihre Eheschließung Mitglied einer neuen Familie wurde. Und dies bedeutet zunächst Lernen, Lernen, Lernen: Kochen lernen nach dem Gaumen ihres Mannes und seiner Familie, neue Verwandte und besondere Familienbräuche kennenlernen.

Tips für Hochzeitsgäste

• Manchmal lädt man schriftlich, meist aber nur mündlich zur Hochzeit oder gar nur mittelbar über die »Buschtrommel« ein. Manche Koreaner mutet eine förmliche **Einladung** zu einer Hochzeit nahezu als Bitte um Geld an – und die unverblümte Bitte um Geld gilt als unhöflich. So wird meist erst in letzter Minute eingeladen, oder Freunde der beteiligten Familien erzählen beiläufig von dem Ereignis. Wie auch immer: Wer von einer Hochzeit im Bekanntenkreis vernimmt, kann sich stets als herzlich willkommen betrachten.

• Dunkle Anzüge und jedwede formelle **Kleidung** sind angebracht; je feiner man sich herausputzt, desto mehr ehrt man seine Gastgeber und das Brautpaar.

• Unter Koreanern ist **Geld** als **Hochzeitsgeschenk** üblich, und auch ein ausländischer Gast sollte sich an diese Sitte halten. Die Höhe der Summe richtet sich nach dem sozialen Status der Hochzeitsfamilie und dem persönlichen Verhältnis zwischen Gastgeber und Gast. Man überreicht die Geldspende in einem schlichten weißen Umschlag, versehen mit Glückwünschen und (ganz wichtig) dem Namen des Schenkenden auf der Rückseite.

Lexikon der Anreden

shinbu	Braut
shillang	Bräutigam
shinon bubu	frisch verheiratetes Ehepaar

Der Schwiegersohn nennt seine Schwiegereltern:
changin	Schwiegervater
changmo	Schwiegermutter

Die Schwiegertochter verwendet zur Anrede ihrer Schwiegereltern:
shi-abôji	Schwiegervater
shi-ômôni	Schwiegermutter

Schwiegereltern reden ihre Schwiegerkinder an als:
myôn ûri	Schwiegertochter
sawi	Schwiegersohn

Konversation

kyôlhon-ûl ch'ukha hamnida	Glückwünsche zur Hochzeit
ôdi-ga kyôlhon-yeshikjang imnikka?	Wo ist die Hochzeitshalle?
ônje kyôlhon hashimnikka?	Wann ist Ihre Hochzeit? / Wann heiraten Sie?
ônje kuksu-rûl môkûlsu issûlkkayo?	Wann kann ich Nudeln essen? (Wink mit dem Zaunpfahl: Wann wird denn endlich geheiratet?)

Welt der Arbeit

Das Hausfrauendasein

Eine Hausfrau opfert sich für ihre Lieben (?!) auf. Sie muß sich um die Schwiegereltern kümmern, ob sie mit ihnen in einem gemeinsamen Haushalt lebt oder nicht. Sie kocht zeitraubende Menus, um ihre Familie gesund und appetitanregend zu ernähren. Selbstverständlich wäscht sie, oft noch mit der Hand, und hält das Haus trotz der, vor allem in den Industriestädten, täglich aufs neue alles bedeckenden Staubschicht makellos sauber. Sie geht auf die Launen ihres Mannes ein, mögen diese noch so jäh und willkürlich wechseln.

Eine koreanische Mutter muß sich um Wehwehchen, Sorg' und Leid ihrer Kinder kümmern. Sind sie krank, lernfaul, finden sie keinen Kontakt zu Kameraden – immer trägt letztlich sie die Schuld. Besonders belasten die **Mutterpflichten** in den ersten Lebensjahren der Kinder – und (antipodisch) vor dem Flüggewerden, während der Vorbereitung auf die Aufnahmeprüfung zur Universität. Manche Mütter verharren dann bis spät in die Nacht, kümmern sich um das leibliche Wohl und stehen mit aufmunternden Worten bei.

Ihre freundschaftlichen Kontakte, ihr **persönliches Eigenleben**, ihre Hobbies und sogar ihre Gesundheit stehen unbedingt hinter dem Wohl der Familie zurück. Kann sich ihre Familie keine Haushaltshilfe leisten (wie meist), steht sie allein im Joch der Pflichten. Ein waschechter Mann, ein koreanischer *Macho,* schert sich keinen Deut um die Hausarbeit, und die Kinder sollen unermüdlich lernen, ohne von häuslicher Hilfe abgehalten zu werden. Erkrankt die Mutter, muß sie gar ins Krankenhaus, dann übernimmt eine ihrer Schwestern oder eine andere Verwandte die tägliche Plackerei. Selbstverständlich wird dies im umgekehrten Fall auch von ihr erwartet. **Opferbereitschaft, Hingabe** sind meist der »Leitstern« einer koreanischen Hausfrau, dem sie klaglos (und sogar fröhlich) folgen sollte.

Diesem Ideal der koreanischen Gesellschaft kommen in erstaunter westlicher Sicht viele Koreanerinnen nahe.

Lohnabhängige Tätigkeiten

In westlichen Ländern gilt **der Begriff »Lohn-« oder »Gehaltsempfänger«** nicht als spezielle Berufsbezeichnung. In Korea und Japan hingegen dient er nicht nur der Abgrenzung von den selbständig Tätigen, sondern drückt auch **soziales Prestige** aus: die Sicherheit eines regelmäßigen Einkommens, die Gewißheit eines sicheren Arbeitsplatzes.

Angestellte angesehener Firmen beanspruchen einen gehobenen Sozialstatus. Dazu zählen zahlreiche Weiterbildungsmöglichkeiten, die ihre beruflichen Perspektiven erweitern. Die Gehälter liegen nach westlichen Maßstäben in der Regel recht niedrig, werden häufig aber durch großzügige Prämien sowie meist eine Betriebskrankenkasse ergänzt.

Dieses soziale Modell begeistert keineswegs alle Lohnabhängige. Viele fühlen sich in ihren Möglichkeiten beschnitten, denn die **Aufstiegschancen** sind beschränkt und hängen oft mehr vom guten Verhältnis (oder gar Verwandtschaft) zum Chef ab als von individuellen Fähigkeiten. Viele fühlen sich von ihren Vorgesetzten übermäßig an »die Kandare« genommen, sparen jeden Pfennig und bilden sich fort, um sich später einmal selbständig machen zu können.

Kreislauf des Lebens

Nicht immer macht Hausfrauenarbeit so viel Spaß wie die gemeinsame Vorbereitung des Wintervorrates an **kimchi.**

Ein koreanischer **Arbeitstag** dauert lange. Er beginnt gegen 9.00 Uhr und zieht sich bis 19.00 oder 20.00 Uhr hin. Samstags wird bis 15.00 gearbeitet, lediglich der **Sonntag** bleibt frei. Und meist werden nur drei bis sieben Tage **Jahresurlaub** gewährt. Zur Verpflichtung eines Angestellen gehört es auch, regelmäßig mit Arbeitskollegen einen »geziemenden Streifen« zu trinken. Der **Betrieb** wird als **Erweiterung der Familie** oder Form der Dorfgemeinschaft aufgefaßt, und dies bringt soziale Pflichten mit sich. Umgekehrt kann sich ein junger Arbeiter darauf verlassen, daß zum Beispiel sein Meister oder Betriebsleiter sich nicht nur um berufliche, sondern elterlich auch um private Sorgen kümmert.

Selbständige

Viele Koreaner arbeiten als (Klein-) **Unternehmer**. Sie lieben die Freiheit des Unternehmertums, das Gefühl, für das eigene Interesse zu arbeiten. Dies gilt für die Frauen, die Obst auf dem Markt verkaufen, für die Familie, die den kleinen Gemüseladen an der Ecke führt, und ebenso für den Direktor einer großen, internationalen Gesellschaft. Dafür tragen sie Risiko und erleiden manchmal auch Bankrott.

Selbständige Geschäftsleute verbringen einen Großteil ihrer Zeit damit, **gesellschaftliche Kontakte** zu knüpfen und zu pflegen. (Dies ist in Korea Grundlage der Auftragsakquisition.) Ihre Angestellten hingegen haben stets arbeitsbereit und verfügbar zu sein.

Kreislauf des Lebens

Tips: Arbeiten in Korea

- Ist Ihr Chef ein Koreaner, müssen Sie auch als Ausländer **länger arbeiten als im Westen üblich**. Ein Teil dieser Zeit dient allerdings der Pflege zwischenmenschlicher Kontakte.
- Als Nicht-Koreaner gewährt man Ihnen größere »**Narren**«**-Freiheit**, wenn Sie Arbeitsmethoden Ihres Chefs »hinterfragen« wollen. Dennoch sollten Sie behutsam vorgehen, um **Gesichtsverlust** zu vermeiden.
- Als leitender Vertreter einer in Korea tätigen westlichen Firma werden Sie kaum (konstruktiv-) kritisches Feedback erfahren. In den Augen der koreanischen Angestellten bedeutet **Kritik** Mangel an Respekt. Näheres dazu später.

Alter

Alte Menschen verdienen **Respekt**. Dies ist eine der Hauptlehren des Konfuzius. Und beim Beobachten älterer Koreaner spüren Sie **Würde**, **Selbstachtung** und einen gewissen **Stolz** auf das geleistete Lebenswerk. Koreaner vernehmen mit blankem Entsetzen, wie alte Menschen hierzulande oftmals behandelt werden.

Hwangap

Traditionsgemäß beginnt das Alter mit **60 Jahren**. Nach dem in Korea verwendeten chinesischen **Mondkalender** wiederholt sich nach 60 Jahren die astrologische Geburtskonstellation. Mit diesem *hwangap* beginnt ein neuer Zyklus, ein zweites Leben.

Die Lebenserwartung liegt heute durch die Fortschritte der Medizin und verbesserte Lebensbedingungen weit über 60 Jahren, aber der **60. Geburtstag** bedeutet immer noch eines (das letzte) der drei wichtigsten Ereignisse im Leben eines Koreaners.

Die Familie richtet dem Jubilar an diesem Tag ein großes **Fest** aus. Freunde und Verwandte geben sich die Klinke in die Hand, um zu gratulieren und sich an den bereitgestellten Köstlichkeiten zu laben. Dazu gehören vor allem Reiskuchen und frisches Obst. Selbstverständlich will sich auch jeder mit dem Geburtstags-»Kind« fotografieren lassen.

Alter heute

Als die **Großfamilie** und die eng zusammenlebende **Dorfgemeinschaft** noch vorherrschten, konnten alte Menschen ihre letzten Tage glücklich im Kreis ihrer Kinder und Enkel verbringen. Großmütter halfen im Haushalt,

Kreislauf des Lebens

Auch in Bürohäusern wie diesem (rechts: World Trade Centre, Seoul) betrachten Angestellte ihre Firma als Erweiterung der Familie oder als eine Art Dorfgemeinschaft.

Großväter gingen mit den Enkeln spazieren oder führten die Kuh auf die Weide. Auf der Straße zeigten auch Unbekannte **Respekt** und gaben den Älteren das Gefühl, daß sie noch zählten.

Dies hat sich leider verändert. Familien leben häufig in kleinen Stadtwohnungen, zudem oft weit verstreut. Auch sind die Jüngeren nicht mehr so selbstverständlich bereit, ihr Leben dem Glück der Eltern unterzuordnen. Daher fühlen sich heute viele alte Koreaner **vernachlässigt**, **unnütz** und **ungeliebt**.

Dies heißt natürlich nicht, daß alte Menschen in Korea völlig vernachlässigt werden. Auf der Straße grüßt man Senioren mit der **höflichen Anrede** *halmôni* (Großmutter) oder *harabôji* (Großvater), in den **Bussen** überläßt man ihnen bereitwillig die (raren) **Sitzplätze**, und wenn sie ihre Verwandten in anderen Städten besuchen, dann ist dies meist Anlaß für ein Familienfest. Außer dem ungleich wichtigen 60. Geburtstag werden sämtliche **Geburtstage** älterer Menschen beachtet und gefeiert. Die Söhne sind verpflichtet, bei diesen Gelegenheiten anwesend zu sein.

Jugend und Arbeitsleben sind in Korea kein Zuckerschlecken. Die Alten erholen sich von all diesen Mühen, indem sie endlich einmal reisen. Bei **Gruppenreisen** stellen Senioren den höchsten Anteil, und an landschaftlich schönen Flecken, Tempeln und anderen Ausflugszielen kann man häufig Gruppen von zwanzig oder dreißig älteren Frauen sehen, manche am Stock gehend, kenntlich an ihren weißen oder pastellfarbenen *hanbok*. Meist geht es bei diesen Ausflügen hoch her, denn **im Alter können auch Frauen ungeniert rauchen oder trinken** – und dies wird weidlich genossen. Ebenso nutzen Gruppen älterer Männer, oft mit den traditionellen, aus Pferdehaar geflochtenen Hüten geschmückt, die Gelegenheit, all jene Orte zu besuchen, für die sie in ihrer Jugend keine Zeit fanden.

Tips für den Umgang mit alten Menschen

- Es empfiehlt sich selbstverständlich, dem Beispiel der Koreaner zu folgen und älteren Personen mit **formalem Respekt** zu begegnen. Beim Betreten eines koreanischen Hauses gebührt den Senioren der erste **Gruß**.
- Koreaner **legen mit zunehmendem Alter die Fesseln der strikten Benimmregeln ab**. Ihre Verwunderung über einen seltsamen Ausländer etwa bringen ältere viel deutlicher zum Ausdruck als junge Koreaner. Zugleich zeigen sie sich in der Gesellschaft Fremder oftmals ungehemmt und akzeptieren ohne Federlesen die für sie ungewöhnlichen Verhaltensweisen der »Langnasen«.
- **Gereifte westliche Besucher** mag es verstören, als »ehrenwerte ältere Personen« behandelt zu werden. Schließlich sind sie zu Hause stolz auf die bewahrte Jugendlichkeit und Beweglichkeit. In Korea schleicht sich gelegentlich das Gefühl ein, nicht mehr als aktives Glied der menschlichen

Kreislauf des Lebens

*Geborgenheit in der Familie,
gesellschaftlicher Respekt vor dem Alter
und Ginsengwurzeln sind das beste Lebenselixier in hohen Jahren.*

Gesellschaft betrachtet zu werden. Doch sollte man **die Achtung für Alte mit Charme annehmen** und bedenken, daß 60 Lebensjahre noch vor wenigen Jahrzehnten den meisten Koreanern als »biblisches« Alter erscheinen mußten.

• **Weiße Haare** deuten Koreaner als untrügliches Kennzeichen von Alter – weshalb es durchaus vorkommen mag, daß eine junge **Wasserstoffblondine** als ehrenwerte Alte behandelt wird. Die Männer, die ihr im Bus bereitwillig einen Platz anbieten, sind nicht etwa hingerissen von ihrer Schönheit, sondern handeln »aus Ehrfurcht vor ihren weißen Haaren« – trösten Sie sich damit, daß es Koreanern ebenso schwerfällt, das Alter von Europäern zu schätzen, wie es umgekehrt der Fall ist.

Tod

Die mit dem Tod einhergehenden koreanischen Bräuche leiten sich vornehmlich von dem im **Konfuzianismus** verankerten tiefen Respekt vor Eltern und Ahnen ab.

Koreaner wollen zu Hause sterben. Die Ärzte und Schwestern in den Krankenhäusern benachrichtigen die Familie rechtzeitig vom bevorstehenden Tod eines Patienten, damit er daheim die Augen schließen kann. Es gilt als unglückliches Omen, ihn als Toten heimzuführen.

Der Leichnam wird in weißes Sackleinen gehüllt und in einen Sarg gebettet. Trat der Tod zu Hause ein, bahrt man den Sarg im ehrenvollsten Raum, dem gemeinsamen Wohn- und Schlafzimmer, auf. Starb der Verwandte unglücklicherweise in der Klinik, verbleibt die Leiche dort und die **Totenwache** wird im Krankenhaus gehalten. Stets verbirgt man den Sarg hinter einem Wandschirm. Davor steht ein kleiner Tisch mit einem Bild des Verblichenen und einem Gefäß für Räucherstäbchen.

Die **Söhne**, vor allem der älteste, verharren nahezu ununterbrochen und schlaflos bei der Leiche. **Den ansonsten gezügelten Gefühlen wird freier Lauf gelassen**: Die Trauernden dürfen schreien und weinen, sie werden sogar dazu ermutigt. Der Schrei *aigo!* drückt diese Trauer aus. Die Freunde der männlichen Angehörigen leisten den Trauernden Gesellschaft, manchmal spielen und trinken sie auch, um sich wachzuhalten.

Viele Bekannte schauen vorbei, um die Familie zu trösten und dem Verstorbenen die letzte Ehre zu erweisen. **Trauergäste** werden zunächst in den Trauerraum geführt, wo sie sich vor den (zum Zeichen der Trauer ebenfalls in Sackleinen gekleideten) Söhnen verbeugen und dann – noch tiefer – vor dem Bild des Toten. Darauf entzünden sie Räucherstäbchen. Nach diesem formellen Akt wird meist ein Schluck zu trinken und ein Imbiß angeboten.

Der Leichnam bleibt üblicherweise drei Tage im Haus, in Ausnahmefällen, wenn die gesellschaftliche Stellung es erfordert, bis zu sieben Tagen. Die **Frauen** der Trauerfamilie beteiligen sich nicht an der **Totenwache**. Sie sind

Kreislauf des Lebens

Ein Privileg des Alters ist die Erkundung der landschaftlichen Schönheit Koreas (hier: Blick auf den Togyu-Berg). Bei den Gruppenreisen stellen die Senioren den größten (und muntersten!) Teil.

vollauf damit beschäftigt, sich um die vielen Gäste zu kümmern. Auch dem Verstorbenen bereiten sie seine Lieblingsspeisen zu.

Nach der Totenwache wird der Leichnam zur **Grabstätte** geführt. Früher nahmen die Frauen der Familie nicht an dieser Zeremonie teil. Sie hatten dem Toten zu Hause noch einmal sein Lieblingsessen gekocht und sich so von ihm verabschiedet. Heutzutage begleiten die Frauen häufig die männlichen Verwandten und Freunde zur Grabstätte, die meist auf einem Hügel oder Hang nach Süden hin liegt. Ehegatten werden nebeneinander beerdigt, und viele Familien verfügen über eigene Grabgeviert, bei denen auch die Nachkommen beigesetzt werden. Die Erde über dem Sarg wird in Hügelform aufgeschüttet.

Am Grab führen Familie und Freunde eine **Ahnenzeremonie** durch. Manchmal finden dort noch Auseinandersetzungen darüber statt, in welcher Himmelsrichtung der Sarg zu plazieren ist. Der älteste Sohn wirft dann als erster Erde auf den Sarg.

Als tragisch gilt es, wenn **ein Sohn vor seinen Eltern stirbt**, vor allem wenn diesen noch keine Enkelkinder geboren wurden. Hinterläßt der Verblichene **keine Nachkommen**, die sich um Grabpflege und Ahnenzeremonien kümmern können, verbrennt man seinen Leichnam und verstreut die Asche oft über einen Fluß oder Berg.

Feuerbestattungen, und nicht Beerdigungen, sind außerdem bei **Buddhisten** üblich.

— *Kreislauf des Lebens* —

Ratschläge für Trauergäste

• Beim Tod eines Bekannten oder Angehörigen von Freunden ist ein **Besuch der Trauerfamilie** angemessen. **Geschenke** sind nicht erforderlich, aber man mag etwas **Geld** spenden. Das Geld wird in einem Umschlag auf den dafür bereitgestellten Tisch gelegt. Man kann **kondolieren**, einige Räucherstäbchen entzünden und sich vielleicht auch vor dem Bild des Verstorbenen verbeugen.

• Von Ausländern erwartetet man nicht, daß sie **die Trauergemeinde zur Bestattung begleiten**, doch sollten Sie bei guten Freunden und Bekannten nicht darauf verzichten. Nach der daheim stattfindenden Abschiedszeremonie bringt ein Bus Sarg und Trauergesellschaft zur Grabstätte.

Lexikon

shishin	Leichnam
changûisa	Bestattungsunternehmer
sangga-jip	Trauerhaus
yôngguch'a	Leichenwagen (meist ein Bus der auch Trauerfamilie und -gäste zum Grab bringt)
maejang	Begräbnis

Konversation

chomun kamnida/sangga-jib-e kamnida.	Ich gehe zu einem Trauerhaus.
nuga toraga sôssûmnikka?	Wer ist gestorben?

Ahnenverehrung

Der Brauch, der Vorfahren in Zeremonien zu gedenken, gelangte schon vor dem **Konfuzianismus** aus China nach Korea. Die Lehren des Konfuzius, die das Verhalten in allen Lebensbereichen beeinflußt haben, verankerten diese Bräuche jedoch noch tiefer im Volk. Die Ahnenzeremonien sollten den **Respekt der Kinder vor den Vorfahren** erhalten und zudem das **Zusammengehörigkeitsgefühl der Lebenden** stärken. Wie alle koreanischen Bräuche unterscheiden sich auch die Ahnenzeremonien je nach Familie, Herkunft, Religion und Heimat des ersten bekannten (männlichen) Vorfahren, wobei die Ahnenreihe durchaus Jahrhunderte zurückreichen kann. Und häufig sind diese Rituale derart ausgefeilt und mannigfaltig, daß viele Koreaner sich mit der eigenen Familientradition kaum mehr auskennen.

Bestattungszug

Besuche am Grab

Die ersten Grabrituale werden anläßlich der Beisetzung des Leichnams vollzogen. Sie wiederholen sich regelmäßig im Frühjahr (am *Hanshik*-**Tag**) und im Herbst (an *ch'usôk*, dem Fest des Herbstvollmondes), manchmal auch an Neujahr. Verantwortlich für die Durchführung der Zeremonie ist der **älteste männliche Nachkomme**.
An dem festgelegten Tag besuchen die männlichen Nachkommen, manchmal in Begleitung ihrer Frauen, die Gräber ihrer Eltern und Großeltern. Sie liegen meist nahe beieinander. Vor den Gräbern wird ein kleiner niedriger Tisch aufgestellt; ein Picknick-Tischtuch erfüllt oft denselben Zweck. Darauf richtet man eine **Mahlzeit** an, rote Speisen auf der West-, weiße auf der Ostseite.
Der **Zeremonienmeister** verbeugt sich zweimal vor der gedeckten Tafel, bis die Stirn den Boden berührt. Dann gießt er ein Glas Reiswein über das Grab und verbeugt sich weitere zwei Male, diesmal im Verein mit den anderen männlichen Angehörigen. Schließlich verbeugen sich, falls anwesend, zwei- oder viermal die Frauen. Eine **ungerade Zahl von Verbeugungen** gilt hier, anders als sonst, als **unglückbringend**.
Anschließend richtet man das Grab und sein Umfeld her, schneidet das Gras, pflanzt auch Blumen. Nach zwanzig oder dreißig Minuten verbeugen sich die Besucher erneut und verzehren dann die zunächst den Ahnen dargebotenen **Speisen und Getränke**. Die Zeremonie wirkt ernsthaft, aber keineswegs bedrückend. Die Nachkommen erinnern sich ihrer Vorfahren, erwei-

sen ihnen Respekt, werden sich des Wertes der Familienbande bewußt. Auch **Kinder** dürfen teilnehmen. Zwar sollen sie sich ruhig verhalten, aber sie genießen dieses Ritual fast wie einen Picknick-Ausflug.

Lebendiges Ahnengedenken am Grabe

Häusliches Gedenken

Ähnliche Zeremonien werden auch in der **Wohnung des ältesten männlichen Nachkommens** durchgeführt, üblicherweise drei- bis viermal im Jahr: am Todestag, an Neujahr, an *ch'usôk* und (in den ersten drei Jahren nach dem Tod) am Geburtstag des Verstorbenen. Sie ähneln den Riten am Grab, nur werden die Verbeugungen vor einem Bild des Toten vollzogen.

(Un)rühmliche Ausnahme: Die Christen

In der Frühzeit der christlichen Mission in Korea wurde Christen die »**heidnische« Ahnenverehrung** verboten. Heute pflegen auch christliche Familien ähnliche, wenngleich weit schlichtere, Gedenkzeremonien. Die Kirchen sind sich in der Bewertung des Ahnenkultes unklar.

Als Korea noch überwiegend ein traditionelles Bauernland war, lebten die Familien und vor allem die Söhne dicht beieinander und somit nahe den Familiengräbern. Die Durchführung der Rituale bereitete ihnen so kein übermäßiges Aufheben. Heute sind die Wege weiter, weshalb an *ch'usôk* halb Korea auf den Beinen ist und die meisten Betriebe einige freie Tage gewähren (und einen Bonus auszahlen).

Westliche Besucherinnen wird stören, daß **ausschließlich der männlichen Vorfahren gedacht wird**. Nur für sie stellt man im häuslichen Ahnenschrein Seelentäfelchen auf, vornehmlich ihnen gelten die Trauer- und Bestattungsriten. Ein wahrer Teufelskreis, da nur männliche Nachkommen diese Zeremonien durchführen dürfen.

Kreislauf des Jahres

Die Jahreszeiten

In Koreas wunderschöner Landschaft kommen die vier klar voneinander abgegrenzten Jahreszeiten besonders malerisch zur Geltung. Jede Jahreszeit dauert etwa **drei Monate**, und wem der Sommer zu heiß oder der Winter zu kalt erscheint, der kann sich damit trösten, daß sie nicht ewig währen.

Frühling

Diese ungeduldig ersehnte Jahreszeit erreicht zunächst den Süden und breitet sich langsam nach Norden aus. Erste Anzeichen sind die leuchtend gelben Glockenblumen an Straßenrändern und Autobahnen, in Vorgärten und Rabatten. Ihnen gesellen sich allmählich die anderen Frühlingsblumen hinzu, ein vier bis sechs Wochen dauerndes »Feuerwerk« verschiedenster Farben entzündet sich. Das **Wetter** bleibt zunächst zurückhaltend kühl, manchmal auch naß, bis es sich endlich und zögernd erwärmt. Als nächste Boten des Lenz finden wir auf dem **Markt** die kleinen Erdbeeren, gefolgt von großen saftigen Nachwüchslingen und weiteren Frühlingsfrüchten. Und wenn die ersten gelben Melonen angeboten werden, dann ist auch der Sommer nicht mehr weit. Frühling und Herbst sind **bevorzugte Reisezeit** in Korea; die **Kirschblüte in Chinhae** gilt als unvergeßliches Erlebnis. Die Kirschbäume kamen ursprünglich von der Insel Cheju mit ihrem teilweise subtropischen Klima und gelangten von dort auch nach Japan.

Sommer

Auf die klaren Frühlingstage folgen meist zwei Wochen regnerischen Wetters, die gewöhnlich Ende Juni beginnen. Natürlich stimmen auch hier die Bauernregeln nicht immer, und selbstverständlich regnet es während der Sommermonate immer wieder, aber die Volksmeinung besteht darauf, daß es nach dem »unendlichen Kalender« 14 Tage ohne Unterlaß zu gießen hat. Die schweren **Sommerregen** führen tatsächlich auch gelegentlich zu Überschwemmungen.
Die Monate Juli und August erweisen sich auch als Zeit der **Taifune**, die häufig schwere Verwüstungen anrichten. Ein kleiner Wirbelsturm bedeutet zwei oder drei Tage peitschenden Regen und hohe Windgeschwindigkeiten, ein heftiger kann auf Land und Meer verheerende Schäden hinterlassen.
Nach der **Regenzeit**, sie ist weniger ausgeprägt als in den Tropen, beginnt das **feuchtheiße Wetter**. Dann sitzt man auf den Strohmatten angenehm kühl und kann sich mit den handgearbeiteten koreanischen Fächern Frische

zufächeln. Die **Temperaturen** liegen meist bei 30° C, die Luftfeuchtigkeit kann jedoch nahezu 100% erreichen. Gekühlte Wassermelonen und saftige Pfirsiche laben in der drückenden schwülen Hitze, die glücklicherweise nur einige Wochen dauert. Anfang September wird der Schlaf wieder ruhiger, ungestört von Hitze und Moskitos. Denn dann erfrischt zumindest die Abendkühle.

Herbst

Der Höhepunkt des Herbstes, gepriesen von Reisenden, währt gut einen Monat. Wie im Frühling explodieren auch jetzt die Farben der Natur und lassen selbst die schäbigste Hütte wie ein Schloß erscheinen. Besonders malerisch wirken die Wälder mit ihrem hohen Anteil an Laubbäumen, deren Herbstfarben von Gelb zu feurigem Rot wechseln. Nicht zuletzt deshalb bietet sich der Herbst mit seinen (noch) **warmen Tagen** und **kühlen Nächten** als **ideale Ausflugszeit** an. Auch die Tempel, meist in bezaubernden Berglandschaften gelegen, wirken in dieser Jahreszeit besonders reizvoll, etwa Naejangsan in der Nord-Cholla-Provinz oder das Sôrak-Gebirge an der nordöstlichen Küste.

Im Herbst finden wir auf dem **Markt** knackige süße Äpfel, die einzigartigen koreanischen Birnen, weiterhin große dunkle Trauben und schnuppern überall den Duft gerösteter Kastanien.

Wichtiges Herbstereignis für die Hausfrauen ist *kimjang,* die Zeit, in der der **Wintervorrat an** *kimchi* eingelegt wird. Auf dem Markt türmen sich Berge von Chinakohl, daneben weiße koreanische Rettiche, Lauch, Zwiebeln, rote Pepperoni und Knoblauch, allesamt Zutaten für *kimchi,* neben Reis das wohl wichtigste Nahrungsmittel der Koreaner.

Sämtliche Zutaten – eine fünfköpfige koreanische Familie braucht mindestens hundert Köpfe **Chinakohl** für ihren Wintervorrat an *kimchi* – legt man zusammen mit Salz in oft mannshohen irdenen Töpfen ein, die auf dem Land meist in der Erde eingegraben werden. Der Geschmack des eingelegten Gemüses wechselt von Provinz zu Provinz – im Süden etwa nimmt man aus klimatischen Gründen zur Konservierung mehr Salz. Mit den moderne Zeiten wandelt sich auch die Bedeutung von *kimjang*. In den **Großstädten** können die Hausfrauen die Zutaten ganzjährig frisch erhalten, so daß sie sich selten noch die Mühe machen, einen großen Wintervorrat anzulegen. Außerdem stellen mittlerweile *Kimchi*-Fabriken das begehrte Gemüse nach verschiedensten Rezepten her. Die insgesamt weit über hundert Zubereitungsarten sind in **Seoul** in einem *Kimchi*-**Museum** dokumentiert.

Winter

In den südlichen Regionen gebärdet sich diese Jahreszeit recht mild, **Schnee** und Eis dringen selten bis zur Hafenstadt Pusan im Südosten vor. Die

Kreislauf des Jahres

Die Koreaner leben und empfinden mit den Jahreszeiten, die, klar abgegrenzt, besonders malerisch zur Geltung kommen (hier: Frühling in Seoul / Hyangwonjong-Pavillon).

Schneevorkommen im übrigen Korea sind unterschiedlich. Da die meisten Koreaner (noch) nicht Auto fahren, lieben sie die weiße Pracht und können nicht verstehen, wenn ein in Korea lebender Fremder die zauberhaften weißen Flocken als technisches Hindernis begreift. In Korea ist die Natur noch nicht dem Moloch Auto geopfert. Schnee wird von den Gehsteigen auf die Straße geschippt (sollen die Autofahrer doch sehen, wie sie damit zu Rande kommen), und nicht umgekehrt.

Energie ist teuer. Dem verwöhnten Mitteleuropäer erscheinen die öffentlichen Gebäude in Korea ebenso wie die Privatwohnungen meist unterkühlt. Sie können aber Ihr privates Wärmeumfeld durch leichte koreanische Baumwollunterwäsche kostengering um 10° C erhöhen. Das traditionelle koreanische *Ondol*-**Heizungssystem** ist technisch genial einfach. Rohre unter dem Fußboden leiten heißes Wasser. In älteren Häusern wird der Rauch des Küchenherdes (die Küche liegt deshalb niedriger als der Wohnbereich) in den Fußboden geleitet. Da Koreaner einen Großteil ihres häuslichen Lebens auf dem Fußboden verbringen (dort schlafen, essen und sitzen sie), erscheint diese Heizmethode als äußerst vernünftig. Auch die meisten Wohnungen und Häuser, in denen Ausländer leben, werden so beheizt.

Dort, wo die *Ondol*-Rohre in den Fußboden münden, findet sich der wärmste Fleck im Raum und deshalb auch der **Ehrenplatz für den Gast**. Dies gilt auch im Sommer. Ist die *Ondol*-Heizung mit dem Küchenherd gekoppelt, läßt sie sich aus einsichtigen Gründen nicht abschalten. Dem unglücklichen Ehrengast wird dann doppelt eingeheizt: Von oben macht ihm das heiße Sommerwetter zu schaffen, von unten die *Ondol*-Heizung.

In Korea herrscht naturbedingt im Winter **Mangel an frischem Obst**. Mandarinen von der Insel Cheju sind jedoch überall zu kaufen, gelegentlich auch einige Winteräpfel. Spät im November wird eine einzigartige Zitrusfrucht angeboten, die man in Zucker oder Honig einlegt. Im Winter ergibt sie den beliebten *Yuja*-Tee.

Lexikon der Jahreszeiten

ch'ôl	Jahreszeit
pom	Frühling
yôrûm	Sommer
kaûl	Herbst
kyôul	Winter
sambok	Hundstage

Feste und Feiertage

Koreaner sind hervorragende »Mundschenke«, **begeisterte Gastgeber**. Erwarten sie liebe und werte Gäste, dann scheuen sie weder Mühen noch

Kreislauf des Jahres

Der Herbst ist die Zeit des **Kimchi-Einlegens**.
In solchen Krügen wird der **kimchi** *über den Winter aufbewahrt.*
Der »Koreakohl« ist wichtigste Vitaminquelle in der kalten Jahreszeit.

Kosten. Häufig stehen diese Kosten nicht im Einklang mit dem Einkommen, aber Gastverwöhnung und Selbstwertgefühl erscheinen wichtiger.

Den **Frauen** obliegt die Ausgestaltung der Fest- und Feiertage, sie sind die **Arbeitsbienen**, die die trägen männlichen Drohnen füttern und tränken. Weibliche Verwandte, meist die Schwestern oder Schwiegertöchter der Hausfrau, treffen tags zuvor ein, helfen bei den Vorbereitungen und Aufräumarbeiten und bleiben über Nacht.

Nach konfuzianischem Brauch werden Familienfeste **im Haus des ältesten (männlichen) Familienmitglieds** gefeiert, also meist am Wohnort des ältesten Sohnes, wo gemeinhin auch die Großeltern leben. Die Männer sitzen zusammen, freuen sich genußreich über das Wiedersehen und überlassen den Frauen die Arbeit. Feiertage sind keine erbauliche oder erholsame Zeit für die Hausfrauen.

Neujahr *(shinjang, sôl)*

Neujahr ist der **bedeutendste Feiertag** in Korea. Man stelle sich vor: Geburtstag, Weihnachten und Silvester fielen zusammen – dies entspräche dem Glanz des koreanischen Neujahrsfestes.

Feiertage sind beide Neujahrstage, der **erste Tag des Sonnenjahres**, also der 1. Januar, und der **erste Tag des Mondjahres**, meist ein Termin Ende Januar/Anfang Februar. Das **Mond-Neujahr** galt lange Zeit nicht als gesetzlicher Feiertag. Erst 1985, nach langen Bemühungen, den Rang dieses Tages zu erheben, gab die Regierung nach und erklärte ihn zum »Nationalfeiertag für koreanisches Brauchtum«. Seitdem wird er nicht nur auf dem Land, wo er stets als Festtag beachtet wurde, sondern auch in den Städten wieder ausgiebig gefeiert.

Welcher von beiden Neujahrsfesttagen auch gerade gefeiert wird, **erwarten Sie keinerlei Dienstleistung** (und sei sie noch so dringlich) von koreanischen Angestellten oder Geschäftsleuten. Eine Ausländerin, die den Termin des Mond-Neujahres schlicht »verschwitzt« hatte, gefror währenddessen daheim nahezu zu einem Eisblock – keiner der ansonsten so geschäftstüchtigen Koreaner lieferte während des Festes Heizöl.

Bei beiden Neujahrstagen wird die **ehrerbietige Verbeugung vor Eltern, Großeltern und Ahnen** vollzogen. Den Ahnen, anwesend durch ihre Bilder, bietet man Essen an, verbeugt sich zunächst vor ihnen und dann, gestaffelt nach Lebensalter, vor den lebenden Familienangehörigen. Auch verneigen sich jüngere Söhne und ihre Ehefrauen vor ihren älteren Brüdern und deren Frauen. Die Kinder innerhalb einer Kleinfamilie verbeugen sich wechselseitig.

Dieses Ritual, genannt *saebae,* wird meist in traditioneller Kleidung ausgeführt. Dies gilt vor allem für Frauen und Mädchen, aber neuerdings sieht man an solchen Familienfeiertagen auch wieder viele Männer im *hanbok.* Die **Kinder** erhalten als Anerkennung für ihre kunstvolle Verbeugung meistens ein **Geldgeschenk**, genannt *saebae-ton (ton* gleich »Geld«). Sind sie schon etwas älter, nutzen sie den Talersegen häufig am Nachmittag des Feiertages zu einem Disko-Besuch.

Nach der *Saebae*-Zeremonie wird ein **Frühstück** mit besonderen Leckerbissen serviert: Reisklößchensuppe *(ttôk-guk),* Reiskuchen, Früchte, Punsch aus Reiswein *(shikhae)* oder getrockneten Persimonen und Honig *(sujônggwa).* Auch zwei Sorten Reiswein gehören dazu: der ungefilterte und noch gärende *makkôlli* sowie *dongdongju.*

Neujahr gilt – vielleicht mehr als andere Festtage, die Männer oft getrennt von ihren Frauen und Kindern feiern – als ein **Familientag**. Es geht mit einem der bei Koreanern aller Altersstufen beliebtesten **Spiele** einher, dem *yut,* einer Art »Pferderennen«, bei dem Chips über ein Spielbrett bewegt werden. Als »Würfel« dienen vier Holzstäbe, flach auf der einen, gerundet auf der anderen Seite. Man wirft sie in die Luft und zählt nach der Landung die Punkte nach der jeweils obenliegenden Seite des Stabes. Auf dem Land lassen Jungen häufig **Drachen** steigen. Mädchen spielen auf der traditionellen koreanischen **Wippe**.

Am **1. Januar** oder den **darauffolgenden Tagen** statten die Koreaner all jenen **Besuche** ab, denen sie Respekt schulden. Schüler und Studenten besuchen ihre Lehrer und Professoren, Arbeiter ihre Meister oder Betriebsleiter und ältere Personen, die ihnen einmal behilflich waren (oder von denen sie hoffen, daß sie ihnen künftig nützen werden). All diese Persönlichkeiten werden mit einer tiefen Verbeugung geehrt. Solche Besuche kommen nicht

Kreislauf des Jahres

Yut-*Spiel während des Neujahrsfestes*

überraschend, sie werden vielmehr erwartet und die Gäste mit Erfrischungen bedacht.

Tips: Neujahr

• Genießen Sie es, während der Neujahrstage in Korea durch die Straßen zu schlendern. Hunderte sind in farbenfrohen *hanbok* unterwegs, die **fröhliche Stimmung** steckt an.
• Ausnahmsweise sind **alle Geschäfte geschlossen**. Man sollte also Vorsorge treffen und sich mit Lebensmitteln und vor allem Heizmaterial eindecken.
• Bei einer **Einladung in ein koreanisches Haus** können ausländische Besucherinnen, sofern sie sich darin wohlfühlen, ebenfalls einen *hanbok* tragen. Männliche »Langnasen« wirken im *hanbok* womöglich eher komisch.
• Will man das Neue Jahr im westlichen Rahmen mit einigen Gläsern Sekt begrüßen, bieten mehrere der **Spitzenhotels** in den Großstädten unterhaltsame **Parties** an.

Lexikon

saebae	Neujahrsverbeugung vor Eltern und älteren Anverwandten, bei der man niederkniet und sich verneigt, bis die Stirn den Boden berührt.

Kreislauf des Jahres

saehae, shinnyôn	Neujahr
chôngwôl-ch'oharu	Neujahrstag
nai	Alter. In Korea ist ein Neugeborenes ein Jahr alt. Zu Neujahr wird jeder ein Jahr älter. So zählt ein an Silvester geborenes koreanisches Baby an Neujahr zwei Jahre.

Konversation

onûl-ûn musûn-nal imnikka?	Welcher Tag ist heute?
chôngwôl-ch'oharu imnida.	Heute ist der Neujahrstag.
onûr-ûn muôs-ûl hashimnikka?	Was unternehmen Sie heute?
saebae-haro kamnida	Ich werde meine (Neujahrs-) Verbeugung machen.

Erster Vollmond *(borûm-nai)*

Da heute viele koreanische Hausfrauen berufstätig sind, wird dieses (am **ersten Vollmond des neuen Mondjahres**, also meist im Februar) stattfindende Fest in zahlreichen Familien nicht mehr begangen.

An diesem Tag wird **vegetarisch** gespeist. *Ogok-bap* soll Glück für das kommende Jahr bringen. Das Gericht besteht aus fünf Zutaten: Reis, Klebreis, dicken Bohnen, Sojabohnen und Hirse. Die Hausfrau **bittet den Mond um ein gutes Jahr**. Dann wickelt sie einige Portionen *ogok-bap* in Seetangblätter und hängt sie am Tor des Anwesens auf. Die Kinder aus der Nachbarschaft freuen sich über diese »milde Gabe« und die Schönheit des Vollmondes.

Viele **weitere Bräuche** umranken dieses Fest. Junge Mädchen bitten den Mond um eine frühe Heirat; man trinkt Wein, um Taubheit vorzubeugen; man besucht während des Tages zwölf Häuser; die Jungen entzünden Feuer in einer Blechdose, die sie an einer Schnur um den Kopf schwingen, um so Feuerkreise zu erzeugen.

Unabhängigkeitstag *(samil, samil-chôl)*
Nationalfeiertag am 1. März

Dieser Feiertag hält das Andenken an den **Tag der Unabhängigkeitsbewegung vom 1. März 1919** wach, als die koreanische Bevölkerung gegen die japanische Besatzung protestierte. Zu den Zeremonien gehört die feierliche Verlesung der koreanischen Unabhängigkeitserklärung.

Tag des Baumes *(shingmok-il)*
Gesetzlicher Feiertag am 5. April

Nach altem koreanischen Volksglauben wird **alles, was man an diesem Tag**

Kreislauf des Jahres

Traditionelles Neujahrsmenu

pflanzt, besonders gut gedeihen. Dem Datum kommt aber eine weitere besondere Bedeutung zu, die sich aus der jüngeren Geschichte ableitet. Nach dem **Koreakrieg** lag das Land völlig verwüstet mit zerbombten, verbrannten und abgeholzten Wäldern darnieder. Heute ist von diesen Kriegsfolgen nur noch wenig zu erkennen; vom Flugzeug aus bietet Korea das Bild einer waldreichen Halbinsel.

Der »Tag des Baumes« jedoch hält die **Erinnerung an die Mühen der Aufforstung** wach; heute noch pflanzen Politiker, Behördenvertreter, Angehörige von Großbetrieben und Schulklassen Bäume. An diesem Tag pflanzt man auch im eigenen Garten Bäume, Büsche, Blumen und andere Gewächse. Hochhausbewohner kaufen zumindest einige Topfblumen, um ein wenig Pflanzenleben in die Betonkästen zu bringen, in denen sie hausen müssen.

Hanshik-Tag (»Tag des kalten Essens«)
Gefeiert 105 Tage nach der Wintersonnenwende
Hanshik, wörtlich »kaltes Essen« oder »kalte Küche«, geht auf folgende **Legende** zurück, die in diversen Fassungen mit verschiedenen Helden erzählt wird:
In China lebte einst ein seinem König treu ergebener Hofbeamter, Kai Ja Chu. Eifersüchtige Widersacher verdrängten ihn aus der Nähe des Herrschers. Bekümmert zog sich Kai in die Einsamkeit zurück. Als der König davon vernahm, ließ er nach Kai suchen, allerdings ohne Erfolg. Schließlich erfuhr er, daß dieser sich in einer Höhle verbarg. Um ihn aus seinem Versteck zu locken, ließ der König den Wald anzünden. Kai Ja Chu starb in den Flammen. Der König, gerührt von seiner Loyalität, verfügte, daß an diesem Tag zum Gedenken an Kai nur noch kalte Speisen gegessen werden sollten.
Dieser Brauch gelangte in fernen Tagen von China nach Korea. Heute ist *hanshik* der neben *ch'usôk*, dem Fest des Herbstvollmondes, zweite **Totengedenktag**. Die Hausfrauen bereiten ein Picknick vor (nicht immer nur kalte Gerichte). Dann zieht die Familie zum Grab der Eltern und Großeltern, traditionell meist auf einem Hügel oder an einem Hang gelegen und nur zu Fuß erreichbar. Dort werden die Ahnenzeremonien durchgeführt, das Grab und seine Umgebung nach dem Winter wieder gepflegt. Der feierlichen Bedeutung steht nicht entgegen, daß die Familie das Picknick im Freien in den lauen Frühlingslüften genießt.

Tip: Hanshik

Wer an diesem Tag eine größere Reise plant, sollte mit **überfüllten Straßen und Autobahnen** rechnen, vor allem auch deshalb, weil dieser Tag kein gesetzlicher Feiertag, sondern **normaler Arbeitstag** ist. Dafür entschädigt das bunte Bild der durch die Frühlingswälder wandernden koreanischen Familien.

Tag des Kindes *(ôrini-nal)*
Gesetzlicher Feiertag am 5. Mai
Kein Wunder: Ein Land, in dem Kinder so geliebt werden, widmet ihnen einen eigenen Feiertag. An diesem Tag **stehen die Kinder und ihr Vergnügen im Mittelpunkt**. Sie dürfen zum Beispiel einen Ferienpark oder den Zoo besuchen, mit der Familie zu einem Picknick aufbrechen oder sich an einem der vielfältigen, eigens für sie veranstalteten Programme beteiligen. Zudem erhalten die Kinder von ihren Eltern **Geschenke**. Kinder ausländischer Familien wissen diesen Brauch zweifellos ebenfalls zu schätzen. Plant man einen Ausflug, so sollte man allerdings mit dem für Feiertage üblichen Verkehrschaos rechnen sowie Menschenmassen an für Kinder besonders reizvollen Ausflugszielen.

Tag des Kindes (5. Mai)

Tag der Eltern (früher Muttertag, *ôbôi-nal, ômôni-nal*)
8. Mai

Ursprünglich galt dieser **Tag der Mutter**, als Zeichen für die Liebe, die Koreaner ihren Müttern entgegenbringen.

Doch **dies schien den koreanischen Männern zu weit zu gehen**; sie veranlaßten eine Umwidmung dieses Feiertages. Eine Koreanerin aus unserem Bekanntenkreis bemerkte dazu trocken: »Wozu ein Tag auch für die Väter? Die haben doch jeden Tag Vatertag!« Kinder kaufen ihren Müttern an diesem Tag meist einige Ansteckblumen, und auch die Väter erhalten ein kleines **Geschenk**.

Tag des Lehrers *(sûsûng-ûi nal)*
15. Mai

Lehrer nehmen in der **konfuzianischen Gesellschaft** einen gehobenen Platz ein und beanspruchen so einen eigenen Feiertag. Schüler überreichen ihnen Blumen oder ein anderes kleines **Geschenk**, Studenten laden ihre Professoren möglicherweise auch zu einem Essen ein.

Buddhas Geburtstag *(buch'ônim t'ansaeng il)*
8. Tag des 4. Monats nach dem Mondkalender

An diesem Tag **besuchen die Buddhisten ihre Tempel**, um dort zu beten. Die Familien kaufen eine der farbenfrohen Laternen, die von den Mönchen angeboten werden (die Tempel beziehen einen Teil ihres Einkommens aus diesem Verkauf), befestigen daran ein Band mit den Namen der Angehörigen und hängen sie auf dem Tempelgelände auf. Am Abend findet, vor allem in Großstädten, ein **Laternenumzug** statt.

Totengedenktag (Volkstrauertag, *hyôngch'ung-il*)
Gesetzlicher Feiertag am 6. Juni

Vergleichbar dem deutschen Volkstrauertag, wird an diesem Tag der **im Krieg gefallenen Koreaner** gedacht. Gedenkfeiern werden unter anderem auf dem Nationalfriedhof in Seoul inszeniert.

Verfassungstag *(chehôn-il)*
Gesetzlicher Feiertag am 17. Juli

Dieser Tag erinnert an die **Verabschiedung der koreanischen Verfassung** im Jahre 1948.

Tag der Befreiung *(kwangbok-chôl)*
Gesetzlicher Feiertag am 15. August

Feiertag zum Gedenken an die **Anfänge der Republik (Süd-) Korea** im Jahre 1948, außerdem an die **Befreiung des Landes von japanischer Herrschaft** im Jahre 1945.

Herbstmondfest *(ch'usôk)*
15. Tag des achten Monats nach dem Mondkalender

In westlicher Sicht erscheint *ch'usôk*, das Fest des Herbstvollmondes, als eine Mischung von Erntedank und Totensonntag. Nach Neujahr ist es der **zweitwichtigste Feiertag** im Jahreskreis. Man **besucht die Gräber**, bietet den Verstorbenen Essen dar und verbeugt sich wie vorgeschrieben. An diesem Tag wird traditionsgemäß **Reis der neuen Ernte** gegessen; zu den Gerichten dieses Feiertages gehören kleine gedämpfte Reiskuchen mit süßer Füllung, geformt wie ein Halbmond *(songp'yôn)*.
In den Chôlla-Provinzen gehört der **Reigentanz** *kanggang sowôllae* zu *ch'usôk*. Der Sage nach entstand er während einer japanischen Invasion an der Südküste, als die Frauen sich an den Händen faßten und im Reigen tanzten, um den Feinden aus der Entfernung das Bild einer großen Soldatenschar vorzuspielen. Daneben finden **Web-Wettbewerbe** für Frauen statt, während Männer im **Bogenschießen** und bei der **Jagd** konkurrieren. Zudem erhalten alle Familienmitglieder zu diesem Anlaß neue Kleidung.
Der *Ch'usôk*-Mond soll der leuchtendste des Jahres sein, deshalb unternehmen viele »Mondsüchtige« einen Abendspaziergang, um ihn zu bewundern.

Ch'usôk-*Lexikon*

ch'usôk	koreanischer Erntedanktag
inchôlmi, songp'yôn	gedämpfte koreanische Klebreiskuchen, u.a. süß gefüllt mit Sesam oder roten Bohnen

Kreislauf des Jahres

Vorbereitung der halbmondförmigen Reiskuchen für das **Ch'usôk**-*Fest*

haepssal	frisch geernteter Reis
kwail	Obst
hanbok	traditionelle koreanische Tracht *(han* = Korea, koreanisch; *bok* = Bekleidung)
sôngmyo	Besuch bei den Familiengräbern, um den Ahnen Respekt zu erweisen, u.a. mit einer Verbeugung, vergleichbar dem Neujahrs-*saebae*

Konversation

ch'usôk-e-nûn muôs-ûl hashimnikka?	Was unternehmen Sie an *ch'usôk*?
sôngmyo-harô kamnida.	Ich besuche die Familiengräber (um dort zu beten).
ch'usôk-e-nûn muôs-ûl chapsushimnikka?	Was essen Sie an *ch'usok*?
haepssal-kwa songpyôn-ûl môksûmnida	Ich esse neuen Reis und Reiskuchen.

Tag der Streitkräfte *(kukkun-ûi nal)*
Gesetzlicher Feiertag am 1. Oktober

In der Hauptstadt Seoul werden an diesem Tag in der Regel **Militärparaden** veranstaltet.

Kreislauf des Jahres

Gedenktag zur Gründung der Nation *(kaech'on-chol)*
Gesetzlicher Feiertag am 3. Oktober
Die wortgetreue Übersetzung der koreanischen Namensgebung für diesen Tag lautet:»Der Tag, an dem sich der Himmel öffnete.« Er erinnert an das legendäre Datum des 3. Oktober im Jahre 2333 v.u.Z., der **Gründung des koreanischen Reiches** durch Tangun.

Tag des koreanischen Alphabets *(hangul-nal)*
Gesetzlicher Feiertag am 9. Oktober
An diesem Tag wird die **Einführung des koreanischen Alphabets** *hangul* durch König Sejong im Jahre 1446 gefeiert. Damit erst konnte sich eine eigenständige koreanische Schriftkultur entwickeln; zuvor hatten die Gebildeten Chinesisch geschrieben, das in Wort und Schrift ungefähr jene Rolle spielte, die in der europäischen Geschichte das Latein als *lingua franca* einnahm.

Weihnachten *(k'ûrisûmassû = Christmas)*
Gesetzlicher Feiertag am 25. Dezember
Zwar bekennt sich nur etwa ein Viertel der Südkoreaner zum Christentum, doch **prägt dieses Fest das gesamte Land**. Überall sieht man Christbäume, Weihnachtsdekorationen, den (amerikanischen) Santa Claus, und die großen Kaufhäuser und Supermarktketten locken mit Weihnachtssonderangeboten. Für die Christen bedeutet Weihnachten selbstverständlich einen hohen Feiertag (immerhin der einzige gesetzliche Feiertag christlicher Überlieferung), für die anderen Koreaner einen guten Anlaß, einander zu beschenken und sich mit Freunden auf einige Drinks zu treffen.

Tips: Weihnachten

• Wenn Sie an diesem Fest hängen und zu dieser Zeit **allein in Korea** weilen, kann Weihnachten eine sehr **einsame Angelegenheit** sein. Fern von allen Lieben können weder Tonnen von Lametta und seelenlose Glückwunschkarten noch die gekaufte Armee von Nikoläusen das heimatliche Weihnachtsfest ersetzen. Auch die von Koreanern oder Ausländerklubs und -vereinen organisierten Parties und anderen Veranstaltungen strahlen kaum jene weihnachtliche Atmosphäre aus, die insbesondere Deutsche gerne herbeizuzaubern versuchen.

• Viele Ausländer haben sich nicht damit aufgehalten, alten Traditionen nachzuweinen, sondern **ihre Sitten und Gebräuche koreanischen Verhältnissen angepaßt**. Schließlich hätte der angelsächsische Nikolaus Mühe, ein im 20. Stock gelegenes Hochhausapartment zu erklettern, das zudem nicht über einen Kamin, sondern eine Fußbodenheizung verfügt.

• In den Städten mit ausländischen Gemeinden kann der unverdrossene

Kreislauf des Jahres

Kirchgänger zumindest einen englischsprachigen Gottesdienst besuchen. Auch im Gottesdienst koreanischer Gemeinden wird er vertraute Lieder und Melodien hören.

Lexikon

sôngt'an-il, sôngt'an-chôl	Weihnachten (Weihnachtstag, Weihnachtszeit)
sôngt'an-hyuga	Weihnachtsferien
yesu	Jesus
kyohoe (-tang)	Kirche
yebae (-shik)	Gottesdienst
sôngt'an k'atû	Weihnachtskarte *(card)*

Konversation

sôngt'an-ûl ch'ukha hamnida	Frohe Weihnachten!
sôngt'an-chôl-e-nûn ôdi-rûl kashimnikka?	Wohin gehen Sie während der Weihnachtsfeiertage?
kohyang-e pumo-nim borô kamnida.	Ich besuche meine Eltern in meinem Heimatort.
sôngt'n k'atû manhi sôssûmnikka?	Haben Sie viele Weihnachtskarten geschrieben?

Ergänzungslexikon

bult'a	Buddha
kido	Gebet
sadang, sawôn	Tempel
moksa	Pfarrer, evangelisch
shinbu	Priester, katholisch
sûngryô, sudosa	Mönch
mudang	Schamane, Schamanin
kut	schamanistische Zeremonie
shin	Gott
hananim, hanûnim	Gott (der »Liebe…«)
midûm	Glauben
myôngjôl	Festtag
myôngsang	Meditation

Das Leben genießen

Wenn es ihnen gutgeht, dann lassen die Koreaner die Puppen tanzen. Dabei sind auch ihre ausländischen Freunde herzlich willkommen. An Gelegenheiten, seinen Spaß zu haben, mangelt es nie – im Gegenteil, man feiert die Feste, wie sie fallen. Dieses **unstillbare Verlangen nach Spaß und Spiel** mag sich aus der Übervölkerung des Landes erklären, den strengen Verhaltensregeln für den Alltag und der knapp bemessenen Freizeit (die in Korea übliche wöchentliche Arbeitszeit nimmt im weltweiten Vergleich eine Spitzenstellung ein). Es scheint, als entsprängen, vor allem bei den Männern, Entspannung und Ausgelassenheit einem geradezu lebensnotwendigen Bedürfnis, als seien sie die **Kehrseite von Ausbeutung und Streß**.
Dabei sind die **Ansprüche** an Spaß und Spiel nach westlichen Maßstäben recht **bescheiden**: einige Freunde, ein wenig Alkohol und gutes Essen oder irgendeine Sehenswürdigkeit – all dies böte Anlaß, die angespannte koreanische Seele endlich einmal baumeln zu lassen.
So wollen wir Sie vertraut machen mit den – einzigartigen – **Trinksitten** in Korea, der Bedeutung von **Freunden** und Freundschaft, dem **Essen** und den **Eßgewohnheiten**. Lassen Sie sich ein wenig über die Rolle des **Urlaubs** aufklären und einige der **traditionellen Spiele** vorstellen.
Wenn Sie dann noch die abschließenden **Ratschläge** beherzigen und sogar die wenigen nützlichen Wörter und Sätze flüssig über Ihre Lippen bringen, dann werden Sie den Spaß am Leben zusammen mit koreanischen Freunden und Bekannten in vollen Zügen **genießen** können.

Alkohol und seine Begleiterscheinungen

»Ein Faß aufmachen« – **für koreanische Männer müssen Feste nicht allein fröhlich, sondern auch feucht sein**. Dies gilt für jeden Anlaß, sei er ein hunderttägiges Jubiläum, eine Campingfête, ein trautes Beisammensein von Freunden und Kollegen oder der Start einer neuen Geschäftsbeziehung. Ohne Alkohol geht nun einmal nichts.
Korea verzeichnet den **weltweit beinahe höchsten Alkoholkonsum** pro Kopf. Diese Rekordleistung ist um so beachtlicher, wenn man bedenkt, daß nur die eine Hälfte der koreanischen Bevölkerung trinkt (oder sollte man besser »säuft« sagen?). Frauen führen in dieser Beziehung ein geradezu enthaltsames Leben.
»Ein Gläschen in Ehren« (bei dem es indes meist nicht bleibt), dieser Kelch geht in Korea an keinem Mann vorüber. Und um auch in diesem Punkt Anerkennung zu finden, ist es ratsam, **sich rechtzeitig mit den Trinksitten vertraut zu machen**.

Das Leben genießen

Der Zweck heiligt die Mittel

Noch der fadenscheinigste Vorwand bietet Grund, um: *Hanjan hapshida!* zu sagen, »Laß uns einen trinken!« (wörtlich: »ein Glas nehmen wollen«). Ein verregneter Tag ist ein ebenso willkommener Anlaß wie strahlender Sonnenschein. Eine Pechsträhne läßt sich am besten bei einem guten Schluck vergessen. Den Zahltag muß man selbstverständlich begießen und erst recht die Pleite ertränken. **Gute Zeiten, schlechte Zeiten, normale Zeiten – sie eignen sich gleichermaßen vorzüglich zum Trinken.**
Koreanische Männer sind felsenfest überzeugt, daß **man den anderen erst dann richtig kennenlernt, wenn man mit ihm gezecht hat**. Ihrer Meinung nach verstecken erwachsene Menschen im Alltag ihr wahres Selbst hinter einer Maske. Wer aber unter dem Tisch liegt, der hat natürlich andere Sorgen, als seine Fassade aufrechtzuerhalten.
Trinken ist nicht lediglich eine feuchtfröhliche, sondern auch gar **ernste Angelegenheit**. Häufig genug ist es unerläßlich, das Glas zu heben, wenn man eine neue **Geschäftsbeziehung** in die Wege leiten und das Vertrauen des Partners gewinnen will. Manch ein Problem und Konflikt lassen sich nur mit stattlichen Mengen von Alkohol gemeinsam lösen. Wer weniger trinkt als die anderen, erregt den Verdacht, etwas verbergen zu wollen. Vermutlich wäre es den meisten Koreanern lieber, ihre Leber mehr zu schonen. Doch wer die Flinte zu früh ins Korn werfen oder gar ganz **trocken bleiben** würde, der würde unweigerlich als Stimmungstöter gebrandmarkt und **sozial nicht anerkannt**.
Die **historischen Wurzeln koreanischen Trinkverhaltens** greifen weit zurück bis mindestens in die Zeit des Vereinigten Shilla-Reiches. Es finden sich sogar alte konfuzianische Zeremonien mit Anweisungen für das ange-

messene Verhalten beim Zechen. Zum Glück läßt sich bei den **jungen Koreanern** ein gegenläufiger Trend beobachten. Anders als die ältere Generation akzeptieren sie eher Abstinenzler oder mäßige Trinker. Dennoch ist der Alkoholgenuß nach wie vor ein wesentliches und **kennzeichnendes Merkmal der koreanischen Männergesellschaft.**

Tips: Feuchtfröhlichkeit

• Viele Asiaten, darunter ein großer Teil der koreanischen Bevölkerung, trinken zwar gerne Alkohol, vertragen nach europäischen Maßstäben aber nur geringe Mengen. Dies liegt daran, daß es **Asiaten an einem Enzym mangelt, das den Alkoholabbau steuert.**
• Trinksüchtige »Langnasen« werden eine koreanische Alkoholorgie daher ohne allzu hohe Mühen und böse Nachwirkungen überstehen. Aber man sollte sich nicht darauf verlassen; **im Zweifelsfall ist Vorsicht die Mutter der Porzellankiste** und beugt der Katerstimmung vor.

Trinkbräuche

So gern und viel getrunken wird, es herrscht beim Bechern kein *Laisser faire*. Bestimmte **Trinkregeln werden eisern eingehalten**. Diese sollte auch der Ausländer kennen, um – wenn vielleicht auch vom Stuhl – nicht aus der Rolle zu fallen:
• Ein sozial niedriger Eingestufter oder der Gastgeber der Runde bietet zunächst der anwesenden **Respektsperson** – dem Ältesten, Vorgesetzten, einem geschätzten Lehrer oder Professor – ein Glas an.
• Dies geschieht mit der **rechten Hand**. Ist der Rangunterschied sehr hoch, so reicht der Niedrigergestellte das Glas mit beiden Händen oder stützt dabei die rechte Hand mit der linken ab.
• Der Ehrengast nimmt, je nach seinem Status, das Glas ebenfalls mit **beiden Händen** oder mit der von der linken Hand unterstützten rechten Hand entgegen.
• Der Gebende schenkt nun Alkohol in das Glas des Empfängers.
• Beim Fortgang des Gelages wird jedem aus der Runde **zunächst ein Glas angeboten, das dann gefüllt wird**.
• Wer sein Glas geleert hat, reicht es üblicherweise an einen anderen weiter. Im Verlauf des Abends sollte man **das Glas mit jedem Anwesenden getauscht** haben.
• Es gilt als **unhöflich**, in ein halbleeres Glas nachzugießen oder sich selbst einzuschenken.
Aber haben Sie keine Angst: Bei solchen Anlässen wird nicht nur an Ihre Leber, sondern auch an Ihren Magen gedacht. *Anju* genannte **Häppchen** stillen den kleinen Hunger und geben Ihnen die Kraft, sich am nächsten Glas festzuhalten. Sie können aus getrocknetem Rindfleisch, getrocknetem Fisch,

Das Leben genießen

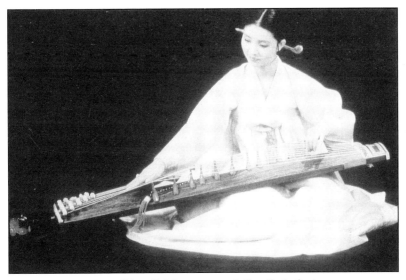

Die traditionelle kisaeng *war als Gesellschafterin in allen Schönen Künsten bewandt.*

Nüssen oder auch Obst bestehen. Manche Lokale führen eine *Anju*-Karte, andere servieren *anju* unaufgefordert zu alkoholischen Getränken (setzen sie allerdings stets auf die Rechnung).

Frauen und Alkohol

Eine wohlerzogene, »anständige« Koreanerin trinkt kaum Alkohol. Bei gesellschaftlichen Anlässen schenkt man ihr zu Beginn des Essens ein Gläschen ein, an dem sie im Verlauf des Abends allenfalls nippt. Manche **moderne junge Studentinnen** hingegen sind dem Alkohol nicht abgeneigt und halten bei feuchtfröhlichen Runden mit. Das Quantum ihrer männlichen Trinkgenossen erreichen sie allerdings nur in seltenen Fällen.
In bestimmten **Gasthäusern** gehören Frauen zum Lokalkolorit. Sie leisten den männlichen Gästen Gesellschaft, schenken ihnen ein und unterhalten sich mit ihnen. Die kurzweilige Gesellschaft einer *kisaeng* geschieht nicht kostenlos. Diese Unterhalterinnen gehen nicht dem ältesten Gewerbe der Welt nach. Dennoch wäre es ein grober **Fauxpas, sich von Ehefrau oder Freundin in ein solches Lokal begleiten zu lassen.**

Die *kisaeng*

Der Beruf der *kisaeng,* vergleichbar dem japanischen Geisha, blickt auf eine **lange Tradition** zurück. Häufig haben die *kisaeng* in der Geschichte ihres

Landes eine wichtige Rolle gespielt. Sie waren die einzigen Frauen, denen die konfuzianische Gesellschaft ein gewisses Maß an **Bildung** zubilligte; sie waren geübt im Verfassen von Gedichten, ausgebildet in chinesischer Kalligraphie und geschult in Tanz und Gesang. In besonderen Schulen erzogen, erfüllten sie die Aufgabe, **koreanische Aristokraten bei Festen zu unterhalten.**

Kisaeng stammten meist aus den **untersten Bevölkerungsschichten.** Obwohl sie hochgebildet waren und mit dem Adel verkehrten, standen sie stets weit unten auf der sozialen Stufenleiter.

Dennoch waren manche *kisaeng* so **berühmt**, daß sie als Heldinnen klassischer Liebesgeschichten in der Erinnerung weiterleben. Gelegentlich erwiesen sie sich auch als glühende Patriotinnen, die ihrem Land unschätzbare Dienste erwiesen.

Eine Geschichte erzählt von der bekannten *kisaeng* **Non-Gae**:

Nach einem Angriff der Japaner an der koreanischen Südküste hatte sich ein japanischer General Hals über Kopf in sie verliebt. Sie machte sich seine Leidenschaft zunutze und überredete ihren Verehrer zu einem Spaziergang entlang den Klippen eines Flußufers. In einem geeigneten Augenblick umfaßte sie ihn und riß ihn mit sich hinab in die reißende Strömung. Beide fanden den Tod, und noch heute ist der Ort des Geschehens in Jinju ein beliebtes Ausflugsziel.

Die Zeiten der klassischen *kisaeng* sind vergangen. Die Einrichtung der **Kisaeng-Häuser** jedoch hat sich erhalten.

Ihre **Kunden** sind zum Beispiel große internationale Konzerne, die ihre Geschäftspartner dorthin einladen. Auch **ausländische Besucher** können hier eine andere Seite koreanischer Kultur kennenlernen: Elegante Frauen schenken Getränke ein, bieten ihren Gästen ausgesuchte Leckerbissen an, tanzen und singen. Diese angenehme Unterhaltung verlangt indes ihren stolzen Preis.

Tips: Kisaeng

- Jeder, der sich länger als ein paar Tage in Korea aufhält, wird von dem Schlagwort »***Kisaeng*-Tourismus**« hören und dessen Auswirkungen beobachten können. Nutznießer dieser Spielart des internationalen Sex-Geschäfts sind vor allem die Japaner, aber auch andere Länder rühren mittlerweile für diese koreanische Variante des Sex-Tourismus die Werbetrommel.

- Zugleich läßt dieses Schlagwort erkennen, daß der **ehemals hochgeachtete Beruf der** *kisaeng* heute meist nur noch als Umschreibung für eine professionelle **Prostituierte** anzusehen ist. Als **ausländischer Gast** sollte man unbedingt unterscheiden können und wissen: *kisaeng* ist nicht gleich *kisaeng*. Ein Teil der alten Traditionen hat sich durchaus erhalten.

―――――― *Das Leben genießen* ――――――

*Unschuldige Lieferanten für koreanischen Wein und Schnaps:
Reis und Ginseng*

Singen

Wenn Koreaner trinken, dann halten sie sich nach des Tages harter Arbeit nicht an einem einzigen Glas Bier fest. Der nächste Tag liegt in weiter Ferne, und oftmals zieht sich das Gelage bis spät in die Nacht hin. Im Verlauf des Abends wird der **Ehrengast** unweigerlich aufgefordert, seine **Sangeskünste** unter Beweis zu stellen.
Als ahnungsloser, mit diesen Sitten nicht vertrauter **Ausländer** mögen Sie dies als peinliche Bloßstellung fürchten und vor dieser Mutprobe zurückschrecken. Zu Ihrer Beruhigung: Es kommt nicht darauf an, ob Sie tremolieren wie Caruso oder heiseres Krächzen hervorstoßen. Was zählt, ist, daß der Interpret zumindest eine Strophe oder ein kurzes Liedchen beherrscht – und, wie unmelodisch auch immer, zum besten gibt. Es geht die Mär von einem Ausländer um, dem es tatsächlich gelungen sein soll, sich aus einer solchen Zwangslage ungeschoren und ohne seine Stimmbänder zu strapazieren zu befreien. Dieses Gerücht verschweigt allerdings nicht, daß er damit zugleich sein **Ansehen** aufs Spiel gesetzt – und verloren hat. **Legen Sie also Ihre Hemmungen ab,** und trällern Sie wenigstens die ersten Zeilen von »Hänschen klein...«. Ihr Publikum wird begeistert sein.
Wenn Sie dann noch bedenken, daß es mitunter weitaus qualvoller ist, anderen lauschen zu müssen als dem eigenen Gesang, so werden Sie auch die letzten Skrupel überwinden. Die Pein besteht weniger in der Qualität der musikalischen Darbietungen, da die meisten Koreaner im Singen begabt

sind und ihr Vortrag durchaus angenehm unterhält. Aber wenn noch 15 Mitspieler auf ihren Auftritt warten, während Sie nach dem langen Abend endlich ins Bett fallen wollen, dann benötigen Sie die Kondition eines Marathonläufers, um die letzten Runden zu ertragen. **Trinken und Singen**, dies ist ein beliebter, **altüberlieferter Brauch**.

Eine **moderne Errungenschaft**, eingeführt aus Japan, im Bereich der geselligen Unterhaltung ist dagegen das *kara-okae*. Die *Kara-okae*-Bars verfügen über eine Bühne und eine breite Auswahl an Playback-Bändern mit gängigen Schlagern und Volksliedern, manchmal sorgt eine Band für Live-Musik. Gegen ein kleines Entgelt dürfen willige Interpreten sich auf die Bühne begeben und die gewünschte Begleitmusik bestellen – und sich endlich einige Minuten wie ein berühmter Star in der Bewunderung des Publikums sonnen. In anderen Lokalen kann man mit Freunden einen separaten Raum mieten (nach Wunsch auch mit weiblicher Gesellschaft), während Musikanten von Zimmer zu Zimmer ziehen, um die Gäste zu unterhalten.

Ein Glas ablehnen

Da bei geselligen Zusammenkünften Alkohol in Strömen fließt, gerät man irgendwann unweigerlich in die Versuchung, **dankend abzulehnen**. Leider gilt dies als **höchst unsoziales Verhalten**. Es ist ein schwacher Trost zu wissen, daß nicht allein Ausländer schwer an diesem Kreuz tragen. Auch Koreaner, die bereits tief ins Glas geschaut haben, stöhnen innerlich auf, wenn einer aus der Runde unbarmherzig zum Weitertrinken auffordert. Doch selbst wenn sie genau wissen, welch ein Kater ihnen tags darauf droht, machen sie notgedrungen **gute Miene zum bösen Spiel** und halten mit.

Immerhin verfügen Sie als **Ausländer** hier über einen unschätzbaren Vorteil: Sie können sich schlicht dumm stellen und so tun, als hätten Sie von diesen Trinksitten noch nie gehört. Mit ein wenig Geschick werden **fremde Sitten** akzeptiert oder zumindest toleriert. So mag es Ihnen gelingen, Ihre koreanischen Zechbrüder davon zu überzeugen, daß Sie unbedingt zu Ihrer (mit dem Nudelholz in der Hand) wartenden Ehefrau heimkehren müssen.

Manchmal helfen **Tricks** weiter: Mit Glück entdecken Sie vielleicht in greifbarer Nähe ein einheimisches Gewächs, das seine Blätter wieder aufrichtet, wenn Sie es mit Alkohol gießen. In weniger feinen Lokalen können Sie sich des Alkohols möglicherweise dadurch entledigen, indem Sie ihn verschütten – rein zufällig natürlich.

Der **sicherste Tip** ist es wohl, sich eisern an seinem Glas festzuhalten und so langsam wie möglich zu trinken. Dies erhöht nach Adam Riese die Wahrscheinlichkeit, daß nicht nachgeschenkt wird. Wenn all diese Bemühungen nicht fruchten, dann bleibt Ihnen immer noch der **Ausweg**, glaubwürdig zu versichern, Sie nähmen **koreanische Medizin** *(hanyak)* ein. Ist man bei einem traditionellen Arzt in Behandlung, dann ist **Alkohol tabu** – und dafür zeigen selbst alkoholbenebelte Koreaner Verständnis.

Das Leben genießen

Haltung bewahren

Auch wenn Sie sternhagelvoll sind, sollten Sie die **Regel** beherzigen: Haltung bewahren! Wie Ihnen dies gelingt, das bleibt Ihnen überlassen. Natürlich finden auch in Korea im Umkreis von Trinklokalen häufig lautstarke Auseinandersetzungen und Schlägereien statt und werden Sie beobachten können, wie schwankende Betrunkene von ihren Saufkumpanen mehr schlecht als recht nach Hause geleitet werden.
In den Hochhäusern und Apartmentblocks wird von den Nachbarn Verständnis erwartet für lautes Gelächter, Gesang und Streitereien. Niemand käme auf den Gedanken, zur Herstellung von Ruhe und Ordnung die Polizei zu rufen. Die meisten Koreaner zeigen **Betrunkenen** gegenüber **nachsichtiges Verständnis**.
Verständnis bedeutet jedoch nicht unbedingt **Achtung** und **Wertschätzung**, und daher sollten Sie beizeiten üben, wie es Ihnen am besten gelingt, aufrecht ein Lokal zu verlassen – selbstverständlich ohne durch dieses Training zum Alkoholiker zu werden.

Lexikon der Trinkfreude

anju	Appetithäppchen, Knabbergebäck, z.B. Nüsse, Purpurtang *(kim),* getrockneter Fisch, Rosinen etc.
kkangju	Schnäpse
maekju	Bier
p'odoju	Wein (aus Trauben)
shaemp'en	Champagner
sul	alle Arten von alkoholischen Getränken
suljip	Kneipe (»Alkoholhaus«)
makkôlli	noch gärender, ungefilterter Reiswein(»Federweißer«, »Rauscher«)
insamju	Ginsengschnaps
chôngjong	Reiswein
yangju	importierte Alkoholika
room salon	entspricht einer westlichen Nachtbar; jedem Gast leistet beim Trinken eine Partnerin Gesellschaft
stand bar	Bar amerikanischen Stils, in der man auch an der Theke steht und trinkt

Konversation

sur-ûl choha hashimnikka?	Möchten Sie (etwas) trinken?
ye, maekju-rûl choha hamnida.	Ja, ich möchte Bier.
sulgapshi ôlma imnikka?	Was kostet eine (alkoholische) Flasche?

———————— *Das Leben genießen* ————————

anju-nûn ôlma imnikka?   Was kostet das Knabberzeug?
ch'ukpae   Prost!

Freundschaft

Das Schließen einer Freundschaft bedeutet Koreanern eine sehr **ernsthafte Angelegenheit**. Wer einen Menschen ins Herz geschlossen und in ihm einen wahrhaften Freund gefunden hat, geht eine Beziehung ein, die alle Widrigkeiten meistert, ein Leben währt und niemals vernachlässigt wird. Ein **wahrer Freund** steht einem Koreaner fast so nahe wie seine engsten Familienangehörigen.

Bei einem solchen Freund läßt es sich entspannen. Ihm gegenüber kann man, was selbst im Familienkreis nicht ohne weiteres möglich ist, endlich die Maske abstreifen, die man der Öffentlichkeit zeigt. Bei ihm findet man Verständnis und ein offenes Ohr für Probleme. Und er wiederum kann sich auf **lebenslange Loyalität** und jederzeitige **großzügige Hilfe** fest verlassen.

Die dauerhaftesten Freundschaften werden meist schon **sehr früh geschlossen**, so etwa während der Zeit in der Haupt- oder Mittelschule und dem Gymnasium. Viele Koreaner sind der Überzeugung, daß in späteren Jahren das Herz nicht mehr in der Lage ist, sich weit für einen anderen Menschen zu öffnen. Zwar werden manche enge Freundschaften noch während des Universitätsstudiums geknüpft, doch danach finden wahre Freunde sich nur äußerst selten.

Selbst **jahrelange Trennungen** reißen solche Freunde nicht auseinander. Die **wechselseitigen Verpflichtungen** wiegen beinahe ebenso schwer wie jene gegenüber der Familie. Es ist selbstverständlich, mittellose Freunde mit hohen Summen zu unterstützen. Wer Freundespflichten vernachlässigt, der verliert Gesicht in den Augen seiner anderen Freunde.

Derart tiefe und innige Freundschaften werden bei Männern wie Frauen meist **zwischen Menschen gleicher Altersgruppe und gleichen Geschlechts** geschlossen. Und es wundert nicht, daß man in seinem ganzen Leben höchstens zehn solcher Freunde findet. Im Gegenteil, die meisten von uns wären mit weniger zufrieden.

Auch das Studium verbindet

Wenngleich anderer Art, so bilden sich doch **besondere Beziehungen zwischen Absolventen derselben Schule oder Universität** heraus. Selbst wenn sie sich als Schüler oder Studenten persönlich nicht kannten, verkehren sie später in der **unter alten Freunden üblichen vertraulichen Sprachform**. Und die Angehörigen eines älteren Prüfungsjahrganges *(sonbae)* greifen einem jüngeren Semester unter die Arme, etwa bei der Arbeitssuche, und arbeiten gern mit ihm zusammen. Die jüngere Person fühlt sich im Gegen-

―――――― *Das Leben genießen* ――――――

Tiefe und innige Freundschaften werden bei Männern wie Frauen meist zwischen Menschen gleicher Altersgruppe und gleichen Geschlechts geschlossen.

zug verpflichtet, ihnen Respekt und nach Kräften Unterstützung zukommen zu lassen.

Diese **Verhaltensstrukturen** werden bereits **während des Studiums geübt** und eingehalten. So kann ein älterer Student ein Erstsemester mit dessen Namen ansprechen, während der Jüngere die respektvolle **Anrede** *hyông* oder *nuna* (»älterer Bruder« bzw. »ältere Schwester«) zu verwenden hat. Ein jüngerer Absolvent der gleichen Bildungseinrichtung heißt *hubae*.

Steht ein Koreaner vor der Wahl, einen Absolventen seiner Universität einzustellen oder einen anderen, weitaus qualifizierteren Bewerber, wird er sich fraglos für den *hubae* entscheiden. Demzufolge **stellen viele Firmen vorzugsweise Leute ein, die ein und dieselbe Universität besucht haben** und an der möglicherweise auch der Chef studiert hat. Dies stört nicht das Betriebsklima, sondern erleichtert im Gegenteil den Umgang mit Kollegen. Manchen mag dies an den Zusammenhalt von Mitgliedern studentischer Verbindungen in Europa erinnern. Selbstverständlich weist dieses System auch **Nachteile** auf. Es fördert ein Denken, das sich stets aufs neue in alten, ausgefahrenen Gleisen bewegt, und hemmt Innovationen, da die neuen Angestellten Fehler ihrer Vorgesetzten kaum je zu korrigieren wagen.

Regelmäßige Treffen stärken die Verbindungen zwischen Ex-Kommilitonen. Manche Absolventen eines Jahrgangs derselben Fakultät treffen sich monatlich. Am Jahresende finden oft Veranstaltungen für alle ehemaligen Studenten einer Universität statt. Inzwischen haben sich auch Koreaner, die Auslandsuniversitäten besucht haben, in Vereinen zusammengeschlossen.

Daneben bemühen sich insbesondere die zahlreichen **Privatuniversitäten** um steten Kontakt zu ihren Absolventen. Da das koreanische Schulsystem dem amerikanischen ähnelt, sind private Bildungseinrichtungen auf Spenden und politische Unterstützung derjenigen angewiesen, die mittlerweile gutbezahlte und einflußreiche Posten bekleiden.

Kontakte unter Erwachsenen

Zwar werden die engen Freundschaften in frühen Jahren geknüpft, doch sind die Koreaner auch danach stets **offen für soziale Kontakte** und pflegen Beziehungen nicht allein zu den nahen Freunden.
Allerdings sind diese Beziehungen weit **lockerer** Natur und manchmal von **Nützlichkeitserwägungen** bestimmt. Man verbringt einen geselligen Abend bei Alkohol mit einem Bekannten, der dem eigenen Sohn vielleicht einen Posten verschaffen kann. Man bemüht sich um gute Kontakte zu den Nachbarn, weil man gegenseitig auf Hilfe, etwa bei der Überwachung von Häusern oder Wohnungen, angewiesen ist.
Es fördert das **Betriebsklima**, wenn man sich mit seinen Arbeitskollegen in der Freizeit trifft. Und **Geschäftsleute** »arbeiten« bis tief in die Nacht hinein, wenn sie mit Kunden und Geschäftspartnern ausgehen.
Derlei Kontakte pflegt man mit Blick auf ein bestimmtes Ziel; dies schließt keineswegs aus, daß man es gern und mit Freude tut. Auch aus diesen Bekanntschaften entstehen **wechselseitige Verpflichtungen**, mit dem Unterschied, daß sich diese Beziehungen leichter beenden lassen als die engen Freundschaften aus Kindheit und Jugend. Dies mag dann der Fall sein, wenn man sich vom anderen gekränkt fühlt oder die Beteiligten in ihrer Bekanntschaft keinen Sinn und Nutzen mehr erkennen.

Tips: Freundschaft

- **Beziehungen zwischen Koreanern und Ausländern** können sich zu einer eher »**westlichen**« oder »**koreanischen**« Freundschaft entwickeln, meist geraten sie zu einem Zwitter.
- Viele Koreaner werden mit Ihnen Kontakt aufnehmen wollen, weil **die Bekanntschaft mit Ausländern Vorteile verspricht**. An Ihnen lassen sich ihre Sprachkenntnisse erproben; bei Ihnen finden sie auf einer Auslandsreise vielleicht kostenlos Unterkunft; Sie könnten bei der Beschaffung eines Reisevisums behilflich sein. Durch diese Einstellung fühlen manche Ausländer sich ausgenutzt. Dabei vergessen sie, daß auch unter Koreanern viele Beziehungen vornehmlich aufgrund von Nützlichkeitserwägungen aufrechterhalten werden.
- Aber Sie werden auch Koreaner finden, die gerade die Offenheit westlicher Ausländer zu schätzen wissen und sich Ihnen gegenüber viel freier zeigen,

Das Leben genießen

Reisfelder: Dem Reis kommt in Korea die gleiche Bedeutung zu, die bei uns Brot und Kartoffeln (mit Verarbeitungsformen) zusammen genießen.

als sie es bei ihren Landsleuten wagen würden. In einer solchen Beziehung werden Sie sich glücklich fühlen, denn einer derart **tief empfundenen Freundschaft und Herzlichkeit** werden Sie in Ihrer Heimat kaum jemals begegnen.
• Solche Freundschaften bereichern einen Korea-Aufenthalt unschätzbar. Bleiben Ausländer unter sich, dann verweigern sie sich den Einblick in das koreanische Denken. Die zwanglosesten und entspanntesten Freundschaften ergeben sich oft zwischen Ausländern und Koreanern, die die Heimat ihres Partners aus eigener Anschauung und die Schwierigkeiten des Lebens in einer fremden Kultur kennen. **Koreaner mit Auslandserfahrung** können auch die Enttäuschung und Frustration besser verstehen, die unweigerlich irgendwann einmal jeden überfallen, der sich längere Zeit in einem anderen Land aufhält.

Gaumenfreuden

Reis ist das Grundnahrungsmittel der koreanischen Küche. Daneben bietet sie eine unerschöpfliche Vielzahl herzhaft gewürzter, schmackhafter Speisen. Wer meint, die koreanische Küche ähnele der chinesischen oder japanischen Eßkultur, der unterliegt einem Irrtum. Koreanische Gerichte erhalten ihren typischen Geschmack durch verschiedene **Gewürze**, die sehr breit eingesetzt und an nahezu alle Speisen, ob Gurke, Fisch oder Rindfleisch, gegeben werden. Zu diesen Würzen zählen rote Pepperoni (als Flocken, Pulver und als Paste), Knoblauch, Schalotten, Sojasoße und Sesamöl.

Die meisten Ausländer stehen koreanischem Essen zunächst ein wenig mißtrauisch gegenüber. Doch es findet sich kaum einer, der nach den ersten Kostproben nicht begeistert wäre. So wundert es wenig, daß koreanische Restaurants sich in Europa zunehmender Beliebtheit erfreuen. Die **Vielfalt von Farbe, Form, Aroma und Duft** bietet den unterschiedlichsten Geschmäckern köstliche Augen- und Gaumenfreuden.

Von der Bedeutung des Essens

Ältere Koreaner haben harte Zeiten der Entbehrung und des Mangels erlebt. Während des Koreakrieges mußten sie sich häufig genug mit einem kärglichen Mahl aus Gerste und *kimchi* bescheiden, jenem scharfen eingelegten Chinakohl, der in der koreanischen Küche unersetzlich ist. Dies hilft verstehen, weshalb Essen – gute, reichliche Kost – in Korea einen **hohen Stellenwert** einnimmt.

Die besondere Einstellung der Koreaner zum Essen geht über das reine Vergnügen an einer reichhaltigen Mahlzeit hinaus. Ebenso wichtig ist der Wert einer ausgewogenen Ernährung für die **Gesundheit**. Mütter und Großmütter achten darauf, ihre Familien gesund zu ernähren. Bei besonders nahrhaften Speisen, Rindfleisch etwa, verzichten sie oft genug zugunsten der Ehemänner und Söhne auf ihren Anteil. Und es kann große Mühe und die Aufwendung sämtlicher Überredungskünste kosten, die Großmama zu bewegen, sich beim Essen nach Herzenslust zu bedienen. Für sie bedeutet dies Verschwendung, haben doch die kleinen Kinder gutes Essen nötiger als sie selbst.

Ein stets gern gesehenes **Geschenk** sind besonders **nahrhafte Lebensmittel** wie etwa Honig oder Ginseng, die beide in Korea sehr teuer gehandelt werden. Oft, vor allem bei der **traditionellen Kräutermedizin** *hanyak,* fällt es schwer, eine Grenzlinie zu ziehen zwischen Nahrungsmittel und Medizin. So empfiehlt man bei manchen Krankheiten den Patienten bestimmte Gerichte als Arznei.

Im Gegensatz zu wohlhabenden westlichen Ländern, in denen an kaum einem Lebensmittel Mangel herrscht und alle Ansprüche befriedigt werden können, bringt man in Korea **jedem Bestandteil des täglichen Essens** eine **Wertschätzung** entgegen, als sei er rationiert und seltener Luxus. Selbst im Restaurant legt der Einladende seinem Gast Teile der eigenen Fleischportion auf den Teller und drückt damit aus, daß er sich um die Gesundheit des anderen sorgt. Vom Tag seiner Geburt an vernimmt ein Kind ständig die Aufforderung: *Môkô, môkô!,* »Iß, iß!« Ein 40jähriger Nicht-Koreaner würde wohl eher ungehalten reagieren, wenn seine 65jährige Mutter ihn bei jeder Mahlzeit beharrlich zum Essen ermahnte. Anders die Koreaner, wissen sie doch, daß dieses Drängen als Ausdruck von Liebe zu verstehen ist.

Das Leben genießen

Die Märkte bieten reichhaltiges Frischwarenangebot.

Selbst wenn Sie nur als **Gast in Korea** weilen, wird man Sie nicht verschonen und allzeit **zum Zugreifen nötigen**, so daß Sie womöglich mehr verspeisen, als Ihnen lieb und Ihrer schlanken Linie bekömmlich ist. Dabei wollen die Koreaner ihre Gäste nicht gegen deren Willen mästen (obgleich es bei der Fülle leckerer und verlockender Gerichte selbst einem Suppenkasper mühelos gelingt, einige Pfunde mehr auf die Waage zu bringen). Vielmehr wollen sie damit zeigen, daß ihnen Gesundheit und Wohlergehen der anderen am Herzen liegen. Zum Glück gilt es zugleich als Ausdruck von **Höflichkeit** und gutem Benehmen, wenn man nicht alles restlos verschlingt, was einem angeboten wird.

Typische koreanische Gerichte

Koreaner ziehen **keinen Unterschied zwischen Frühstück, Mittag- oder Abendessen.** Hauptbestandteil einer Mahlzeit ist immer **Reis**, zubereitet aus einer Sorte, deren Körner, anders als wir es kennen, nach dem Kochen leicht aneinanderkleben und sich deshalb gut mit Stäbchen verzehren lassen. Zusammen mit verschiedenen Beilagen entsteht daraus ein vollständiges Mahl.
Ein jedes koreanische Essen wird begleitet von *kimchi* – kein Wunder, daß viele Koreaner über Entzugserscheinungen klagen, wenn sie auch nur einen Tag darauf verzichten müssen. Wenn Sie hier bei uns in einem Studentenwohnheim einen Koreaner aufspüren wollen, so wird der Duft von *kimchi* Sie sicher zu seinem Zimmer geleiten.

Kimchi läßt sich aus fast jedem Gemüse zubereiten, meistens aber besteht es aus **Chinakohl**. Der Kohl wird gewaschen, gesalzen, mit Wasser besprengt und muß über Nacht ziehen. Anschließend fügt man Gewürze und Kräuter hinzu, darunter Knoblauch, Chilipulver, Schalotten und Ingwer. Danach muß das Gericht noch einige Tage gären. *Kimchi* zeichnet sich durch einen intensiven, wenngleich schwer zu beschreibenden Geschmack aus (und einen ebensolchen, durchdringenden Geruch). Die Sucht nach *kimchi* entwickelt sich schleichend. Die ersten Kostproben reißen selten zu enthusiastischer Begeisterung hin, doch nahezu jeder gewöhnt sich an den Genuß und bemerkt zu spät, daß er ihm verfallen ist.

So geht denn auch das Gerücht um von jenem amerikanischen Kriegsgefangenen, der fünf Jahre lang in einem nordkoreanischen Gefängnis saß. Er hatte seine Frau nach seiner Entlassung kaum in die Arme geschlossen, als er sagte: »Du mußt unbedingt lernen, wie man *kimchi* zubereitet!«

Neben Reis und *kimchi* wird jedes Mahl von einer **Suppe** ergänzt, und dies ist übrigens die einzige Flüssigkeit, die zum Essen serviert wird. Die zumeist heiße Suppe mag aus den verschiedensten Zutaten bestehen, Fisch, Sojabohnenmus, Rindfleisch, Sojabohnensprossen, Seetang und vielem mehr.

Alle anderen zu Tisch gereichten Speisen werden unter der Bezeichnung *panch'an,* »**Beilagen**«, zusammengefaßt. Moderne Hausfrauen bemühen sich, mindestens fünf dieser Beilagen zu servieren. Üblicherweise schließen die *panch'an* verschiedene gutgewürzte und bißfeste Gemüse ein sowie Fisch oder Rind- und Schweinefleisch. Da aber **Fleisch** selbst für Ausländer in Korea teuer ist, gilt es in vielen koreanischen Familien als Festtagsessen.

Auch mit **Nudelgerichten** wartet die koreanische Küche auf. Mitunter ersetzen die Nudeln den Reis. Sie finden ein reichhaltiges Angebot an Nudeln aus Reis, Weizen und Buchweizen. Im Supermarkt können Sie überdies zahlreiche Fertiggerichte aus Nudeln erstehen. Dennoch lassen es sich viele koreanische Hausfrauen nicht nehmen, die Teigwaren selbst herzustellen.

Tischsitten

Früher wurden zuerst die Männer bedient. Man speiste an **niedrigen Lacktischen**, die als Tisch und Serviertablett zugleich dienten. In der Küche richteten die Frauen die Speisen auf solchen Tischchen an und trugen sie dann in den Hauptraum des Hauses, der je nach Bedarf als Wohnraum, Empfangszimmer, Eßzimmer und Schlafraum diente. Während des Essens saßen die Frauen neben den Männern und sorgten dafür, daß es ihnen an nichts mangelte. **Erst wenn die Männer gesättigt waren, aßen die Frauen und Kinder** (häufig in der Küche).

Heute sitzt die Familie bei den Mahlzeiten meist zusammen. Gegessen wird – je nachdem, ob die Wohnung traditionell oder modern eingerichtet ist – an westlichen Eßtischen auf Stühlen oder nach alter Sitte auf dem Fußboden sitzend an niedrigen Lacktischen.

Das Leben genießen

Zutaten der koreanischen Küche:
1 = Ingwer, 2 = grüne Zwiebeln, 3 = Knoblauch, 4 = schwarzer Pfeffer,
5 = Chilipulver, 6 = Sesamöl, 7 = Zucker, 8 = Reiswein, 9 = Sojabohnenpaste,
11 = Salatöl, 12 = Sojasoße, 13 = Senfpulver, 14 = Essig, 15 = Sesamsamen

Der Reis wird in individuellen Schälchen **serviert** und steht vor dem Gast, rechts davon eine Schale mit Suppe. Die Beilagen sind auf kleinen Platten und Tellern arrangiert, von denen sich jeder bedienen kann. Handelt es sich um eine **große Tafel mit vielen Gästen**, dann werden die *panch'an* oft auf mehrere Teller verteilt, damit jeder alles in Reichweite findet.

Man speist mit Stäbchen aus Silber oder Edelstahl. Jedes **Besteck** wird von einem Löffel ergänzt. Die **Respektsperson** – normalerweise der älteste Anwesende – sollte den ersten Bissen nehmen.

Es gilt als **unhöflich**, während des Essens **Konversation** zu betreiben; man soll sich schließlich ganz und gar dem Essen zuwenden können, ohne vom Genuß abgelenkt zu werden. Diese **Stille** mag Ausländern zunächst Unbehagen verursachen. Dabei herrscht bei Tisch keinesfalls beklemmende Totenstille. Um zu zeigen, wie gut die Speisen munden, darf man getrost

schlürfen und **schmatzen**, vor allem bei der Suppe und den Nudeln. Insbesondere ältere Koreaner drücken nach dem Essen mit einem kleinen Rülpser ihre Zufriedenheit aus.

Als **Nachtisch** wird meist in kleine Stücke geschnittenes Obst gereicht, das man mit Zahnstochern oder Dessertgabeln zum Munde führt. (Es gilt als unhöflich, Essen mit den Fingern zu berühren.)

Süßigkeiten, etwa Reiskuchen oder Gebäck, werden üblicherweise als Snack, selten zum Abschluß eines Essens, serviert.

Einige klassische koreanische Gerichte

• *Bibimbap:* Eine große Schüssel, gefüllt mit Reis und verschiedenen (traditionell fünf) Gemüsen, in feine Streifen geschnittenem Braten und einem Spiegelei. Man reicht dazu ein Schälchen Chilipaste und als Nachtisch ein wenig Obst, z.B. einen Schnitz Melone. Die Koreaner vermengen sämtliche Zutaten mit der (sehr scharfen) Pepperonipaste.

• *Pulgogi:* Das Gericht ist unter dem Namen »**Koreanischer Feuertopf**« bekannt. Dünne Streifen Rind-, seltener Schweinefleisch, werden in Sojasauce, Knoblauch, Sesamöl, Schalotten und Zucker eingelegt und am Tisch gegrillt. Dieses Festessen bereitete man traditionell in einem Holzkohlegrill zu; in darauf spezialisierten Restaurants sind die Tische mit gasbetriebenen oder elektrischen Grillplatten versehen. *Pulgogi* zählt zu den Lieblingsspeisen vieler Ausländer, und kein koreanischer Gastgeber wird es sich nehmen lassen, seinen westlichen Gast wenigstens einmal damit zu verwöhnen.

• *Chabch'ae:* Ein Gericht aus Glasnudeln, Fleisch, verschiedenen Gemüsen (auch Pilzen), das heiß oder kalt zu Tisch gebracht wird. Ebenfalls Lieblingsspeise vieler Ausländer.

• *Kalbi, pulkalbi:* Kurze Rippen vom Rind, seltener vom Schwein, ähnlich wie *pulgogi* mariniert und gegrillt. Großer Beliebtheit erfreut sich auch *kalbi-t'ang,* koreanischer Eintopf mit Schälrippchen. *Kalbi-chim ist* gleichfalls ein Eintopfgericht, das neben *kalbi* z.B. Karotten, Pilze, Kastanien und Kartoffeln enthält.

• *Kim:* Purpurtang, meist geröstet und gesalzen als Beilage gereicht. Bei Tisch wickelt man einen Bissen Reis in das Blatt, im *suljip* zählt *kim* zu den Appetithäppchen. Eine koreanische Spezialität ist *kimbap,* in Seetang gewickelter Reis mit verschiedenen Sorten Fleisch, Gemüsen und Streifen von Rührei. Dieser Leckerbissen eignet sich vorzüglich als Proviant für Reisen oder Picknicks, und bei besonderen Gelegenheiten gibt man ihn den Kindern als »Pausenbrot« auf den Weg.

• *Mandu:* Teigtaschen mit Fleisch- oder Gemüsefüllung, die an große Ravioli oder kleine Maultaschen erinnern. Man kennt sie als Suppeneinlagen (*mandu-guk,* vergleichbar der chinesischen *Wantan*-Suppe), gebraten oder fritiert *(gun-mandu)* oder gedämpft *(chin-mandu).* Manche Restaurants haben sich ausschließlich auf *mandu* und *kimchi* spezialisiert.

Das Leben genießen

Typische und traditionelle Zutaten und Gerichte

• *Naengmyôn:* Wie der koreanische Name verrät, sind bei diesem Gericht »kalte Nudeln« im Spiel bzw. in der Suppe. Es besteht aus einer kalten Fleischbrühe mit einer kräftigen Einlage aus Reis- oder Buchweizennudeln, Streifen kalten Bratens, (rohen) Gemüses wie Gurke und einem halben gekochten Ei. Vorsicht: Möglichst nicht bei einem Straßenhändler essen! Im Sommer – und *naengmyôn* gilt als klassisches Sommergericht – sollte man bei allen kalten Gerichten äußerst behutsam vorgehen.
• *Yakkwa:* Ein beliebter Nachtisch: in heißem Fett ausgebackener Teig, geformt wie eine Blüte, aus u.a. Honig, Ingwer, Sesamöl und Piniennüssen. Dies ist nur ein winziger Ausschnitt aus der abwechslungsreichen koreanischen Küche. Verarbeitet werden – neben Fisch und anderen Meeresprodukten – *tuhu* (Sojabohnenquark), *k'ongnamul* (Sojabohnensprossen), die verschiedensten Nudelsorten und die Früchte oder Gemüse, die das Land in unerschöpflicher Fülle anbietet. Abgerundet wird jedes Essen von mehreren Sorten *kimchi*, ohne das eine koreanische Mahlzeit unvollständig wäre.

Ausländisches Essen

Vor allem in den Großstädten finden Sie eine breite Auswahl an **ausländischen Restaurants**. Den regesten Zulauf verzeichnen die **Chinarestaurants**. Ihre Küche unterscheidet sich grundlegend von jenen westlicher Länder. Viele Chinarestaurants bringen vollständige Menus ins Haus. Ihre Beliebtheit geht gewiß auch darauf zurück, daß sie, selbst für koreanische Verhältnisse, ausgesprochen preiswert sind. Um anspruchsvolle Fein-

Das Leben genießen

schmecker und gut gepolsterte Geldbeutel kümmern sich elegante und recht kostspielige chinesische Restaurants, in denen Speisen höchster Qualität stilvoll serviert werden. Die lange japanische Besatzung hat auch im Bereich der Eßkultur ihre Spuren hinterlassen. Die meisten Koreaner wissen **japanische Speisen** zu schätzen, und zahlreiche, allerdings recht teure Gaststätten bieten *hwashikyori* (japanische Küche) an.

Die **westliche Küche** verschiedener Traditionen pflegen vornehmlich große Hotels – jedoch: Qualität verlangt ihren Preis. Eine verhältnismäßig neue und nicht preiswerte Einrichtung sind **Buffets**, bei denen man für einen Einheitspreis aus einer überbordenden Tafel westlicher, koreanischer und chinesischer Gerichte nach Herzens- und Gaumenlust wählen kann.

Tips: Speisen in Korea

• Die scharfen roten **Chili** und vielen **fremdartigen Gemüse** verlocken nicht jeden Besucher unwiderstehlich. Viele schrecken vor der abenteuerlichen Expedition in das Reich der exotischen Genüsse zunächst zurück. Lassen Sie sich daher für diesen anregenden Streifzug ruhig Zeit, und **kosten Sie zum Einstieg von jenen Speisen, die Ihren Appetit anregen und Sie weniger ausgefallen anmuten**. Nicht wenige, die sich an die fremde Küche gewöhnt haben, stellen sich zu guter Letzt selbst an den Herd und versuchen sich an unbekannten Rezepten. Schließlich ist es gerade die koreanische Küche, die den Aufenthalt in Korea zu einer rundum angenehmen Sinnesfreude gestaltet.

• Eine **Einladung nach Hause oder in ein Restaurant** sollten Sie als **Ehre** begreifen. Die meisten Koreaner kennen die Vorbehalte der »Langnasen« gegenüber der einheimischen Kost und bemühen sich, dies bei der Wahl der Speisen zu beherzigen. Die koreanische Sitte des gemeinschaftlichen Essens kommt dem zurückhaltenden Esser entgegen, denn jede Person nimmt so viel oder so wenig, wie sie mag. Dem Gastgeber liegt allein daran, daß sein Gast sich wohlfühlt. Deshalb sollte man **essen, was einem schmeckt**, und sich nicht verpflichtet fühlen, auch die (delikaten) kleinen Fische mitsamt Augen verspeisen zu müssen.

• Stilecht speist man an einem **niedrigen Tisch** auf einem *Ondol*-Fußboden. In Privatwohnungen wird das Essen meist im Hauptraum serviert, der tagsüber als Wohn- und Eßzimmer dient. Männer **sitzen** im Schneidersitz, Frauen mit neben dem Körper angewinkelten Beinen. Wem dies auf Dauer zu unbequem wird, der kann die Beine unter dem Tisch ausstrecken oder die Gastgeber um ein Sitzkissen bitten.

Lexikon

shikdang	Restaurant
hanshik	koreanische Küche

―――――――――― *Das Leben genießen* ――――――――――

yangshik	westliche Küche
chunggukyori	chinesische Küche
hwashikyori	japanische Küche
sujô	Besteck
chôtgarak	Stäbchen
sudgarak	Löffel
kal	Messer
pok'û (fork)	Gabel

Konversation

mash-i ôttôhsûmnikka?	Schmeckt es Ihnen?
ye, mash-issûmnida.	Ja, es schmeckt mir.
pok'u-wa kar-ûl chushipshio.	Bitte westliches Besteck (Messer und Gabel).

Erholung und Freizeit

So hart die Koreaner arbeiten, so **intensiv vergnügen** sie sich. Während wir ihre Ferien als nicht gerade erholsam bezeichnen würden, bedeuten sie ihnen eine willkommene Unterbrechung der Alltagsroutine. Weil die meisten Koreaner kein Auto besitzen, fahren sie mit dem Expreßbus oder der Bahn in Urlaub. Ihr Optimismus, ihre fröhliche Lebenseinstellung läßt sie die Unbequemlichkeiten gelassen ertragen, die Verkehrsmittel, Gepäck und Kinder mit sich bringen.
Viele berufstätige Koreaner nehmen ihren **Jahresurlaub zwischen dem 15. Juli und dem 15. August**, wenn die Kinder Ferien haben und in den Städten die Hitze und Schwüle kaum zu ertragen sind. Zu dieser Zeit findet eine wahre Völkerwanderung in die völlig überfüllten Ferienorte statt. **Wollen Sie diesem Gedränge entgehen**, wird man Sie mit wohlmeinenden Ratschlägen bedenken und warnen, daß das Wasser später viel zu kalt zum Baden sei. Und tatsächlich halten sich zumindest die Koreaner an ihre Empfehlungen. Noch am 15. August sind die Strände übervölkert, aber bereits wenige Tage später erblicken Sie kaum einen Menschen im Wasser. (Dabei ist das Wasser auch für empfindliche Europäer frühestens Mitte bis Ende September allmählich zu kalt zum Schwimmen.)
Wenn Sie sich gern in der Masse tummeln und Menschen beobachten, dann fahren Sie getrost während der Sommerferien in Urlaub. Auf Ruhe und erholsame Atmosphäre müssen Sie dabei natürlich verzichten.

Senioren unterwegs

Meist sind sie mit **öffentlichen Verkehrsmitteln** und immer in **großen Gruppen** unterwegs. Vielleicht meint man deshalb, in Korea würden vor allem die Senioren Urlaub machen. Überall trifft man auf die rüstigen alten Reisenden, die leicht an ihrer hellen traditionellen Kleidung zu erkennen sind. Voller Energie, ausschließlich in **nach Geschlechtern getrennten Gruppen** reisend, besichtigen sie die Sehenswürdigkeiten ihrer Heimat. Nachdem sie ein Leben lang den strikten Regeln der koreanischen Gesellschaft unterworfen waren, können sie im Alter endlich tun und lassen, was **sie** wollen. Und so nehmen sie sich auch die Freiheit heraus, ihren Weg querende merkwürdige »Langnasen« unverhohlen ins Auge zu fassen und sich angeregt über diese Wesen zu unterhalten.

Getrennt reisen

Früher waren Männer nur in männlicher Gesellschaft unterwegs, Frauen waren bei den Reisen nicht zugelassen. Noch heute bevorzugen viele Koreaner diese Art von Urlaub, doch wächst inzwischen der gesellschaftliche Druck, die Ferien gemeinsam mit der Familie zu verbringen.
Ein traditioneller »**Männerurlaub**« besteht im wesentlichen aus Besichtigungstouren, Trinken und (Glücks-) Spiel. Schlaf ist nicht vorgesehen. Ab und an wird vielleicht eine Männerreisegruppe Ihren Weg kreuzen. Sie werden Ihrer Aufmerksamkeit kaum entgehen, denn sie sind nicht zu überhören.
Abgesehen von den älteren Damen, die auf ein langes, abgeschlossenes Arbeitsleben zurückblicken können, sind nur wohlhabende Koreanerinnen in der Lage, die Verantwortung für die Familie einer anderen Person zu übertragen und sich einige Tage Erholung zu gönnen. Wer eine Gruppe **reisender Frauen** beobachtet, dem wird auffallen, daß sie sich viel freier und lockerer verhalten, als es der Alltag von einer koreanischen Hausfrau verlangt.

Studenten

Universitätsstudenten haben jährlich zweimal für zwei Monate **Ferien**. Davon kosten sie jede Minute aus, mit Bergtouren im Sôrak-und Chiri-Gebiet, mit Badeurlaub an den Küsten im Osten und Süden oder Fahrten zu den Tempeln, die an den landschaftlich schönsten Plätzen Koreas gelegen sind.
Mitglieder derselben Universitätsklubs machen **gemeinsam Urlaub**, was mit dem Kürzel *MT* (*membership training*, Einübung in die Mitgliedschaft) umschrieben wird. Und wenn Klassenkameraden der *High School* gemeinsam ihre Ferien verbringen, dann sind sie nicht zu bändigen. Die Diskos in den bevorzugten Urlaubsorten sind überfüllt von vergnügungssüchtigen jungen Leuten. Ihr Enthusiasmus hält sie wach, auch wenn sie nächtelang keinen Schlaf finden und selten länger als fünf Stunden schlafen. Derartige Ausflüge werden als gute Gelegenheit betrachtet, **Freundschaften zu knüpfen und zu vertiefen**.

— *Das Leben genießen* —

Steigende Einkommen und Vergnügungslust der Koreaner haben zum Entstehen einer touristischen Infrastruktur geführt (hier: Haeundae-Strand, Pusan).

Familienferien

In einem Land, in dem früher die Geschlechter im Alter von fünf Jahren getrennt wurden, sind Familienferien eine recht **neue Erscheinung**. Die Frauen begrüßen sie meist, da endlich auch sie einmal von ihren häuslichen Verpflichtungen ausspannen können. Und den Kindern ist jede Abwechslung willkommen. Die **Reiseziele** sind oft mit Rücksicht auf die Bedürfnisse der Kinder ausgewählt und führen häufig in die Nähe der zahlreichen Ferienparks.

Sie werden erstaunt feststellen, daß die **Ehepartner wenig miteinander sprechen** und der Vater häufig am Rande der Gruppe zu stehen scheint. Dies erklärt vielleicht, weshalb viele, vor allem die über 40jährigen Männer, lieber mit ihren Freunden in Urlaub fahren.

Tips: Urlaub

- **Akzeptieren Koreaner einen Ausländer als Teil ihrer Gruppe**, dann werden sie ihn gewiß einmal einladen, mit ihnen Urlaub zu machen, ob mit oder ohne Familie. Diese Einladung läßt auf eine enge Bindung schließen und entspringt dem Bedürfnis, den anderen besser kennenzulernen. Vermutlich werden Sie sich gut amüsieren, auch wenn sich der Urlaub **eher anstrengend als erholsam** erweist.

Das Leben genießen

- Das kleine (Süd-) Korea bietet überraschend viele landschaftlich schöne, historisch und kunstgeschichtlich interessante oder schlicht und einfach erholsame Orte. Allein bei einer Fahrt über Land läßt es sich herrlich entspannen. Beliebte **Ferienorte** sind die Insel Cheju, das Sôrak-Massiv oder die Küsten im Osten und Süden.

Spaß und Spiel

Kaufhäuser und *munbanggu* (koreanische Papierwarenhandlungen) verkaufen unter anderem **moderne Unterhaltungsspiele** und anderes Spielzeug. Die meisten der heute über 40jährigen besaßen in ihrer Kindheit und Jugend keine oder nur wenige Spielsachen. Dennoch führten sie kein trauriges Leben, sondern sie hatten damals wie heute viel Spaß mit den **traditionellen koreanischen Spielen** wie *yut*, *paduk* oder *nôlddwigi*.

Yut

Yut wird vor allem an **Neujahr** gespielt. Es besteht aus vier runden, an einer Seite abgeflachten Stöcken. Zwei Teams spielen gegeneinander und werfen abwechselnd die Stöcke in die Luft. Diese besitzen die Funktion von Würfeln: Liegt die flache Seite oben, gibt es Punkte von eins bis vier, und tritt der seltene Fall ein, daß alle vier runden Seiten nach oben zeigen, dann gewinnt man sogar fünf Punkte.
Je nach der Punktzahl werden Spielsteine über ein Spielbrett bewegt (es handelt sich hierbei um **eine Art Pferderennen**), und wessen Stein zuerst das Ziel erreicht, der gewinnt.
Neben der Freude am Sieg zählt ebensosehr der **Spaß** am Spiel. Wenn die Stöcke geworfen werden, regnet es ermutigende und anfeuernde Zurufe, und das »Buh« fehlt natürlich auch nicht. Häppchen und Getränke, die die Gastgeberin fürsorglich in Reichweite der Spieler gestellt hat, tragen zu Spaß und **Lautstärke** bei. Von diesem Spiel haben in jedem Fall auch die Nachbarn etwas ...
Koreanern fällt es meist nicht leicht, einem **Ausländer** die Spielregeln zu erklären, aber sie ermutigen ihn in jedem Fall zum Mitspielen. Gleichgültig, welches Ergebnis er erzielt, er wird für seine Geschicklichkeit gelobt – und er muß ihnen glauben, denn er hat schließlich keine Ahnung, worauf es ankommt. In jedem Fall bereitet dieses Spiel Menschen aller Altersgruppen einen Riesenspaß.

Paduk

Besonders **Männer** lieben dieses Spiel, das in Japan den Namen *go* trägt. Man benötigt ein Spielbrett, das dünne Linien in Rechtecke unterteilen.

Das Leben genießen

*Die koreanische Spielleidenschaft reicht weit zurück.
Hier spielen junge konfuzianische Gelehrte* **paduk.**

Spielsteine werden auf die Kreuzungspunkte der Linien gesetzt. Ein Spieler erhält schwarze Steine, der andere weiße. Ziel ist es, die Steine des Gegners einzukreisen, bis er sie nicht mehr bewegen kann. Dahin führen überaus **komplizierte und komplexe Strategien**, und viele Gebildete verbringen lange Stunden am Spielbrett.
Sitzen sich zwei bekannte *Paduk*-Spieler gegenüber, werden ihre Kämpfe sogar im Fernsehen übertragen. *Paduk* erfordert Konzentration und Zeit. Aus unerfindlichen Gründen wird es besonders gerne von Immobilienmaklern gespielt.

Changgi

Bei diesem **mit dem Schach verwandten Spiel** verfügt jeder Spieler über 16 Figuren; insgesamt gibt es sieben verschiedene Arten von Spielfiguren. Sie werden auf einem Spielbrett mit zehn waagerechten und neun senkrechten Linien bewegt.
Der Spieler, der die Figuren seines Gegners einkreist und ihnen keine Bewegungsmöglichkeit mehr läßt, hat das Spiel gewonnen.
Changgi erfreut sich unter der **arbeitenden Bevölkerung** besonderer Popularität. Es gibt Spielbretter und Figuren in den verschiedensten Größen; Spiele im Taschenformat werden häufig zu Ausflügen und Picknicks mitgenommen.

Das Leben genießen

Nôlddwigi

Diese koreanische Version einer **Wippe** unterscheidet sich von ihren westlichen Gegenstücken. Die Spielerinnen – *nôlddwigi* ist besonders bei **Frauen** beliebt – stellen sich auf die Enden eines langen Brettes, das über einem mit Reisstroh gefüllten Sack liegt. Dann springt eine der beiden auf und ab und schleudert durch ihr Gewicht die andere in die Luft. Dies setzt sich fort, wobei die Geschicklichkeit darin besteht, die Bewegungen zu koordinieren. Das Spiel war besonders während der Yi-Dynastie beliebt, als die Frauen hinter den hohen Mauern der Grundstücke geradezu eingekerkert waren. Durch das Springen und Hochgeschleudertwerden erhofften sie sich einen Blick auf die Außenwelt.
Gleichzeitig diente das Spiel als **Gymnastik** für Frauen, die zu Hause eingesperrt und in ihrer Bewegungsfreiheit eingeschränkt waren. In großen Städten wird man diesem Spiel kaum noch zuschauen können, aber im *Folk Village* südlich von Seoul, in der Nähe der alten Festung Suwon, können auch ausländische Touristen ihre Geschicklichkeit im *nôlddwigi* unter Beweis stellen.

Yônnalligi

Am **Neujahrsfest des Mondjahres**, das gewöhnlich Anfang Februar gefeiert wird, lassen Jungen ihre **Drachen** steigen *(yônnalligi)*. Koreanische Drachen sind meist von weißer Grundfarbe mit einem roten, blauen und gelben Muster und einem großen Loch in der Mitte. Anders als die meist rhombenförmigen europäischen Drachen sind koreanische Drachen **rechteckig** geschnitten.
Jeder will seinen Drachen so hoch wie möglich steigen lassen; manchmal kleben die Jungen **Glassplitter** an ihre Drachenschnur und versuchen so die Schnüre ihrer Konkurrenten zu durchschneiden. Nach altem Brauch schreiben sie am letzten Tag des ersten Mondmonats »Fort mit dem Unheil, willkommen Glück« auf ihre Drachen, lassen sie steigen und durchtrennen dann die Schnur – in dem festen Glauben, daß das Unglück ihrer Familie mit dem Drachen auf- und davonfliegt.

Kûne

Die koreanische **Schaukel** *kûne* dient überwiegend dem **Frauensport**. Die Schaukel, bestehend aus einem dicken Tau, wird an einem kräftigen Baumast oder einem besonderen Gestell befestigt. Die auf der Schaukel stehenden Spielerinnen versuchen, möglichst hoch in die Luft zu schwingen. Ein besonders schöner Anblick bietet sich, wenn koreanische Mädchen, einzeln oder zu zweit, im farbenfrohen *hanbok* schaukeln. Auch in dieser Sportart kann sich der Tourist im *Folk Village* üben.

——————— *Das Leben genießen* ———————

Wurfspiel

Ssirûm

Ssirûm ist eine besondere Art **koreanischen Ringkampfes**. Bei diesem früher anerkannten Wettkampf konnten Jungen und Männer ihre Kraft öffentlich unter Beweis stellen. Heute noch ist dieser Sport recht populär. Die Kontrahenten, bekleidet mit einer Sporthose, umwickeln ihren rechten Oberschenkel mit einem langen Tuch. Dann begeben sie sich halb in die Hocke, packen den Oberschenkel des Gegners mit der rechten und die Tuchschlinge mit der linken Hand.
Um zu gewinnen, muß einer der beiden Kämpfer den anderen aus dem Gleichgewicht bringen, so daß er stürzt und mit einem Teil seines Körpers den Boden berührt. Das Spiel, das eine **gewisse Ähnlichkeit mit dem japanischen *Sumo*-Ringen** aufweist (die Kämpfer sind allerdings weitaus weniger beleibt), wird in einer Sandgrube ausgetragen.

Vom Umgang mit Koreanern

Wenn Ihnen bewußt ist, daß das Leben in Korea nach anderen Regeln verläuft, dann werden Sie dort leichter Zugang zu seinen Menschen finden. Verfügen Sie darüber hinaus über einige **Grundkenntnisse der koreanischen Kultur und Bräuche** sowie über **Geduld** und **Humor**, dann werden sich Ihnen die Tore weit öffnen.

Obwohl Koreaner über Fehltritte von Ausländern meist großzügig hinwegsehen, sollten Sie sich bemühen, nicht in jedes der allerorten lauernden Fettnäpfchen zu tapsen, und einige **Ratschläge beherzigen**, die Ihnen den Umgang mit Koreanern in bestimmten Situationen erleichtern helfen.

Der Amtsschimmel

Sie werden überrascht sein, wie viele Behörden, Polizisten und Amtspersonen, die den Fortbestand der **Bürokratie** sichern, in Korea ihr Unwesen treiben. Da Sie dies leider nicht einfach ignorieren können, sollten Sie sich beizeiten für den Umgang mit dem koreanischen Amtsschimmel wappnen. Nur wer den **Weg der goldenen Mitte** und **den richtigen Ton** wählt, wird sein Ziel durchsetzen können. Es gilt also, **respektvoll** aufzutreten, so daß Sie niemanden beleidigen. Zugleich wäre es unklug, sich **allzu unterwürfig** zu zeigen.

Sie haben das große Los gezogen, wenn Sie Ihre Behördenverhandlungen **an eine dritte Person delegieren** können. Dies spart Ihnen Zeit, sehr viel Zeit. Zudem sind etliche Beamte nicht erfahren im Umgang mit Ausländern. In manchen internationalen Firmen übernehmen daher koreanische Angestellte die Behördengänge der ausländischen Firmenangehörigen. Auch Ihr **Chauffeur** – sofern Sie mit einem solch guten Geist gesegnet sind – besitzt meist Erfahrung im Umgang mit Einwanderungsbehörde oder Einwohnermeldeamt. Übertragen Sie einem anderen Behördengänge, ist es üblich, ihm die Fahrtkosten zu erstatten und mit einem kleinen Entgelt zu entschädigen. Es tut uns aufrichtig leid – doch irgendwann naht der Moment Ihres großen Auftritts, bei dem Sie einem koreanischen Beamten Auge in Auge gegenüberstehen.

Das Vorzimmer

Die erste Amtsperson, die Sie in einer Behörde antreffen, hat meist wenig zu sagen. Ihre Aufgabe entspricht in etwa jener unserer »Vorzimmerdamen«. Sie schirmt die vielbeschäftigten »wichtigen« Leute vom lästigen »niederen« Publikum ab. Meist ist es **wenig sinnvoll, bereits an der Schwelle Ihre Anliegen und Beschwerden vorzutragen,** da dieser Mittelsmann nicht in der Lage ist, Ihnen zu helfen. Er führt lediglich gehorsam die Anweisungen seines Chefs aus, so unlogisch sie auch scheinen mögen. **Bewahren Sie also die Ruhe,** auch wenn man sich unentschlossen und desinteressiert zeigt und Ihre Nerven zum Zerreißen gespannt sind. Trösten Sie sich damit, daß der arme Mann vermutlich die undankbarste Aufgabe der Behörde auf seinen Schultern trägt.

Flexibilität

Wie vieles andere in Korea, werden auch **geltende Vorschriften nicht starr gehandhabt.** Selbst Gesetze umreißen häufig nur den Rahmen und lassen dem einzelnen Beamten viele Möglichkeiten der Auslegung. Über diese Freiheit und Macht verfügt nicht der kleine Beamte im Vorzimmer, sondern eine befugte Amtsperson, deren Worte Gewicht besitzen.
Wenn Sie von Ihrem Ansprechpartner ein wenig Flexibilität und **Entgegenkommen erwarten,** so sollten Sie dies ihm gegenüber zum Ausdruck bringen. Beißen Sie auf Granit, können Sie gut und gern um ein Gespräch mit seinem Vorgesetzten bitten. Sie sollten jedoch wissen, daß Ihnen dies kaum weiterhilft; es verdirbt allenfalls Ihr Verhältnis zum gegenwärtigen Verhandlungspartner.
In solchen Fällen führt mitunter die **sanfte Methode** schneller ans Ziel: **einige Worte Koreanisch** und **Höflichkeit.** Manchmal jedoch hilft das Zucker-

brot ebensowenig wie die Peitsche. Da dies alles andere als logisch ist, bleibt Ihnen als Ausweg einzig und allein, sich möglichst gelassen mit der Welt der koreanischen Bürokratie abzufinden. Und wenn Sie endlich wissen, daß diese Welt schwer zu verstehen ist, dann ersparen Sie sich und anderen besser den Ärger und versuchen es von vornherein mit Freundlichkeit.

Eine Vorwarnung

Vielleicht teilen Sie bei Ihrem Behördengang die Erfahrung vieler anderer Ausländer und werden wie diese darauf hingewiesen, daß Sie zur Erledigung Ihres Antrages ein weiteres **Schriftstück nachreichen** müssen. Wenn Sie dem brav Folge leisten und ein zweites Mal mit den fehlenden Unterlagen unter dem Arm vor Ihrem Sachbearbeiter antreten, wird er höchstwahrscheinlich erläutern, daß er zur Bearbeitung Ihres Anliegens ein weiteres Papier benötigt. Weshalb es nicht möglich war und ist, beide Dokumente gleichzeitig zu reklamieren, dies bleibt ein unlösbares Rätsel ...

Aufenthaltserlaubnis

Jeder **Aufenthalt in Korea, der über einen touristischen Besuch hinausgeht**, unterliegt der Genehmigung der Einwanderungsbehörden. Diese erteilen unter anderem auch die **Arbeitserlaubnis**. Hier greift man inzwischen hart durch und überwacht streng Ausländer und ihre Aktivitäten. Eine Arbeit aufzunehmen, die nicht zuvor von den Behörden gestattet wurde, kann **Geld- oder Gefängnisstrafen** nach sich ziehen.

Die Vorstellung

Einander vorzustellen, dies ist in Korea eine keineswegs lockere, unbedeutende Angelegenheit. In Korea **ändert eine formelle Vorstellung das Verhältnis zweier Menschen auf Dauer.**
Es ist deshalb **unüblich, einen gesellschaftlichen »Niemand« einer sozial hochgestellten Person vorzustellen.** Ehe zwei Menschen sich zum ersten Mal treffen, wird ein gemeinsamer Freund jeden allgemein über den anderen informieren.
Die Begegnung selbst verläuft nach festgelegtem Muster. Beide – Männer wie Frauen – begrüßen sich stehend, während einer von ihnen eine einleitende Floskel ausspricht, etwa: »Ich sehe Sie zum ersten Mal.« Der andere antwortet mit einer ähnlichen Formel, woraufhin sich beide verbeugen und ihre Namen nennen.
Seien Sie unbesorgt, wenn Sie den Namen Ihres Gegenübers nicht verstehen, denn es folgt das Ritual des **Austausches von Visitenkarten.** Auf die-

Nicht immer begegnen die Staatsdiener dem Fremden so freundlich und entgegenkommend.

sen finden Sie nützliche Informationen über den großen Unbekannten – außer dem Namen meist auch akademischen Titel, Berufsbezeichnung und Arbeitgeber –, die es Ihnen ermöglichen, die gesellschaftliche Position Ihres Gegenübers genauer einzuschätzen.

Männer schütteln nach der Vorstellung einander oft die Hände (diese Sitte wurde aus dem Westen übernommen); manchmal strecken sie sogar beide Hände aus, um auf diese Weise ihren **Respekt** vor dem anderen zu unterstreichen.

Wer in Korea überleben will, der muß nicht nur essen, trinken und schlafen, sondern auch um die Stellung der anderen auf der sozialen Stufenleiter wissen. Die **sozialen Rangunterschiede** regeln nicht zuletzt auch den **Sprachgebrauch**. So dient die Wahl bestimmter Verbformen dazu, den von der jeweiligen gesellschaftlichen Stellung abhängigen Grad der Höflichkeit auszudrücken. Solange sich beide Gesprächspartner über den sozialen Rang des anderen im unklaren befinden, verwenden sie sicherheitshalber die sehr höfliche Sprachebene.

Nach der Vorstellung steht einem **Gespräch** nichts mehr im Wege. Hierbei werden zunächst **persönliche Informationen** ausgetauscht, um mögliche gemeinsamen Verbindungen nachzuspüren. Nicht selten tragen beide Gesprächspartner den gleichen **Familiennamen**, da die koreanische Namensgebung auf einem Klansystem beruht. (So zählen in Südkorea etwa sechs Millionen »Kim« zu 600 verschiedenen Klangruppen.) Diese Gemeinsamkeit legt natürlich Fragen nach der **Herkunft** nahe. Ebenso schafft ein gleichlautender Vorname eine Verbindung besonderer Art. **Gemeinsame Anknüpfungspunkte** mögen Heimatort, Schule, Universität, Beruf oder Hobbies sein. **Selten stellen Koreaner sich jemandem vor, zu dem sie nicht in näherer Beziehung stehen.** Gelegentlich entspinnt sich zwischen zwei Unbekannten ein Gespräch, vielleicht während einer langen Bus- oder Bahnreise oder wenn sich aus einer belanglosen Frage unvermutet eine Konversation entwickelt. Vor dem Abschied pflegt einer der beiden zu sagen: »Ich glaube, wir kennen unsere Namen nicht«, worauf sie endlich ihre Namen nennen, sich verbeugen und Visitenkarten austauschen. Dies legt den ersten Grundstein für eine spätere Beziehung.

Tips: Vorstellung

- Bedenken Sie stets den hohen Stellenwert der persönlichen Vorstellung. Selbst wenn es Ihnen größtes Unbehagen bereitet, Ihre Frau oder Ihren Freund dem koreanischen Bekannten, dem Sie zufällig auf der Straße begegnen, nicht vorzustellen: Sie tun gut daran, einen **Koreaner nicht unvermutet mit einer formellen Vorstellung zu belasten.**
- Ebensowenig sollten Sie **darauf drängen, einer bestimmten Person vorgestellt zu werden** – es sei denn, Ihr Wunsch entspringt einem besonderen Grund.
- Decken Sie sich mit einem ausreichenden Vorrat an **Visitenkarten** ein, die genauen Aufschluß über Namen, Firma und Beruf geben. Sie helfen sich und anderen, wenn diese Informationen nicht nur in lateinischer, sondern auch in koreanischer Schrift vermerkt sind.
- Sie handeln klug, wenn Sie sich Ihre **private »Datenbank«** zulegen, indem Sie die Informationen der gesammelten Visitenkarten nach dem Muster der Rasterfahndung auswerten. Sind Sie irgendwann auf verläßliche Helfershelfer angewiesen, dann können Sie auf Ihr eigenes »Fahndungsnetz« zurückgreifen.
- Selbst wenn Sie nicht als Vertreter einer westlichen Firma beruflich in Korea weilen, sondern nur als **Tourist** Land und Leute entdecken wollen, erweisen sich **Visitenkarten** als »Sesam-öffne-Dich«. Entdecken Sie dies erst an Ort und Stelle, sind Ihnen Hotels bei der Beschaffung behilflich. Außerdem finden Sie in den Großstädten an jeder zweiten Straßenecke kleine Läden, die Visitenkarten, Stempel und Namenssiegel meist binnen 24 Stunden anfertigen. Diese Geschäfte sind leicht an ihren Auslagen zu erkennen.

Lexikon

sogae	Vorstellung
misût'ô (Mister) Kim	Herr Kim
misesû (Mrs.) Kim	Frau Kim
misû (Miss) Kim	Fräulein Kim

―――――― *Vom Umgang mit Koreanern* ――――――

Die angloamerikanischen Bezeichnungen sind eingeführt und werden auch von Koreanern häufig untereinander verwendet. Höflicher ist allerdings:

Kim-ssi	Herr/Frau Kim (gegenüber Gleichgestellten oder Untergebenen)
Kim sônsaeng	Herr (wörtlich:»Erstgeborener«,»Lehrer«) Kim
Kim sônsaeng-nim	verehrter Herr Kim
Kim yôsa	Frau Kim
Kim samo-nim	verehrte Frau Kim
Kim yang	Fräulein Kim

Konversation

Kim sônsaeng-ûl sogae hamnida?	Darf ich Ihnen Herrn Kim vorstellen?
ch'ôûm poepkessumnida?	Wie geht es Ihnen? (Wörtlich:»Wir sehen uns zum ersten Mal.« Gebräuchlicher Gruß bei einer Vorstellung.)
mannasô pangabsûmnida	Ich freue mich, Sie zu sehen.
sôngham-ûn muôsûmnikka?	Wie heißen Sie?
Kim Chôl-su imnida	Ich heiße Kim Chôl-su. (Im Koreanischen wird stets zuerst der Nachname genannt!)
nae irûm-ûn Kim Chôl-su imnida	Mein Name ist Kim Chôl-su.
i-gosh-i che myôngham imnida	Hier ist meine Visitenkarte.

Tips: Namen und Anrede

• Der Namensgebrauch in Korea unterscheidet sich in mehrfacher Hinsicht von westlichen Sitten. Der erste, auffallende Unterschied liegt darin, daß man **an erster Stelle stets den Nachnamen nennt**. Ausnahmen finden sich lediglich bei Personen der Zeitgeschichte.
• In **Gesprächen mit Ausländern** nennen moderne Koreaner Namen häufig in westlicher Reihenfolge.
• Koreanische **Nachnamen** (von denen insgesamt nur etwa 300 verbreitet sind) bestehen aus einer, **Vornamen** (fast) immer aus zwei Silben. Wenn Sie des Koreanischen nicht mächtig sind, wird es Ihnen kaum gelingen, anhand des Vornamens auf das Geschlecht des Namensträgers zu schließen. Lediglich wenn ein Vorname auf *-ja* endet, können Sie sichergehen, daß es sich um einen **Frauennamen** handelt.
• Es gilt nahezu als **tabu**, jemanden **mit seinem Vornamen anzusprechen**. Nennt man den Namen einer Person, so stets ihren Vor- **und** Nachnamen.
• Auch **Freunde** reden einander häufig mit Nachnamen, allerdings in der vertrauten Sprechform an; **Ehepartner** rufen sich *yôbo* (wörtlich:»Hallo«), wobei der nüchterne Ausdruck in diesem Zusammenhang die Bedeutung von»Schatz« oder»Liebling« annimmt.

Gespräche

Viele Koreaner unterhalten sich gern mit **Ausländern**. Vor allem jene, die schon einmal im Ausland waren, gehen von sich aus auf Fremde zu, meist getragen von dem Wunsch, der Besucher möge sich in ihrer Heimat wohlfühlen. Jedoch verhalten sich die Koreaner **zurückhaltender** als Europäer. Manche genieren sich wegen ihrer mangelhaften Sprachkenntnisse, andere besitzen keine Erfahrung im Umgang mit Ausländern.

Persönliche Fragen

Doch wenn ein Koreaner jemanden näher kennenlernen will, dann scheut er auch vor **sehr persönlichen Fragen** nicht zurück. Machen Sie sich also auf die folgende Inquisition gefaßt: Sind Sie verheiratet? Falls nein, warum nicht? Wenn Sie im Hafen der Ehe dümpeln, seit wann? Haben Sie das Eheband vor über neun Monaten geknüpft, wieso kündigt sich dann noch kein Nachwuchs an?
Es gilt keineswegs als unhöflich – es sei denn, Sie unterhalten sich mit einer älteren Dame –, Ihren Gesprächspartner nach seinem **Alter** zu fragen. Auch Ihre **Kleidung** gibt Anlaß zu genauen Erkundigungen nach Preis, Qualität und Bezugsquelle. Mit derlei Fragen will man Sie nicht in Verlegenheit bringen oder aushorchen; auch unter Koreanern bilden solche »Verhöre« Teil jeder Unterhaltung.
Der Fragesteller erwartet nicht, daß Sie ihm hieb- und stichfest Auskunft geben. Er will mit seinen Nachfragen vielmehr zum Ausdruck bringen, daß Sie nicht draußen vor der Tür stehen und er an Ihrem Wohlbefinden Anteil nimmt. Bei **Fragen, die Ihnen zu tief in Ihre Privatsphäre eindringen**, können Sie unbedenklich, und ohne Ihr Gegenüber zu kränken, mit einem kleinen Scherz das Thema wechseln.

Konversations-Lexikon

muôs-sal-imnikka?	Wie alt sind Sie?
kyôlhon haessûmnikkag?	Sind Sie verheiratet?
ai-ga issûmnikka?	Haben Sie ein Kind?
kyôlhon haessûmnida	Ich bin verheiratet.
mihon imnida	Ich bin unverheiratet.
ai-ga/ai-dur-i issûmnida	Ich habe ein Kind/Kinder.
ôdi-esô oshimnikka?	Woher kommen Sie?
ôdi saseyo?	Wo leben/wohnen Sie?
togil-esô omnida	Ich komme aus Deutschland.

Als Europäer in Korea

Zwanglose Plauderei

Das Privatleben liefert also geeigneten Plauderstoff. Ebenso können Sie Ihren Gesprächspartner nach seinem **Beruf** fragen, jedoch Zurückhaltung üben, wenn er nur zu allgemeinen Auskünften bereit ist. Koreaner erkundigen sich häufig auch nach den **Hobbies**, und mit diesem Thema läßt sich so manche Gesprächspause füllen. **Männer** tauschen oft ihre Erfahrungen beim Militärdienst aus (fast alle Koreaner dienen zwei bis drei Jahre in der Armee). Unter **Frauen** zählen Familie und Kinder zu den Gesprächsthemen. Gesprächspartner, die über Auslandserfahrungen verfügen, erzählen einander gern von ihren **Reiseerlebnissen**. Sprechen Sie auch ruhig Ereignisse der **Weltpolitik** an; Koreaner sind über nationale und internationale Entwicklungen meist hervorragend informiert. Immer wieder werden Koreaner **Ihre Meinung über Korea und Ihre Erfahrungen im Land** begierig hören wollen. Es hebt ihr *kibun*, wenn Sie berichten, welche Speisen Sie besonders schätzen, welche Orte Sie besucht haben, wie Ihnen Korea im Vergleich zu anderen Reiseländern gefällt – und wenn Sie einfließen lassen, wie freundlich und höflich die Koreaner sind. Derartige Feststellungen sollten Sie allerdings nur treffen, wenn Sie von ihnen **ernsthaft überzeugt** sind.

Tabuthemen

So intim Ihnen manche Fragen dünken mögen, so wenig bedeutet dies, daß Sie nun alle Hemmungen abstreifen und unbekümmert jedes private Thema anschneiden dürfen. Zu den Tabuthemen zählt die **Frage nach dem Gehalt**. Allerdings **gelten die für Koreaner verbindlichen Regeln nicht immer auch für Ausländer**. Und daher sollte es Sie nicht überraschen, wenn Koreaner sich nach Ihrem Einkommen erkundigen.

Auch über **Sex** wird nicht gesprochen, keinesfalls in gemischter Gesellschaft, höchstens unter sehr engen Freunden. So sehr Koreaner die Meinung eines Gastes über die **innenpolitische Situation** Koreas interessiert, halten sie selbst sich doch in diesem Punkt meist zurück. Ebenso klammern Koreaner die eigene **Familie** aus dem Gespräch aus, insbesondere wenn es daheim Unannehmlichkeiten gibt oder jemand gestorben ist.

Sie berühren ein Tabuthema, wenn Sie die **Adoption eines Kindes** ansprechen. Und Sie erweisen sich nicht als wohlmeinend, sondern höchst unsensibel, wenn Sie den in Augen von Koreanern traurigen Tatbestand thematisieren, daß jemand das **Kind aus einer zweiten Ehe** ist.

Früher galt es als Zeichen schlechten Benehmens, **seine Ehefrau und Kinder zu loben**. Dies ändert sich zwar allmählich, doch lassen sich die Koreaner in dieser Hinsicht nach wie vor nicht zu Lobeshymnen hinreißen. Allerdings erwartet man vom Gegenüber, daß es sich eingehend nach den Kindern erkundigt und ihre schulischen und sportlichen Leistungen preist. Schließlich sind Koreaner von einem unbändigen Stolz auf ihren Nachwuchs erfüllt und erfreut, wenn die Erfolge der Kinder Anerkennung finden.

Koreaner verfügen über feine Fühler, die sehr empfindlich auf bestimmte Themen reagieren. Sie erwarten, daß der andere dies weiß und entsprechend behutsam vorgeht. **Wollen Koreaner auf eine Frage nicht antworten**, so hüllen sie sich in Schweigen und Lächeln oder versuchen, rasch und elegant das Thema zu wechseln.

Manchen Ausländern bereitet es Schwierigkeiten, das **Verhältnis der Koreaner zu ihrem Land** zu verstehen. Mal üben sie im Gespräch herbe Kritik am Staat, mal zeigen sie sich befremdet über kritische Bemerkungen von Besuchern. Im Grunde erwartet man von Ihnen auf die unzähligen Fragen nach Ihren Eindrücken von Land und Leuten stets eine positive Antwort. Wollen Sie **Kritik äußern**, dann sollten Sie diese, falls überhaupt, nur sanft und von Komplimenten begleitet übermitteln. Auch wenn es nicht immer offen ans helle Tageslicht tritt, sind die Koreaner stolz auf ihre Heimat, ihre Traditionen und Geschichte. Hüten Sie sich daher vor barschen, abschätzigen Urteilen.

Gespräche zwischen Männern und Frauen

Bei den meisten **gesellschaftlichen Anlässen** finden sich Männer und Frauen sehr schnell **nach Geschlechtern getrennt** zusammen. In einer Wohnung ziehen sich die Männer in einen Raum zurück, die Frauen in ein anderes Zimmer, vorzugsweise die Küche. Dies entspricht weitgehend der heute noch vorherrschenden geschlechtsspezifischen Rollenaufteilung im korea-

Vom Umgang mit Koreanern

Mögen die Koreaner auch selbst Bürokratie und Staat ihres Landes kritisieren – Sie sollten sich dabei unbedingt zurückhalten. Wenn Koreaner den sozialen Preis für die schnelle Industrialisierung und Modernisierung in Frage stellen, sollten Sie bedenken, daß bei der Kritik meist auch ein Funke Stolz auf das Erreichte mitglimmt. Immerhin hat Südkorea binnen weniger Jahre den Sprung von den zehn ärmsten zu den zehn industriestärksten Ländern der Erde geschafft.

nischen Alltag. Zudem wirkt hier die konfuzianische Sitte nach, bei der Jungen und Mädchen ab dem Alter von fünf Jahren getrennt erzogen wurden. **Ausländische Gäste** können sich **ungezwungener** geben und gegen die ungeschriebenen koreanischen Normen verstoßen. Trotzdem tun Sie gut daran, sich nach dem Verhalten Ihrer koreanischen Freunde zu richten. Nach wie vor erregt es **Anstoß**, wenn ein Ausländer sich allzu lange mit einer Koreanerin unterhält. Gleiches gilt für die Ausländerin im Gespräch mit einem Koreaner, insbesondere wenn ihr Ehemann nicht zugegen ist. Falls Sie als **Ausländerin** sich jedoch nicht mit den anwesenden Koreanerinnen verständigen können, dann zeigt natürlich jeder Verständnis, daß Sie den Abend an der Seite Ihres Mannes verbringen.

»Hoch die Tassen ...«

Gesellschaftliche Kontakte sind in Korea überaus wichtig. Und so regnet es ununterbrochen wechselseitige **Einladungen**. Zusammenkünfte sind nicht lediglich ein notwendiges Muß. Sie bieten eine willkommene Abwechslung vom täglichen Einerlei und Streß. Wer **Unterhaltung** sucht, der findet eine bunte Palette von Möglichkeiten und Einrichtungen.

Das Teehaus

Selbst wenn Sie fünf Jahre lang täglich ein anderes Teehaus besuchten, hätten Sie immer noch nicht sämtliche *tabang* von Seoul kennengelernt. Allein in der Hauptstadt soll es über 30.000 dieser Teehäuser geben, in denen Sie selbstverständlich auch Kaffee trinken können. Sie finden sich überall in Korea, im winzigsten Dorf ebenso wie in den Großstädten, wo sich jeder in seiner unmittelbaren Nachbarschaft in einem *tabang* zerstreuen kann.

Manche *tabang* bieten **außer Getränken Musik**, ob Klassik oder Pop, spezieller Stilrichtungen. Andere zeichnen sich durch ihr **Ambiente** aus. So mögen sie hypermodern oder als gemütliches Wohnzimmer eingerichtet sein; mal erinnert die Ausstattung an ein Wiener Kaffeehaus, mal knüpft sie an klassische koreanische Vorbilder an. Mitunter sorgt ein Diskjockey für den musikalischen Hintergrund und erfüllt gelegentlich auch Sonderwünsche der Gäste. Zumindest **tagsüber** geht es im *tabang* **alkoholfrei** zu: Man stärkt sich mit Tee, Kaffee, Säften und anderen Softdrinks.

Diese Teehäuser dienen vor allem als **Treffpunkt**. Das ständige Verkehrschaos macht es insbesondere in den Großstädten schier **unmöglich, Verabredungen pünktlich einzuhalten**. Wer zu früh am Treffpunkt erscheint, kann sich die Wartezeit gemütlich im *tabang* vertreiben, eine Erfrischung zu sich nehmen, lesen und – wenn wenig Betrieb herrscht – sich mit der Bedienung unterhalten. Manche gehen ins Teehaus, um allein zu sein und sich von Arbeit oder Schule zu erholen. Andere treffen sich dort mit ihren Freunden und verbringen Stunden bei einer Tasse Kaffee. Es ist durchaus üblich, sich noch längere Zeit im *tabang* aufzuhalten, auch wenn das Glas schon seit geraumer Weile geleert ist.

Freunde und Kollegen verabreden sich häufig nach Dienstschluß in einem *tabang*. Später, nach einem langen und (feucht-) fröhlichen Abend, landet man aufs neue in einem Teehaus, um bei einer Tasse Kaffee Kraft für den Heimweg zu sammeln. Wenn Sie sich an diese **einzigartige koreanische Einrichtung** gewöhnt haben, werden Sie in Ihrer Heimat verzweifelt nach vergleichbaren Lokalen suchen.

Das Café

Cafés *(kyôngyang-shik)* gelten als etwas **feiner als die einfachen Teehäuser**. Auch hier läßt es sich entspannen, trifft man sich mit Bekannten, wärmt sich an kalten Winterabenden und erfrischt sich an glühendheißen Sommertagen. Allerdings geht es im Café ein wenig »intellektueller« zu und wirkt die Atmosphäre romantischer und **gemütlicher**. Will ein Koreaner bei einer Frau guten Eindruck erwecken, wird er sie eher in ein Café als in ein *tabang* einladen. Und nicht zuletzt liegen im Café die **Preise** entsprechend höher. Der Hauptunterschied besteht nicht in der Ausstattung, da in dieser Hinsicht viele *tabang* nicht weniger bieten als die Cafés. Vielmehr führen die Cafés

Vom Umgang mit Koreanern

Traditionelle Teezeremonien finden Sie in den heutigen Teehäusern (tabang) *nicht.*

rund um die Uhr alkoholische Getränke und Speisen, Steak, Schnitzel, Spaghetti und Pizza etwa, auf der Karte. Häufig können Sie auch unter einigen preiswerten koreanischen Vorspeisen wie gebratenem Reis oder Curryreis wählen. Diese Cafés finden sich vor allem in der Nähe von Universitäten und Einkaufs- oder Geschäftsvierteln.

Gartenlokale

Immer mehr Restaurants servieren die **klassische koreanische Küche** im Freien oder auf der Terrasse. Das Essen ist meist hervorragend und die Atmosphäre angenehm. In einigen dieser Lokale speisen Sie inmitten eines wunderschönen, klassisch gestalteten Gartens und können beim Essen den Blick auf einen kleinen künstlichen Wasserfall oder eine traditionelle koreanische Schaukel genießen.

Am Tisch gegrillte koreanische Speisen scheinen im Freien noch einmal so gut zu schmecken (außerdem hängt der Rauch nicht in abgeschlossenen Räumen). Diese Lokale schenken auch **Alkohol** aus.

Hotelrestaurants

Die großen internationalen Hotels verfügen über hervorragende Restaurants, in die es viele Ausländer zieht. **Einladungen** finden häufig in diesen **Erste-Klasse-Restaurants** statt. Diese lassen sich für ihre Gäste immer wieder Neues einfallen, sei es ein Erdbeerfest im Frühling oder ein der Küche eines bestimmten Landes gewidmeter Spezialitätenabend. In den Großstädten finden Sie zahlreiche ausgezeichnete Hotelrestaurants. Über stattfindende besondere Attraktionen informieren Sie die englischsprachigen koreanischen Tageszeitungen.

Kneipen und Bars

Über die **koreanischen Trinksitten** haben wir Sie bereits an früherer Stelle aufgeklärt. Manchmal geht das Zechen mit einem Essen im Restaurant einher, oder man begibt sich in ein Bierlokal, eine Bar oder einen Salon, wo man zum Alkohol meist auch Snacks reicht.

Bierlokale

Auch an die Biertrinker hat man in Seoul und den anderen koreanischen Städten gedacht. Zahlreiche Bierlokale *(saeng-maekju-jip)* schenken das goldene Naß aus. Diese Gaststätten sind meist recht **klein** und **weniger gepflegt** als die Teehäuser oder Cafés. Zu ihrer **Stammkundschaft** zählen vor allem Studenten und Männer in mittleren Jahren.

Man zapft das Bier vom Faß und bietet in der Regel auch **Appetithäppchen** und gegrillte Hähnchen an, deren koreanische Bezeichnung *kent'ôkki ch'ikkôn (Kentucky Fried Chicken)* Amerikanern vertraut in den Ohren klingt. Die **Preise** in den Bierlokalen bewegen sich auf annehmbarem Niveau.

Bars

In Korea tragen sie den angloamerikanischen Namen *stand bar*. Dies ist jedoch ihre einzige Gemeinsamkeit mit dem klassischen westlichen Vorbild. Neben **alkoholischen Getränken** reicht man **Appetithäppchen** und Knabbereien.

Manche Lokale verfügen über eine **Bühne**, auf der die Gäste höchstpersönlich das Publikum mit ihren Lieblingsliedern beglücken dürfen. Andere Bars beschäftigen professionelle **Künstler**, Sänger, Komödianten oder Artisten. Wer eine Bar aufsucht, sollte nicht **lärmempfindlich** sein. **Frauen** werden Sie hier nur selten antreffen.

Room Saloons

Auch diese Bezeichnung geht zurück auf amerikanische Vorbilder bzw. die koreanische Interpretation derselben. Die **Preise** liegen höher als in Bars und Bierlokalen. Jede Gruppe von Gästen sitzt in einem **abgeschlossenen Raum**, und so kann es ratsam sein, sich ein Zimmer **reservieren** zu lassen. Im allgemeinen sorgt eine Musikband oder kleines Orchester aus vier Spielern für **musikalische Unterhaltung**; die Musikanten treten auf einer Bühne auf oder ziehen nach Wunsch von Raum zu Raum. In den *Saloons* küm-

Vom Umgang mit Koreanern

Gerne behaupten die trinkfrohen koreanischen Männer, daß der Mythos der Ginsengwurzel destilliert zur veritas in vino *führe.*

mert sich um jeden einzelnen Gast eine **Hostess**. Sie schenkt ihm nach, bedient ihn und plaudert mit ihm. Man belohnt sie dafür mit einem sehr großzügigen **Trinkgeld**.

Da in den *Saloons* eine entspannte Atmosphäre herrscht, trifft man sich hier gern zu schwierigen **Verhandlungen mit Geschäftspartnern**.

Tanzlokale

Das **Tanzen** erfreut sich in Korea zunehmender Beliebtheit. Dabei hat das Angebot mit der Nachfrage stetig Schritt gehalten, so daß es an Tanzlokalen nicht mangelt.

Es mag Sie vielleicht verwundern, daß häufig **Paare von Frauen oder Männern** miteinander tanzen. Jedoch: Mit **Homosexualität** hat dies nichts zu tun.

In Diskos und Nachtklubs lassen sich leichter Bekanntschaften schließen als in anderen Lokalen und Restaurants. Hier können Männer unbekannte Frauen zum Tanz auffordern, ohne den Anstand zu verletzen.

In Diskos und Nachtklubs zahlen Sie stets für einen Tisch, wobei der Preis eine bestimmte Menge von Flaschenbier und Appetithäppchen einschließt. Gehen also zwei Personen gemeinsam aus, so haben sie zwar reichlich zu essen und zu trinken, aber auch eine hohe Rechnung zu begleichen. **Billiger** wird das Vergnügen, wenn sich vier oder fünf Personen auf die (Tanz-) Socken machen. Dabei sind Nachtklubs meistens teurer als Diskos.

Diskos

Vor allem jüngere Leute zieht es in die Diskos, doch auch ältere Semester schrecken vor dem Schritt über die Schwelle nicht zurück. Mitunter wird noch **Livemusik** geboten, aber im Zuge steigender Lohnkosten haben viele Diskos in gute Lautsprecheranlagen und **Diskjockeys** investiert. **Itaewon**, Seouls berühmtes Einkaufsviertel für Ausländer, verwandelt sich nachts in ein heißes Disko-Pflaster für Fremde und Einheimische.

Nachtklubs

Manche Nachtklubs (vor allem die großen, die auch Varietéprogramme bieten) gehören zu den **internationalen Hotels**. In den Nachtklubs kann man **Livemusik** genießen und das Tanzbein schwingen. Einige Nachtklubs beschäftigen junge Frauen, die sich einsamen Herren aufopfernd als Tanzpartnerin zur Verfügung stellen.

Wer zahlt?

In Korea beherzigt man eine einfache Regel: **Wer einlädt, bezahlt.** Selbst unter guten Freunden gilt eine »**getrennte Rechnung**« als unhöflich. Wenn einem jemand so nahesteht, daß man mit ihm essen gehen möchte, dann sollte einem das Geld dafür auch nicht zu schade sein – meinen jedenfalls die Koreaner. Außerdem scheinen koreanische Männer und Frauen über eine eingebaute Rechenmaschine zu verfügen: Am Ende gleicht sich alles aus.

Trinkgelder

In Korea ist es **nicht üblich, Trinkgelder zu geben**. Gäste sollten freundlich behandelt werden, weil sie nun einmal Gäste sind und nicht weil man von ihnen ein Entgelt erwartet. **Hotels** schlagen auf Rechnungen Prozente für Bedienung und Steuer auf. Die Summe, die man einer Hostess am Ende des Abends für Begleitung und Unterhaltung zahlt, heißt »Trinkgeld«, doch wurde sie meist im voraus vereinbart.
Sie müssen sich in Korea also nicht den Kopf über Trinkgelder zerbrechen, es sei denn, Sie wollen jemanden **für einen besonderen Dienst belohnen**. Dann aber sollten Sie es beiläufig und **nicht gönnerhaft** tun.

Öffentliche Toiletten

An Toiletten führt nun einmal kein Weg vorbei. Es ist gut, wenn Sie sich auf einige Überraschungen gefaßt machen.
Selbstverständlich weisen die sanitären Anlagen beträchtliche Unterschiede auf. Toiletten in **Hotels** und **gehobeneren Restaurants** ähneln westlichen Einrichtungen, obwohl es ratsam ist, einen kleinen Vorrat an **Toilettenpapier** bei sich zu führen.

Besitzen die Türen **keine Schlösser**, signalisiert eine geschlossene Tür, daß die Toilette besetzt ist. Klopft jemand an Ihre Tür, geben Sie das **Morsezeichen** kurzerhand zurück. Der Empfänger wird es als »besetzt« entschlüsseln.

Manche Toiletten oder Waschräume werden **von Männern wie Frauen benutzt**. An einer Wand befindet sich das Pissoir, weiter hinten liegen die Kabinen für die Frauen. Ausländerinnen mögen es zunächst als peinlich empfinden, an Männern vorbeizugehen, die sich soeben erleichtern. Doch hier spielt das *kibun* sein seltsames Spiel: Die Männer **ignorieren** schlicht und einfach die Anwesenheit der Frau und erwarten, daß sie sich ebenso verhält. Andernfalls würde das *kibun* aller Beteiligten empfindlich verletzt.

Putzfrauen lassen sich ebenfalls durch nichts und niemanden erschüttern. Nach dem Motto »Nichts Menschliches ist uns fremd« gehen sie ungerührt ihrer Arbeit nach, was auch immer um sie herum geschehen mag. Lassen auch Sie sich nicht aus der Fassung bringen; nach einer Weile haben selbst Sie sich an die zunächst befremdlichen Sitten gewöhnt.

Das **Toilettenbecken** wird Ihnen anfänglich ebenfalls Rätsel aufgeben. Es besteht aus einer in den Boden eingelassenen Porzellanrinne, die an ein Bidet erinnert. Darüber gilt es sich zu **hocken**. Bei Frauen gerät dies, wenn sie Hosen tragen, zu einer gefährlichen Seiltanzgymnastik. Doch auch Männer haben häufig gegen die Tücke dieses Objektes zu kämpfen. Entdecken Sie keine Schnur in Ihrer Reichweite, dann wird die **Wasserspülung** mit dem Fuß betätigt. Hüten Sie sich davor, den Griff in der Nähe des Fußbodens mit Händen zu berühren.

Tips: Toiletten

- Das **Thema Toiletten** sowie alles, was damit zusammenhängt, gilt Koreanern als **tabu**. Bereits das Wort Toilette – koreanisch *byônso* – erregt Anstoß. Man verwendet statt dessen einen Begriff, dessen Funktion und Bedeutung dem amerikanischen *powder room* entsprechen, nämlich *hwajang-shil*.
- **Zur Erläuterung:** *Byôn* meint das Endprodukt des Verdauungsprozesses, und darüber wird in feiner Gesellschaft nun einmal nicht gesprochen. *Hwajang* dagegen bedeutet »Schminken«, so daß der Ausdruck *hwajang-shil* vorschützt, man müsse lediglich das Make-up auffrischen. (Nichtsdestoweniger benutzen auch Männer diese Umschreibung)

Lexikon

hwajang-shil	Toilette
shinsa, shinsa-yong	Herren (-toilette)
sungnyô, sungnyô-yong	Damen (-toilette)
semyônso, semyônjang	Waschraum

Konversation

shille hayo	Entschuldigung (wörtlich: »Ich begehe eine Unhöflichkeit.«)
hwajang-shil-e tannyôolkkeyo	Ich muß auf die Toilette.
hwajang-shir-i ôdi-e issûmnikka?	Wo ist die Toilette?

Eingeladen bei Koreanern

Gäste behandelt man in Korea wie Könige. Zu ihrer Bewirtung scheut man weder Kosten noch Mühen und tischt ihnen zu Ehren Festspeisen auf. Der Gastgeber ist glücklich, wenn es seinen Gästen schmeckt und sie sich rundum wohlfühlen.

Kurzfristige Einladungen stehen in Korea auf der Tagesordnung. Wenn Sie innerlich darüber stöhnen, kurzerhand alles stehen- und liegenlassen zu müssen, dann trösten Sie sich darüber mit dem Gedanken an die arme Hausfrau hinweg, die manchmal binnen weniger Stunden sämtliche Vorbereitungen für zwanzig Gäste treffen muß.

Früher waren **Ehefrauen** von den Einladungen ausgenommen. Diese (Un-)Sitte ändert sich heute allmählich. Allerdings werden Ehefrauen nicht ausdrücklich eingeladen. Wenn Sie Ihren Gastgeber danach fragen, wird er Ihnen unweigerlich antworten, daß Ihre Ehefrau selbstverständlich herzlich willkommen ist. Wundern Sie sich nicht, wenn sie dennoch als einziger weiblicher Gast am Ort des Geschehens eintrifft. Die **ehrlichste Auskunft erhalten Sie**, wenn Sie sich zuvor bei einem anderen Gast erkundigen. **Kinder** sind ebenfalls meist nicht in der Einladung inbegriffen.

Mit angemessener, förmlicher **Kleidung** drücken Sie Ihren Respekt den Gastgebern gegenüber aus. Männer sollten bei diesen Gelegenheiten Anzug und Krawatte, Frauen ein Kleid (keine Hosen!) tragen.

Ankunft

Häufig lädt man eine **Gruppe von Gästen** ein. Diese finden sich in der Regel an einem vereinbarten **Treffpunkt** zusammen, von dem aus sie sich gemeinsam zum Haus des Gastgebers begeben. Dies ist vor allem üblich, wenn die Ehefrauen nicht mit von der Partie sind. Außerdem finden so auch diejenigen, die das Ziel nicht kennen, sicher den Weg. Und den Gastgebern ist es angenehmer, wenn die Geladenen nicht nach und nach eintröpfeln, sondern **gemeinsam erscheinen**. Als **pünktlich** gilt, wer die Verspätung von einem »**akademischen Viertel**« einhält. Treffen Sie jedoch über eine halbe Stunde später ein, dann grenzt dies an eine **Beleidigung** Ihrer Gastgeber. Andererseits sollten Sie nicht übereifrig sein und zu früh vor der Tür stehen; damit bereiten Sie Ihren Gastgebern lediglich Unannehmlichkeiten.

Vom Umgang mit Koreanern

Koreaner **begrüßen** ihre Gäste am Eingangstor vor dem Haus oder an der Haustür. In den Innenräumen trägt man keine Straßenschuhe; daher sollten Sie Ihre **Schuhe** am Eingang ablegen. Dies ist bei Frauen meist schneller geschehen als bei Männern, die sich oft mit Schnürsenkeln plagen müssen. (Es empfiehlt sich, die Socken zuvor auf Löcher zu überprüfen; dies erspart Ihnen manche Peinlichkeit und krampfhafte Bemühungen, Ihre durchlöcherte Fußbekleidung vor den Blicken anderer zu verbergen.)
Manchmal bietet man Gästen **Hausschuhe** an, etwa wenn der Fußboden kalt ist oder um zu verhindern, daß sie auf den glatten koreanischen Holzböden ausrutschen. Sie können, müssen aber nicht von diesem Angebot Gebrauch machen.

Geschenke

Es gilt als **unhöflich, mit leeren Händen zu einer Einladung zu erscheinen.** Denken Sie an eine kleine Aufmerksamkeit wie Obst, Gebäck oder Blumen. Weiß Ihr Gastgeber einen guten Tropfen zu schätzen, liegen Sie mit einer Flasche Hochprozentigem – vor allem einer ausländischen Marke – immer richtig. Hübsch verpackte Behälter mit Fruchtsaft sind ebenfalls ein gerngesehenes Gastgeschenk. Vergessen Sie auch nicht die **Kinder** Ihres Gastgebers. Ihnen können Sie mit einem kleinen Spielzeug große Freude bereiten. Als **unpassende Geschenke** gelten zum Beispiel Geld, Handtücher oder Dekorationsgegenstände für die Wohnung. Auch sollten Sie kulinarische Geschenke nicht auf Ihrem privaten Geschirr – so einen Teller mit selbstgebackenen Plätzchen – überreichen. Die Gastgeberin würde sich lediglich verpflichtet fühlen, ihn ebenso wohlgefüllt zurückzugeben.

Tips für Gastgeschenke

- Selbst wenn Sie sich nur einige Wochen in Korea aufhalten wollen, sollten Sie **kleine Mitbringsel aus Ihrer Heimat** in den Reisekoffer packen. Mit klassischen Musikkassetten bekannter Interpreten, Bildbänden über Heimatland oder -ort, Stadtwappen oder lokalen Souvenirs können Sie immer wieder die Herzen Ihrer Gastgeber erobern.
- Wundern Sie sich nicht, wenn Ihre Geschenke scheinbar achtlos und unausgepackt beiseite gelegt werden. Da ein zu geringes Geschenk dem Geber Verlegenheit bereiten könnte, **öffnet man verpackte Geschenke erst, nachdem sich die Gäste verabschiedet haben.**

Das Essen

Lädt eine koreanische Familie Sie zu sich nach Hause ein, dann bedeutet dies ausnahmslos auch eine Einladung zum Essen. Manchmal reicht man

Ihnen zur Begrüßung in dem als Aufenthaltsraum dienenden Zimmer Getränke, Säfte und Häppchen; die meisten **formellen Essen** serviert man jedoch im *anbang*, dem **Hauptraum** des Hauses oder der Wohnung. Der *anbang*, in der Regel das größte Zimmer, wird tagsüber von der Familie als Wohn- und Arbeitszimmer, nachts als gemeinsamer Schlafraum genutzt. Es gilt als Ehre, dort bei einer Einladung Platz nehmen zu dürfen.

Die Gäste lassen sich an einem **niedrigen Tisch** nieder. Bei einer »großen Einladung« rückt man mehrere Tische zusammen. Die »Stühle« bestehen aus großen, weichen **Kissen**.

Das Essen wird nicht in einzelnen Gängen aufgetragen; **alle Gerichte kommen gleichzeitig auf den Tisch**. Jeder findet vor sich seine Schälchen mit Reis und Suppe; die anderen Gerichte stehen in der Mitte des Tisches allen Gästen zur Verfügung.

Häufig eröffnen die Gastgeber das Essen mit den Worten: »Wir können Ihnen leider nur eine Kleinigkeit anbieten, doch greifen Sie bitte nach Herzenslust zu!« Diese **Bescheidenheitsformel** drückt aus, daß selbst das üppigste Festmahl den Gästen nicht gerecht werden könnte.

Während der Mahlzeit fallen wenige Worte; die Aufmerksamkeit gilt voll und ganz den köstlichen Speisen. Immer wieder werden die Gäste ermuntert, kräftig zuzulangen. Es bereitet den Gastgebern höchste Freude, wenn es sichtlich allen schmeckt. Nicht selten verführt die wohlmeinende Fürsorge dazu, mehr zu essen, als der Hunger vorschreibt und die schlanke Linie verträgt.

Koreanische Gäste äußern sich, selbst wenn es ihnen ausgezeichnet mundet, in der Regel nicht lobend über das Essen. Sie halten sich vor allem in Anwesenheit der Gastgeberin zurück, die sie damit lediglich in Verlegenheit brächten. Als nicht eingeweihter Europäer können Sie diese Regel getrost außer acht lassen und sicher sein, daß man Ihre **Komplimente über das Essen** gern hört und richtig versteht.

Nach dem Essen

Sobald sich die Gäste gesättigt und zufrieden zurücklehnen, wird das Geschirr abgeräumt und zum **Nachtisch** Kaffee, begleitet von mundgerecht zerteiltem Obst, serviert. **Männliche Gäste** versorgt man auch mit schärferen Sachen, so daß sich alsbald die Stimmung lockert.

Ist der ausländische Besucher der **Ehrengast**, dann wird man ihn in Kürze auffordern, **ein Lied zum besten zu geben**. Diese Bitte ist nicht als Scherz, sondern ernsthaft gemeint. Sie müssen ihr entsprechen, selbst wenn Sie wissen, daß Ihr harmloses Tremolieren in der Badewanne die Kacheln bersten läßt. Wappnen Sie sich also beizeiten, und prägen Sie sich ein geeignetes Liedchen ein. **Die Ausrede, nicht singen zu können, ist keine Entschuldigung.** Bei einem bekannten Lied singen oder klatschen die anderen Gäste oft mit und mildern so den Mißton Ihrer Stimme ...

Tip: *Gesangseinlagen*

Für **deutsche Sonntagssänger**, die sich auf ihren Zwangseinsatz in Korea vorbereiten wollen, gestaltet sich die Suche nach einem geeigneten Lied leichter als befürchtet. Heinrich Heines ***Lorelei*** ist auch in Korea – natürlich mit koreanischem Text – ein beliebtes Volkslied, in das Ihr Publikum mit viel Freude einstimmen wird. Und auch das *Heideröslein* ist vielen Koreanern, wie hoffentlich demnächst auch Ihnen, bekannt.

Abschied

Das Singen und Trinken kann sich mehrere Stunden hinziehen. **Je länger die Gäste verweilen, desto sicherer weiß der Gastgeber, daß es ihnen unter seinem Dach behagt.**
Schlägt endlich die Abschiedsstunde, begleitet er seine Gäste zur Tür. Dort ziehen sie wieder ihre Schuhe an, verbeugen sich und nehmen voneinander Abschied.
Manchmal begleitet der Gastgeber sie bis zur Straße, wo dann die Abschiedszeremonie stattfindet.

Koreaner zu Gast

Koreaner freuen sich über eine Einladung nach Hause. Und sie wissen jede Aufmerksamkeit des Gastgebers zu schätzen. Schnitzer werden großzügig übersehen. Nachfolgend **einige Tips für den Fall, daß Sie Koreaner einladen** und Ihre Gastgeberqualitäten unter Beweis stellen wollen.
Koreaner, die einige Zeit im Ausland verbracht haben, sind mit der traditionellen westlichen Sitte formeller **schriftlicher Einladungen** vertraut. Im koreanischen Alltag hingegen werden Gäste formlos **mündlich benachrichtigt**, manchmal erst wenige Stunden zuvor. Die meisten ausländischen Hausfrauen zögen es vermutlich vor, etwas mehr Zeit für die notwendigen Vorbereitungen zu haben. Doch werden Einladungen, die über eine Woche zurückliegen, häufig vergessen.
Auch wenn sich die Zeiten langsam ändern, ist es nach wie vor **nicht üblich und selbstverständlich, daß Männer in Begleitung ihrer Frauen zu einer Einladung erscheinen.** So kann es geschehen, daß die Ehefrauen selbst bei ausdrücklicher Einladung zurückbleiben. Dies erfährt der Gastgeber in der Regel erst, wenn seine Gäste vor der Tür stehen.
Sie können Ihre Gäste zwar bitten, zu einer bestimmten Zeit einzutreffen, aber es ist üblich, eine **kleine Verspätung** »einzuhalten«. In sehr seltenen Ausnahmen kann die Verzögerung eine volle Stunde betragen. Deshalb sollten Sie bei Vorbereitung und Wahl der Speisen bedenken, daß sich das Auftragen erheblich verzögern kann.

Begrüßung

Es ist koreanischer Brauch, die Gäste gleich bei ihrer Ankunft **aufmerksam zu begrüßen**. Also: Selbst wenn die Dame des Hauses noch Lockenwickler trägt und die Suppe überkocht, heißt es alles stehen- und liegenlassen und die Gäste an der Wohnungstür empfangen. Dort kann sie auch die Geschenke entgegennehmen und sich anschließend wieder in die Arbeit stürzen, während der Gastgeber sich um seine Gäste kümmert.

Getränke und Appetithappen

Sie sollten Ihren Gästen nach dem Eintreffen **Getränke** und kleine Snacks anbieten. Es empfiehlt sich, eine **neue Flasche** zu öffnen – und damit den guten Eindruck zu erwecken, Sie hätten die Getränke eigens für Ihre Gäste gekauft. Das **Einschenken** besorgt stets der Hausherr, und zwar in Gegenwart der Gäste. Dies ist **nie und nimmer Aufgabe der Gastgeberin**, da einzig und allein Barmädchen Männern die Gläser füllen.
Fragen Sie Ihre Gäste, was sie zu trinken wünschen, werden Sie entweder gar keine oder eine **ablehnende Antwort** erhalten. Diese bedeutet nicht, daß sie fürchten, von Ihnen vergiftet zu werden. Sie entspricht der koreanischen Höflichkeit. Ungeachtet dessen sollten Sie Ihren Gästen einschenken und getrost auch die Damen mit einem alkoholischen Getränk versorgen, an dem sie allerdings nur nippen werden.
Sie liegen immer richtig, wenn Sie eine **große Platte mit koreanischen Appetithäppchen und Knabbereien** servieren. Koreanische *anju* sind überall erhältlich und werden jedem Ihrer Gäste munden. Dazu gehören getrockneter Fisch, Dörrfleisch, Nüsse, Rosinen und gerösteter Seetang (*kim* und *tashima*). Crackers, Chips und Salzletten sollten Sie für westliche Gäste aufheben; bei Koreanern werden Sie sich damit lediglich als nachlässiger Gastgeber erweisen.
Zu den **beliebten nicht-koreanischen Vorspeisen** zählen japanische *sushi* (Reishäppchen, unterschiedlich gefüllt oder belegt, etwa mit rohem Fisch), Russische Eier und Austern. **Käse** eignet sich zwar für koreanische Kinder, Erwachsene aber halten sich dabei lieber zurück.

Tips: Alkoholische Elixiere

• **Harten Getränken** sprechen koreanische **Männer** stets gern zu. Bei **Wein** (mittlerweile sind auch Weine und Sekt aus koreanischem Anbau im Angebot) sollten Sie Ihre westlichen Ansprüche herunterschrauben. Eine Weinkultur, wie wir sie kennen, ist unbekannt. Koreanische Gaumen bevorzugen (zucker-) süße Weine und mißdeuten trockene Weiß- und Rotweine als Essig.

Vom Umgang mit Koreanern

*So sieht ein korrekt koreanisch gedeckter Tisch aus.
Denken Sie als Gastgeber vor allem an Löffel und Stäbchen als Eßwerkzeuge.*

• Daher sollte es den westlichen Weinkenner und -trinker auch nicht entsetzen, wenn man **zum Wein mit Begeisterung Süßigkeiten knabbert**: Korea ist nun einmal **kein** Weinland, und die wenigsten Koreaner wissen Wein (aus Trauben) zu schätzen. Was man in Korea Wein nennt, so Pflaumen-, Apfel- oder Kräuter-»Wein«, das würden wir zumeist als **Likör** einstufen.

Essen

Sie sollten mit einem Festschmaus aufwarten, denn **für koreanische Gäste ist das Beste gerade gut genug**. Dabei zählt die Güte ebensosehr wie die **Menge**. Fahren Sie also so viel auf. daß von sämtlichen Gerichten im Übermaß vorhanden ist. Wer eine zu geringe Auswahl an Speisen anbietet, verletzt seine koreanischen Gäste und geben ihnen zu verstehen, daß sie nicht willkommen sind.

Mit der Ausnahme derjenigen, die längere Zeit im Ausland verbracht haben, **stehen Koreaner westlichem Essen mißtrauisch gegenüber**. Deshalb ist es ratsam, für diesen Anlaß jemanden zu engagieren, der die koreanische Kochkunst beherrscht und die Erwartungen koreanischer Gäste kennt.

Rindfleisch gehört unbedingt auf die Tafel; es käme einer Beleidigung gleich, lediglich Schweinefleisch oder Geflügel aufzutischen. Koreaner ser-

vieren bei festlichen Anlässen gern *pulgogi* und *kalbi;* auch *chab'chae* ist stets beliebt, dazu vielleicht ein Fisch- und ein Geflügelgericht. All dies wird begleitet von einer möglichst breiten Auswahl an *panch'an*, nicht zu vergessen **Reis, Suppe** und *kimchi*.
Wenn Sie wissen, daß Ihren Gästen westliches Essen mundet, könnte der Hauptgang zum Beispiel aus Schinken, Steaks oder anderen Rindfleischgerichten bestehen. Die meisten westlich zubereiteten **Gemüse** dagegen erscheinen koreanischen Zungen fade und geschmacklos. Sie bevorzugen herzhaft angerichtete Gemüse. Viele Koreaner wissen auch westliche **Brotsorten** zu schätzen (Supermärkte führen in der Regel nur geschnittenes Toastbrot). Oftmals kommt eine **Kombination koreanischer und westlicher Speisen** bei Ihren Gästen gut an. Wer seinen fernöstlichen Kochkünsten nicht traut, überläßt diesen Teil einer koreanischen Hilfe und verleiht dem Festmahl mit einigen Gerichten aus seiner Heimat eine »exotische« Note. Selbst wenn das Spinatsoufflé Ihre Gäste nicht in euphorische Verzückung versetzt, wissen sie doch die Mühe zu schätzen, die Sie ihretwegen auf sich genommen haben.

Servieren

Obwohl wohlhabende Koreaner sich gern einmal den Luxus leisten und das ausgefallene, kostspielige **Buffet** eines Spitzenhotels genießen, sollten Sie in Ihren vier Wänden Ihre Gäste nicht auf diese Art der **Selbstbedienung** verweisen. Und da Ausländer ihre Wohnungen meist nicht koreanisch einrichten, findet das Mahl meist am westlichen Eßtisch statt. Bewirten Sie Ihre Gäste mit koreanischen Speisen, decken Sie selbstverständlich **koreanisches Besteck** (Stäbchen und Löffel). Schließlich erschiene es selbst Ausländern unpassend, *kimchi* mit der Gabel zu verzehren. Eine geschmackvolle Tischdekoration findet stets die Aufmerksamkeit Ihrer Gäste.
Auch wenn Koreaner in der Regel zum Essen nichts trinken, steht es Ihnen frei, Ihnen dazu alkoholische **Getränke** zu servieren. Auf jeden Fall sollten Sie darauf achten, leere Gläser immer wieder nachzufüllen. Andere Getränke werden erst nach der Mahlzeit gereicht. Traditionell trinken Koreaner zum Abschluß des Mahls Wasser (in der Familie ist dies der sogenannte Reis-»Tee«, der aus dem am Boden des Reistopfes klebenden Reis unter Zusatz von Wasser gewonnen wird). Daher sollten Sie am besten zu jedem Gedeck ein **Glas Wasser** stellen.
Tischkarten erübrigen sich – **jeder Gast sitzt, wo es ihm beliebt. Ehrengästen** und **älteren Personen** hingegen wird ein besonderer Platz zugewiesen. In der klassisch eingerichteten koreanischen Wohnung befindet sich dieser Ehrenplatz dort, wo die *Ondol*-Heizung in den Zimmerboden mündet. In westlich ausgestatteten Räumen entspricht dem der Platz an der Breitseite des Tisches, wobei der Ehrengast mit dem Rücken zu einer Wand sitzt. **Wichtige Persönlichkeiten dürfen niemals mit dem Rücken zur Tür sit-

zen! Auch unsere »**bunte Reihe**« zählt nicht zu den Sitten: Männer nehmen vorwiegend neben Männern und Frauen neben Frauen Platz.

Nachtisch

Frisches **Obst** beschließt stets ein koreanisches Essen. So satt Ihre Gäste sein mögen, für Früchte findet sich im koreanischen Magen immer ein freies Plätzchen. Sie sollten die Äpfel, Pfirsiche oder Birnen geschält, in mundgerechte Stücke zerteilt und liebevoll arrangiert servieren. Reichen Sie dazu als Besteck Spießchen (Zahnstocher) oder kleine Dessertgabeln.
Wer sich der Mühe unterwirft und zum Obst selbstgefertigtes **Gebäck** reicht, kann sich der Anerkennung seiner Gäste gewiß sein. Da die wenigsten koreanischen Haushalte über einen Backofen verfügen, bereiten Sie Ihren Gästen einen seltenen Genuß.

Nach dem Essen

Ist es Ihnen gelungen, Ihre Gäste gegen deren Vorsatz zu mästen, dann können Sie Ihre Einladung als vollen Erfolg betrachten. Das Obst läutet jedoch keineswegs das Ende des Abends ein. Man **sitzt danach gemütlich beisammen**, plaudert und knabbert an den vielen Leckereien, die nach und nach auf den Tisch gestellt werden. Wer unmittelbar nach dem Essen *tabula rasa* schafft, dessen Ordnungssinn fordert die Gäste zum Gehen auf.
Bei einem koreanischen Fest würden die Gäste jetzt hemmungslos ihr Sangestalent unter Beweis stellen. Anders im Heim eines Ausländers. Falls Sie sich inzwischen mit dieser koreanischen Sitte angefreundet haben, können Sie den **ranghöchsten Gast bitten, ein Lied anzustimmen**.

Abschied

Koreanische Gäste verabschieden sich stets **gleichzeitig** von ihren Gastgebern. Sie sollten sie wenigstens bis zur Wohnungstür, besser bis zum Tor des Anwesens oder vor den Wohnblock **begleiten**. Wer seine Gäste bereits in der Wohnung entläßt, beleidigt sie. Nach den angemessenen Abschiedsworten können Sie sich endlich in Ihre stille Wohnung zurückziehen und befriedigt in dem Bewußtsein zurücklehnen, daß Ihre Fehler spätestens jetzt vergeben und vergessen sind.

Abschieds-Konversation

yojům ôttôhke chinaeshimnikka?	Wie geht es Ihnen?
tôkbun-e chal chinaemnida	Danke. Mir geht es gut.
puin-to annyông hashimnikka?	Wie geht es Ihrer Frau?

ye, chal issûmnida	Ja, es geht ihr gut.
anjûshipshio!	Nehmen Sie Platz!
manhi tûshipshio!	Guten Appetit!
ôsô tûshipshio!	Greifen Sie zu!
dûrô oshiphshio!	Herzlich willkommen!
kamsa hamnida/komapsûmnida	Danke
annyônghi kashipshio!	Auf Wiedersehen! (wörtlich: »Gehen Sie in Frieden«, benutzt von Gastgeber gegenüber Gast.)
annyônghi keshipshio!	Auf Wiedersehen! (wörtlich: »Bleiben Sie in Frieden«, benutzt von Gast gegenüber Gastgeber.)
annyônghi chumishipshio!	Gute Nacht! (wörtlich: »Schlafen Sie in Frieden.«)

Dienstbare Geister

Wen der **Kulturschock** mit Haut und Haaren erfaßt hat, der flüchtet sich mit Vorliebe in den **scheinbar sicheren Hafen des eigenen Heimes**. Hier läßt sich der Vorstellung frönen, alles unter Kontrolle zu haben, fühlt der Entwurzelte sich sicher und entspannt und bemüht sich nach Kräften, sein vertrautes Alltagsleben fortzuschreiben. Doch er täuscht sich, wenn er meint, mit Schließen der Wohnungstür alle Einflüsse des fremden Landes aussperren zu können.

Hausmädchen

Wer länger in Korea weilt, wird früher oder später Hauspersonal einstellen. Selbst wenn Sie Skrupel hegen, fremde Personen Ihre Hausarbeit erledigen zu lassen, werden Sie eines Tages jene hilfreichen Geister zu schätzen wissen, die all jene Aufgaben bewältigen, die Sie daheim im Handumdrehen erledigt haben, Sie im fremden Land hingegen Stunden kosten. Und **alsbald werden Sie diesen Luxus kaum mehr missen wollen**. Ihr Haus glänzt sauberer denn je, die Kinder werden rund um die Uhr liebevoll betreut, und Sie selbst finden endlich die Zeit, sich mit Korea anzufreunden. Außerdem können die meisten koreanischen Hausmädchen phantastisch kochen – und wer kann sich in der Heimat schon eine Köchin leisten?

Alleinstehenden Ausländern reicht es im allgemeinen, wenn die Haushaltshilfe einmal in der Woche erscheint; für eine Familie ist es oft günstiger, wenn das Mädchen im Haus wohnt.

Allerdings sollten Sie **mögliche Schwierigkeiten rechtzeitig ins Auge sehen**, um sie nach Kräften zu vermeiden.

Vom Umgang mit Koreanern

Bald werden Sie als resident *in Korea die Skrupel verlieren, hilfreiche Geister solche Tätigkeiten für sich verrichten zu lassen.*

Die Anstellung

»Gastarbeiter« in Korea übernehmen häufig die Haushaltshilfen von Ausländern, die gerade das Land verlassen. Viele Familien bemühen sich, ihrer Hilfe eine neue Stelle zu sichern, wenn ihre Zeit in Korea zu Ende geht. Deshalb sollten Sie sich zunächst **mit anderen ausländischen Familien in Verbindung setzen.**
Zeigt diese Suche keinen Erfolg, dann können Sie sich in den größeren Städten an **Agenturen** wenden, die auch Hausangestellte ausbilden. Diese beherrschen mitunter die jeweilige Heimatsprache ihrer Arbeitgeber und sind mit westlichen Sitten vertraut.
Bei der Einstellung zahlt sich Sorgfalt aus. Sie sollten zumindest die **Sprachkenntnisse** Ihrer künftigen Haushilfe prüfen. Natürlich werden Sie kaum jemanden finden, der Ihre Muttersprache spricht; doch es erleichtert allen Beteiligten die Arbeit, wenn immerhin die einfachen Anweisungen Verständnis finden.
Letztendlich wird es wichtig sein, **gut miteinander auszukommen**. Manchmal zeigen die Sensoren dies bereits beim Einstellungsgespräch an. Es ist gut, dies frühzeitig zu erkennen. Schließlich werden Sie mit Ihrer Haushilfe die Wohnung teilen und kann Unfrieden daheim die Anpassung in Korea sehr erschweren.
Nachdem Sie sich für eine Person entschieden haben, müssen Sie regeln, ob sie ihren **Lohn** täglich, wöchentlich oder monatlich und welche Zulagen sie

erhält. Es ist zum Beispiel üblich, an *ch'usôk* oder Neujahr, manchmal auch zu beiden Terminen, einen zusätzlichen Monatslohn zu zahlen. Stellen Sie **mehrere Personen** ein, so sollten Sie gleich zu Beginn klären, wer von ihnen das Sagen hat und wer als Stellvertreter einspringt, wenn eine Haushaltshilfe erkrankt.

Der erste Tag

So wie die einen es genießen, daß sie die lästigen Alltagsarbeiten nicht mehr eigenhändig erledigen müssen, ist dies anderen zunächst unangenehm. Erfahrungsgemäß halten diese Bedenken nicht lange vor. Wer sich gerade im dunkelsten Stadium des Kulturschocks befindet, der benutzt seine unschuldigen Haushaltshilfen nur allzugern als »Blitzableiter« für jähe Gefühlsausbrüche. **Seien Sie daher nicht nur anderen, sondern auch sich selbst gegenüber kritisch.**

Es fällt leichter, **Schwierigkeiten von vornherein zu vermeiden**, als bereits zerbrochenes Porzellan zu kitten. Legen Sie deshalb von Anfang an klar fest, **welche Aufgaben wie zu erledigen sind**. Denn häufig weichen Ihre von den koreanischen Vorstellungen ab. So mögen Sie im Hinblick auf die Hygiene auf andere Dinge Wert legen als Ihre Angestellten, was allerdings nicht bedeutet, daß Koreanern Sauberkeit weniger wichtig wäre. Es unterscheiden sich lediglich mitunter die Auffassungen.

Ihre Hilfen werden sich nach Kräften bemühen, Ihnen alles recht zu machen. Dieses Bestreben werden Sie anfänglich schätzen, später womöglich als lästig empfinden. Sie werden besser damit umgehen können, wenn Sie sich das koreanische, **hierarchisch gegliederte Gesellschaftssystem** vor Augen halten. Koreaner stellen ihr Verhalten auf den **Status** des anderen ein. Ranghöhere werden mit dem gebührenden Respekt behandelt, und Untergebene geben in der Regel sämtlichen Launen ihrer Vorgesetzten nach. So wird Ihr koreanisches Dienstmädchen selbstverständlich einen Löffel spülen, kaum daß Sie ihn aus der Hand gelegt haben. Wenn Ihnen diese **unermüdliche Dienstfertigkeit** unangenehm ist, sollten Sie dies höflich, jedoch deutlich erklären.

Sie werden Ihr Personal nur peinlich berühren und verwirren, wenn **Sie Ihren Status vergessen** und es wie vertraute Freunde behandeln wollen. Selbst wenn Sie es gut meinen, ist es nicht angebracht, mit ihm Ihre privaten Sorgen, Eheprobleme oder die schulischen Leistungen Ihrer Kinder zu erörtern.

Badezimmer

Koreanische Badezimmer lagen früher meist außerhalb der Wohnung und galten daher **nicht als Teil des Hauses**. Oft ließ hier die **Sauberkeit**, jedenfalls nach den Maßstäben einer gründlichen deutschen Hausfrau, zu wünschen übrig, worauf bereits der Duft hinwies. Vielerorts, weniger in den Städten, sondern häufiger in den **Dörfern**, wo die Bevölkerung heute noch zum Teil ein bitterarmes Dasein führt, ist dies nach wie vor der Fall. Dort dienen diese »Badezimmer« **nicht allein zur Körperreinigung**. Man benutzt sie zugleich als **Waschküche** und, vor allem im Sommer, als **Lagerplatz für Gemüse**, da die Verdunstungskälte des Wassers für kühle Temperaturen sorgt.

Den **Boden des Badezimmers** werden Sie selten in trockenem Zustand vorfinden. **Badewannen** werden gelegentlich als Vorratsbehälter für Wasser zweckentfremdet; noch vor einigen Jahren mangelte es häufig an Wasser. Außerdem stellen sich Koreaner zum **Duschen** mitten ins Badezimmer, wo es sich ohne akrobatische Körperverrenkungen nach Herzenslust planschen läßt. Nicht zuletzt deshalb verfügt jedes »Badezimmer« über einen Abfluß im Fußboden. Vor oder hinter der Tür stehen immer **Gummi- oder Plastiksandalen** bereit, damit Sie das Badezimmer trockenen Fußes verlassen können.

Solche Badezimmer werden meist schnell und zweckmäßig gereinigt, indem man sie von oben bis unten abspritzt. Daher sollten Sie sich von Ihren gewohnten, ohnehin wenig hygienischen, Badevorlegern trennen bzw. Ihrer Haushilfe genaue **Putzanweisungen** geben. Mitunter empfiehlt sich ein Anschauungsunterricht, bei dem Sie vorführen, wie Sie sich das Putzen von Badewanne, Kachelboden, Waschbecken und Toilette vorstellen.

Anweisungen

Viele westliche Ausländer ziehen es vor, ihr Personal nur allgemein einzuweisen und ansonsten auf seine Eigeninitiative zu vertrauen. Doch selbst tüchtigen koreanischen Dienstmädchen fällt es häufig schwer, sich ohne **genaue Vorschriften** um den Haushalt zu kümmern, etwa wenn die Hausfrau abwesend ist.

Andererseits treiben auch in Korea **Hausdrachen** ihr Unwesen. Insbesondere ältere Hausgehilfinnen sind manchmal von der Überzeugung beseelt, alles besser zu können und zu wissen. Wenn Sie sich nicht an ihre Ketten legen lassen wollen, dann ist es Ihr gutes Recht und einziger Weg in die Freiheit, darauf zu bestehen, daß der Haushalt nach Ihren – hoffentlich vernünftigen und angemessenen – Vorstellungen geführt wird. Hier kann es hilfreich sein, einen **einheimischen Freund hinzuzuziehen**, der den Sachverhalt auf Koreanisch erklärt. Schaltet und waltet Ihre »Perle« weiterhin hartnäckig nach eigenem Gutdünken, müssen Sie sich nach Ersatz umsehen.

Fahrer

Viele länger in Korea weilende Ausländer beschäftigen einen Fahrer. Wer auf das gefährliche Abenteuer verzichtet, sich mutterseelenallein in einem motorisierten Gefährt in das koreanische **Verkehrschaos** zu stürzen, der schont Leib, Leben und Nerven und lindert ein wenig den harten Aufprall des unvermeidlichen Kulturschocks.

Häufig erweist sich der Chauffeur als **dienstbarer Geist mit geschickten Händen**, der anfällige Reparaturen ausführt und Botengänge übernimmt. Pflichten, Bezahlung und Arbeitszeit sollten Sie vor der Einstellung genau regeln. Wie bei anderen Haushilfen sollte man, bei Wahrung des angemessenen Abstands, auf gutes Auskommen Wert legen.

Gärtner

Glückliche Gartenbesitzer tun gut daran, für ein paar Tage in der Woche einen Gärtner zu beschäftigen. Meist wird er Ihren Garten auch ohne ausführliche Anweisungen zu einem Schmuckstück gestalten. Haben Sie **eigene, besondere Vorstellungen** von Gartenarchitektur, so lassen Sie ihn diese wissen.

Wachen

In Korea läßt kaum jemand sein Haus unbewacht zurück. Selbst wer es nur für kurze Zeit aus den Augen läßt, könnte es bei der Rückkehr ausgeplündert vorfinden. Haben Sie nicht für Aufsicht gesorgt, dann wird man Ihnen kein Mitleid entgegenbringen. Schließlich laden unbewachte Häuser **Einbrecher** geradezu ein.

Sie müssen nicht unbedingt **professionelle Wächter** einstellen. Es genügt, wenn **stets eine Person im Haus weilt**. Tagsüber mag dies Ihre Haushaltshilfe sein, oder auch nachts, wenn sie bei Ihnen wohnt. Viele Koreaner beauftragen zum Schutz einen **Nachtwächter**. So harmlos diese Gesellen meist aussehen, schreckt doch allein ihre Anwesenheit ungebetene Gäste ab. Auch in den koreanischen **Wohnblocks** ist für Wachen gesorgt. Da sie ein sehr niedriges Gehalt beziehen, ist es angebracht und üblich, ihnen an *ch'usôk* und Neujahr kleine **Geschenke** zu überreichen, die zudem ihre Wachsamkeit beflügeln.

Wenn es an der Tür klingelt ...

An koreanischen Haustüren scheint unablässig jemand zu klingeln: Vertreter, Hausierer, Kosmetikverkäuferinnen, Mitglieder von Kirchengemeinden und Angestellte örtlicher Behörden. Allein dies wäre Grund genug, eine Haushilfe zu beschäftigen. Selbst wenn Sie ein wenig Koreanisch sprechen können, werden sich Verständigungsschwierigkeiten ergeben. Manchmal ist es nicht nur lästig, sondern auch **gefährlich**, die Tür zu öffnen. Diebe versuchen so einen Blick in die Wohnung zu werfen oder sich gewaltsam Eingang zu verschaffen. Die meisten **Koreaner öffnen nur bekannten**

Personen die Tür – diese Regel sollten auch Sie beherzigen. Eine Hausangestellte ist ideal geeignet, Leute abzuwimmeln, mit denen Sie nichts zu tun haben wollen.

Zeitungsausträger liefern nicht nur die Tageszeitung, sondern häufig auch unangenehme Überraschungen. Von den englischsprachigen Zeitungen in Korea haben die meisten Ausländer die eine oder andere abonniert. Trotzdem wird man versuchen, Ihnen ein anderes oder sogar dasselbe Blatt nochmals aufzudrängen. Der Fallstrick wird folgendermaßen ausgelegt: Man liefert Ihnen täglich eine Zeitung, die Sie nicht bestellt haben. Am Ende des Monats taucht ein Kassierer auf. Meist versteht er Englisch und gibt sogar bereitwillig zu, daß ein Mißverständnis vorliegt, um nichtsdestotrotz auf sein Geld zu pochen. Zahlen Sie die Rechnung, setzt sich das Spiel im nächsten Monat fort. Dies widerfährt nicht allein Ausländern, sondern regelmäßig auch koreanischen Hausfrauen. Manche zahlen die – meist sehr geringen – Abonnementsgebühren bloß deshalb, um sich von dieser Belästigung freizukaufen. Aber damit löst man das Problem selbstverständlich nicht.

Tips: Schutz vor Einbrechern

• Anfänglich werden Sie sich wundern: **Villen** in den besseren Wohngegenden der großen Städte gleichen **Festungen**, bewehrt mit hohen Mauern, starken Stahltoren, Video-Überwachung und Alarmanlagen.
• Ähnliches gilt für die Wohnungen in den großen **Apartmenthäusern**. In diesen oft 300 Mietparteien umfassenden Wohnungetümen erinnern die Wohnungstüren an Zugänge zu Banktresoren: dicke Stahltüren, gesichert mit mehreren starken Sicherheitsschlössern, vergittertem Ausguck und zum Gang hin ebenfalls vergitterten kleinen Fenstern.
• Nach einiger Zeit werden Sie einsehen, daß **Vorsichtsmaßnahmen** nicht übertrieben, sondern vor allem im Großstadtmilieu notwendig sind. Die **Unterschiede zwischen Arm und Reich** sind im Wirtschaftswunderland Korea derart kraß, daß Einbruchsdiebstahl notgedrungen auf der Tagesordnung steht und vielen geradezu als »Kavaliersdelikt« gilt.
• Von Ausnahmen abgesehen, werden Wohnungen und Häuser ausgeräumt, die ohne **Aufsicht** zurückgelassen wurden. Die Anwesenheit nur einer Person – der Großmutter oder einer Hausgehilfin – genügt, um Einbrecher recht zuverlässig von ihrem Coup abzuhalten.

Auf dem Markt

Zu den vergnüglichsten Beschäftigungen in Korea zählt der Marktbummel. Wer sich etwas länger im Lande aufhält, wird bald stolz feststellen, daß er für weniger Geld bessere Ware erhält als Touristen. **Es wimmelt von Märkten**, ob im Freien oder in Hallen, und Marktvierteln mit zahllosen Geschäften. Dort finden Sie alles, was Ihr Herz begehrt: von Seide über Maßbekleidung bis hin zu Türklinken, frischem Fisch und Gemüse. Der erste Eindruck wird Sie überwältigen. Es wird Ihnen schwindeln von dem hektischen Treiben, den Scharen von Menschen, dem Drängen und Stoßen, den fremden Gerüchen und dem ohrenbetäubenden Lärm. Das Angebot von Waren erscheint Ihnen als ein heilloses Durcheinander, und die hygienischen Verhältnisse wecken anfänglich alles andere als Vertrauen.

Die Händler

Verkäufer stehen in Korea auf der **untersten Stufe der sozialen Rangleiter**. Vielleicht ist genau dies der Grund, weshalb sie derart entspannt und locker auftreten. Sie scheinen sich nicht darum zu scheren, was andere von ihnen denken. Auf den Märkten am Ost- und Südtor von Seoul sprechen erstaunlich viele Händler gut **Englisch** und freuen sich, ihre Sprachkenntnisse anzuwenden. Sie sind **freundlich** und **hilfsbereit** – und wollen Ihnen natürlich alles und jedes verkaufen.

Handeln

Kaufhäuser und Supermärkte bieten ihre Waren zu **Festpreisen** an. In kleineren Geschäften und an Marktständen ist es üblich, um den Preis zu **feilschen**; Händler und Käufer erwarten dies voneinander. Der endgültige Verkaufspreis richtet sich nach den »Geschäftspartnern«, der Tageszeit, dem Wetter sowie allen erdenklichen unberechenbaren Faktoren.
Beim **Handeln** sollten Sie keinesfalls an der Ware, selbst wenn sie Ihr Herz höher schlagen läßt, **übermäßiges Interesse** zur Schau stellen. Begutachten Sie, mit Blick auf etwaige Mängel, den Gegenstand Ihrer Wahl, und fragen Sie beiläufig nach dem **Preis**. Der Verkäufer nennt einen weit überhöhten Betrag, der es ihm ermöglicht, den nach einer langen Verhandlung gewährten Nachlaß als schiere Gefälligkeit hinzustellen.
Ihr Gegenangebot sollte sich zwischen 50 und 70% des erstgenannten Preises bewegen. Koreaner behalten den Verkäufer dabei stets genau im Auge. Schreckt er bei dem niedrigen Angebot nicht zusammen, schraubt der Kunde weiter herunter. Auf jeden Fall wird der Händler antworten, daß Ihr Einstiegsangebot unter dem Einkaufspreis liegt. Sein neuer Vorschlag wird zwischen seinem und Ihrem ursprünglichen Angebot liegen. Erscheint Ihnen dieser Preis als angemessen, so können Sie sich damit zufriedengeben oder eine neue **Verhandlungsrunde** eröffnen. Oder Sie versuchen es mit einem **Täuschungsmanöver** und kehren Ware, Händler und Geschäft den Rücken. Mitunter geht der Verkäufer dann auf Ihr Angebot ein. Vor diesem Ritual ist es ratsam, in verschiedenen Geschäften und Verkaufsständen die **Preise zu**

Vom Umgang mit Koreanern

Kaufhäuser und Supermärkte bieten ihre Waren zu Festpreisen an.

vergleichen. So sind Sie für den Handel gewappnet und über den Wert der Ware besser im Bilde.

Hat sich ein Händler besonders bemüht und eine Ware nach Ihrem Wunsch und Geschmack beschafft (es ist nicht ungewöhnlich, daß Händler sich an anderen Ständen für Sie erkundigen), dann sollten Sie **auf jeden Fall etwas bei ihm kaufen.**

Manche **Ausländer, die Koreanisch beherrschen**, reagieren verärgert, wenn Händler einen dreifach überhöhten Preis verlangen. Wenn Sie ihn fragen, warum Sie so viel mehr zahlen sollen als ein Koreaner, rechtfertigt er seine Forderung mit dem Argument, daß Ausländer sich höhere Preise nun einmal leisten können. Doch wenn er befürchtet, sich ein gutes Geschäft entgehen zu lassen, wird er allemal mit dem Preis heruntergehen.

Loyalität

Eine Möglichkeit, **faire Preise** zu erhalten, besteht darin, stets bei denselben Händlern zu kaufen. Mögen Sie anfänglich auch hin und wieder übervorteilt werden, wird man Sie als **Stammkunden** gerecht behandeln und nicht versuchen, Ihnen das Geld aus der Tasche zu ziehen. Dies gilt besonders für die Lebensmittelmärkte, wo selbst langwieriges Handeln den Preis kaum zu drücken vermag.

Dabei sollten Sie allerdings einem Stand **unerschütterlich die Treue halten.** Für Ihren Seitensprung zum Nachbarn, bei dem die Erdbeeren diesmal verlockender aussehen, wird sich »Ihre« Marktfrau beim nächsten Mal unweigerlich rächen. Finden Sie eine bestimmte Ware nicht an ihrem Stand, so sollten Sie ihr dies ruhig mitteilen; sie wird das Gewünschte in kürzester Zeit bei einer Kollegin besorgen.

Wie Sie sich an das Handeln gewöhnen

Handeln ist **zeitraubend** und verunsichert zunächst viele Fremde. Doch Übung macht den Meister, und nach einiger Zeit werden auch Sie Ihren **Spaß** daran finden. Viele Ausländer gewöhnen sich so sehr an das Handeln, daß sie es nach ihrer Rückkehr vermissen.

Wer **geschickt verhandelt**, wird mit günstiger Ware belohnt. Das Feilschen verleiht der nüchternen geschäftlichen Transaktion **menschliche, unterhaltsame Züge**. Die Handelspartner müssen aufeinander eingehen, wenn sie ihr Ziel erreichen wollen. Dieser persönliche Kontakt fehlt, wenn man in einem Kaufhaus dem gelangweilten Kassierer eine festgelegte Summe aushändigt. Feilschen ist eine Kunst, die man mit wachsender Erfahrung immer besser beherrscht. Und so betreiben manche Ausländer dieses Spiel mit Begeisterung in ihrer Freizeit.

Tips für das Handeln
Lexikon

shijang	Markt
kagae, sangjôm	Laden, Geschäft
paekhwajom	Kaufhaus
sangin	Händler, Kaufmann
sonnim	Kunde
chibulha	Kasse
ajossi	Onkel (allgemeine Anrede für verheiratete Männer)
ajumôni	Tante (allgemeine Anrede für verheiratete Frauen)
ch'onggak	junger Mann (gebräuchliche Anrede)
agassi	junge Frau, Fräulein (gebräuchliche Anrede, z.B. auch für die Bedienung in einem Lokal)
yôboseyo!	Hallo! (Wörtlich: »Sehen Sie her!« Ebenfalls gebräuchliche Anrede in allen Lebenslagen.)

Die oben genannten Anreden sollten Sie – mit Ausnahme von *yôboseyo!* – nur gegenüber Personen verwenden, die der gleichen oder einer niedrigeren gesellschaftlichen Rangstufe angehören. Es käme einer Beleidigung gleich, wenn Sie einen älteren, weißhaarigen Herrn in Nationaltracht *(hanbok)* mit *ajôssi* anredeten. **Respektspersonen** werden angeredet mit:

harabôji	Großvater
halmôni	Großmutter

Vom Umgang mit Koreanern

In kleinen Geschäften und Marktständen ist Feilschen üblich.

Geht es um **Geld**, dann verwenden die Koreaner **sino-koreanische Zahlen**. Halten Sie sich an die Faustregel, daß diese aus dem Chinesischen stammenden Zahlen für alle aneinandergereihten Dinge verwendet werden, also für Geld, Minuten, Monate, Jahre und Kilometer. 3.000 *won* sind also *samch'on wôn*.
Koreanische Zahlen verwendet man z.B. für Menschen, Gläser, Flaschen und Stück(e). Das koreanische Zahlensystem reicht allerdings **nur bis einhundert**, danach werden ausschließlich sino-koreanische Zahlen benutzt.

	Koreanische Zahlen	Sino-koreanische Zahlen
0	*yông*	*yông*
1	*hana, han*	*il*
2	*tul, tu*	*i*
3	*set, se*	*sam*
4	*net, ne*	*sa*
5	*tasôt*	*o*
6	*yôsôt*	*yuk*
7	*ilgop*	*ch'il*
8	*yôdôl*	*p'al*
9	*ahop*	*ku*
10	*yôl*	*ship*
11	*yôlhana*	*shibil*
20	*sûmul, sûmu*	*iship*
30	*sôrûn*	*saship*

173

Vom Umgang mit Koreanern

40	*mahûn*	*saship*
50	*swin*	*oship*
60	*yesun*	*yukship*
70	*irhûn*	*ch'ilship*
80	*yôdûn*	*p'alship*
90	*ahûn*	*kuship*
100		*paek*
1.000		*ch'on*
10.000		*man*

Dazu weitere Erläuterungen:
Zusammengesetzte Zahlen (15, 24 usw.) werden bei beiden Systemen nach dem Schema 10 + 5 oder 20 + 4 gebildet. **Runde Zehnerzahlen** (20, 30) haben in der koreanischen Reihe eigene Namen, in der sino-koreanischen werden sie (2 x 10, 3 x 10 usw.) zusammengesetzt.
Alle **Zahlen über 10.000** werden auf der Basis von 10.000 gebildet: 100.000 = 10 x 10.000 = *shimman;* 1 Million = 100 x 10.000 = *paengman*.

Konversation

i-gôs-ûn muôshimnikka?	Was ist das?
ôlma eyo?	Was kostet das?
och'ôn wôn ieyo	Das kostet 5.000 Won.
ssage chuseyo	(Machen Sie es) bitte etwas billiger.
nômu pissayo	Das ist zu teuer.
samch'ôn wôn-e tûrilkkeyo	Ich gebe es Ihnen für 3.000 Won.
chohayo	In Ordnung. OK.
sagessôyo	Ich kaufe es.

Mit dem Taxi unterwegs

Taxis erkennen Sie meist an ihrer leuchtenden Farbe – orange, grün, gelb oder blau – und an dem Zeichen »Taxi«, das nachts zusätzlich beleuchtet wird. Koreanische Taxis sind wesentlich kleiner und weniger geräumig, als wir sie kennen. Eine Taxifahrt ist ein **preiswertes** und aufregendes Abenteuer, das womöglich Ihren ersten Anfall von **Kulturschock** auslöst.

Ein Taxi ergattern

An Taxis herrscht in der Regel kein Mangel. Wenn Sie nicht ausgerechnet während des Berufsverkehrs oder Schichtwechsels der Fahrer Ihr Glück versuchen, werden Sie mühelos einen freien Wagen finden.
Wollen Sie ein Taxi auf sich aufmerksam machen, so stellen Sie sich an den Straßenrand und winken es, indem Sie mit der Handfläche nach unten

Vom Umgang mit Koreanern

Taxis verursachen möglicherweise Ihren ersten Korea-Kulturschock.

Greifbewegungen ausführen, heran. In **größeren Städten** finden sich auch **Taxizentralen**, gelegentlich mit einem Dach gegen Wind und Wetter geschützt. Bei diesen Ständen ist es üblich, sich **in der Reihe anzustellen**. Warten Sie in der Nähe der Schlange, werden Taxifahrer Sie kaum beachten. Halten Sie naiv und nichtsahnend während der **Hauptverkehrszeiten** nach einem Taxi Ausschau, dann bescheren Sie sich **eines Ihrer frustrierendsten Korea-Erlebnisse**. Es hat ganz den Anschein, als würde die Jagd nach einem Taxi die zivilisierte Menschheit mit einem Schlage enthemmen. Außerdem ist das Schlangestehen unüblich und wird einzig und allein an Taxiständen betrieben.

So sind die **haarsträubendsten Taxi-Geschichten** im Umlauf. Eine erzählt vom Leid einer Ausländerin, die eines kalten Januartages, ihr Kind im Arm, endlos lange auf einen Wagen wartete. Als endlich ein freies Taxi hielt, tauchte, ehe sie die Tür öffnen konnte, überraschend aus dem Nichts ein junger Mann auf, sprang durch eine andere Tür in den Wagen, und das Taxi fuhr auf und davon. Selbstverständlich hatte er seine Konkurrentin erblickt, war aber offensichtlich fest überzeugt, daß sein Anliegen dringender war als das ihre. Dergleichen geschieht häufig – und bald gehören vermutlich auch Sie zu jenen unbeliebten Zeitgenossen, die sich ein Taxi schnappen, wo, wie und gegen wen auch immer sie können. Hier gilt das **Recht des Stärkeren**. Dem Schwächeren bietet sich lediglich die Alternative, über eine Stunde geduldig zu warten oder darauf zu hoffen, daß der Berufsverkehr endlich nachlassen möge.

Vom Umgang mit Koreanern

Verständigung mit dem Fahrer

Seoul ist eine internationale Stadt, aber es wäre ein Irrtum anzunehmen, alle Taxifahrer sprächen **Englisch**. Schließlich bereitet es einem Koreaner ebensolche Schwierigkeiten, Englisch zu lernen, wie Ihnen, die koreanische Sprache zu erlernen. Außerdem bieten sich nur selten Gelegenheiten, Sprachkenntnisse anzuwenden und zu üben. Stellen Sie sich also auf mögliche **Sprach- und Verständigungsprobleme** ein. Allerdings werden Radiokurse und Fortbildungsmaßnahmen für »Taxi-Englisch« angeboten. Es ist immerhin überraschend, wie viele Taxifahrer wenigstens einige Sätze in dieser für sie so schwierigen Fremdsprache beherrschen.

Nachdem Sie glücklich ein Taxi ergattert bzw. ergaunert haben, wird der Fahrer Ihnen die naheliegende Frage nach Ihrem – und damit hoffentlich auch seinem – **Fahrtziel** stellen. Die koreanische Sprache bietet zahlreiche Möglichkeiten, diese einfache Frage auszudrücken. Natürlich müssen Sie beileibe nicht sämtliche Versionen beherrschen. Gehen Sie vielmehr getrost davon aus, daß seine verbalen Äußerungen sich auf Ihr Ziel beschränken, und liefern Sie ihm das **Stichwort**. Nennen Sie **eine bekannte Adresse**, etwa ein großes Hotel oder den Stadtteil Itaewon, so sind Sie aus dem Schneider und bald sicher am Ziel.

Wollen Sie jedoch zu einem **weniger bekannten Ort** oder **weicht Ihre Aussprache merklich von der koreanischen ab**, dann kann die Expedition ins Ungewisse beginnen. Leider ist es in Korea üblich, daß der Fahrer meist nicht antwortet, sondern wortlos anfährt. **Haben Sie den Eindruck, er fahre falsch** (und sprechen zudem kein Koreanisch), dann wiederholen Sie am besten Ihre Zielangabe noch einmal klar und deutlich in der Hoffnung, daß er den Sinn Ihrer Worte versteht. Möglicherweise wählt er lediglich einen anderen, Ihnen unbekannten Weg zum Ziel.

Sie handeln weise, wenn Sie sich vorsorglich von einer hilfsbereiten Person im Hotel oder einem Teehaus **Ihr Fahrtziel in koreanischer Schrift *(hangul)* notieren lassen**. Noch klüger handeln Sie, wenn Sie in der Lage sind, dem Fahrer **das Ziel auf dem Stadtplan zu zeigen**. Dies hilft allerdings nur bei Zielen, die weniger versteckt liegen als manche Vorort-Eigenheime. Die meisten Fahrer werden sich aber nach Kräften bemühen, Sie am gewünschten Ziel abzusetzen. Kennen sie sich nicht aus, ziehen sie oft auch Passanten zu Rat.

Tips: Taxifahren

• Der Prozentsatz der Fahrer, die sich wenigstens notdürftig in **Englisch** verständigen können, ist stark gestiegen, seit u.a. Selbstverpflichtungsaktionen stattfanden, »100 Sätze Englisch« zu lernen, sowie Kurse und Fortbildungsprogramme für Taxi- und Busfahrer angeboten werden.

Vom Umgang mit Koreanern

Vor der Olympiade 1988 fand unter den Taxifahrern die Selbstverpflichtungsaktion »100 Sätze Englisch lernen« statt. Bevor Sie sich zutraulich auf den Erfolg dieser pädagogischen Bemühung verlassen, sollten Sie besser unsere Mini-Konversation auf den folgenden Seiten üben.

- Am Empfang eines jeden **Hotels** steht ein Kästchen mit **Visitenkarten** zur Verfügung, auf denen Name und Adresse der Unterkunft in Koreanisch und Englisch aufgeführt sind und häufig auch ein kleiner Ausschnitt des Stadtplans mit Richtungsangaben zu finden ist. Sie sollten von diesem Angebot auf jeden Fall Gebrauch machen, denn diese Karten sind für Taxifahrer – und damit Sie selbst – eine unschätzbare Hilfe.
- Als **wertvolle Hinweise zur Beschreibung des Ziels** dienen große Firmen, Kaufhäuser, Kirchen, Universitäten oder Sehenswürdigkeiten, die in dessen Nähe liegen. Auch ein Apartmentkomplex – häufig Hochhaussiedlungen mit der Einwohnerzahl einer westlichen Kleinstadt – eignet sich als »Landmarke«.

Die Fahrt im Taxi

Sitzen Sie endlich, sicher in dem Bewußtsein, sich in Richtung auf das gewünschte Ziel zu bewegen, im Taxi, dann steht einer angeregten **Unterhaltung mit dem Fahrer** nichts mehr im Wege. Taxifahrer verbringen den größten Teil ihrer Zeit im Gespräch mit ihren Passagieren und sind so die beste **Informationsquelle**, wenn Sie die Volksmeinung zu einem bestimmten Thema erfahren wollen. Selbstverständlich hängt die Unterhaltung von den jeweiligen Sprachkenntnissen ab.

Wenn Ihr Fahrer Sie auf Englisch fragt: »Woher kommen Sie?« oder: »Wie alt sind Sie?«, dann bedeutet dies nicht zwangsläufig, daß er Ihre Antwort auch versteht. Seine Fragen sind lediglich Ausdruck von **Höflichkeit** und Freundlichkeit.
Legen Sie im Augenblick keinen Wert auf muntere Unterhaltung, dann geben Sie sich ruhig wortkarg. Der Fahrer wird Sie sehr schnell verstehen, ohne es Ihnen nachzutragen. Schließlich ergeht es ihm mitunter nicht anders.
Wollen Sie **Ihre koreanischen Sprachkenntnisse üben**, ist ein Taxi der beste Ort, dies zu tun. Die Fahrer sind meist recht gut aufgelegt und wissen die Bemühungen einer »Langnase« zu würdigen, sich auf Koreanisch mit ihnen zu verständigen. Vergessen Sie Ihre Skrupel; selbst wenn Sie sich blamieren sollten, werden Sie kaum je ein zweites Mal auf denselben Taxifahrer treffen.

Am falschen Ziel

Es geschieht äußerst selten, daß Taxifahrer **absichtlich Umwege** einschlagen. In Korea zählen sie zu einer ehrenwerten Gattung Mensch, die ihre Kunden nicht auf Gedeih und Verderb übers Ohr hauen will.
Selbstverständlich handeln sie dabei auch aus eigenem Interesse: Je mehr Fahrgäste, desto höher liegt ihr Verdienst. Den größten Gewinn bringt die Grundgebühr für eine Fahrt. Der **Fahrpreis** setzt sich zusammen aus einer Pauschale für die ersten paar hundert Meter sowie nach Zeit und Wegstrecke gestaffelten Gebühren. Deshalb ist ein koreanischer Taxifahrer stets bemüht, so viele Fahrten wie möglich zurückzulegen.
Gelangen Sie dennoch einmal am **falschen Ziel** an, sollten Sie zunächst von einem **Mißverständnis** ausgehen. Gewiß ist es unangenehm, eine wichtige Besprechung zu verpassen oder jemanden zu spät vom Flughafen abzuholen, weil der Fahrer »airport« als »haircut« verstanden und Sie vor einem exotischen Friseur am anderen Ende der Stadt abgesetzt hat. Doch ihm ist dieses Mißgeschick ebenso peinlich wie Ihnen. Manchmal wird er darauf bestehen, daß Sie **aussteigen**, was meist die beste Lösung ist, da der zweite Anlauf nur ohne Gewähr zum Erfolg und Ziel führt. Oder Sie finden zufällig einen **Dolmetscher**, der Ihnen und dem Fahrer weiterhilft. Andernfalls müssen Sie Ihr Glück mit einem anderen Taxi versuchen.
Sie werden sich fragen, warum um Himmels willen der Fahrer auf ein ungewisses Ziel zugesteuert ist, statt sich gleich beim Einsteigen genauer zu erkundigen. Nun, dies geht zurück auf einen typischen Charakterzug der Asiaten. **Wer zugibt, keine Antwort zu wissen, verliert Gesicht.** Und außerdem wollen sie anderen **keine Bitte abschlagen** und mit einem »Nein« oder »Ich kann Ihnen nicht helfen« verletzen. Insbesondere koreanische Männer sind von dem Vertrauen beseelt, alles bewältigen zu können – weshalb Gebrauchsanweisungen erst gelesen werden, wenn der neue Ofen bereits schwelt und sämtliche Sicherungen durchgeschmort sind ...

Sind Sie an einer falschen Adresse gelandet, sollten Sie **keine Szene machen**. Sie würden lediglich Gesicht verlieren und außerdem Ihren eigenen Interessen schaden. Denn manche Taxifahrer, die schlechte Erfahrungen mit Fremden gemacht haben, weigern sich, ausländische Fahrgäste zu befördern. Deshalb ist es am besten, den ausgewiesenen Fahrpreis zu entrichten, zu **lächeln** und zu versuchen, die »verfahrene« Situation zum besseren zu wenden.

Rennfahrer

Früher richtete sich der Preis einer Taxifahrt allein nach der Kilometerzahl, weshalb sich die Fahrer nach Kräften bemühten, möglichst viele Kilometer in möglichst kurzer Zeit zurückzulegen. Kurzsichtige Optimisten hofften, Gaspedal und Nerven würden sich erholen, wenn man den Preis nicht nur nach den Kilometern, sondern auch nach der Zeit bemäße.
Sie haben sich getäuscht. Das neue System hat den **halsbrecherischen Fahrstil** nicht geändert. Bereiten Sie sich also seelisch auf Ihre erste Taxifahrt in Korea vor. Das wichtigste Instrument Ihres Fahrers ist das Gaspedal, er betätigt es hingebungs- und kraftvoll in allen Verkehrslagen, auch wenn er unmittelbar danach ebenso wild abbremsen muß. Halten Sie sich gut fest, und verlassen Sie sich besser nicht auf Gott, sondern den tröstlichen Gedanken, daß diese Rennfahrer ihr Fahrzeug in der Tat geschickt beherrschen (und nicht umgekehrt, wie es vielleicht den Anschein hat). Sie kennen die Abmessungen ihres Wagens auf den Zentimeter genau, und es scheint ihnen höllischen Spaß zu bereiten, sich »auf Lackbreite« zwischen anderen Fahrzeugen tänzelnd zu bewegen.
Solange Sie, dem Herzinfarkt nahe, im Taxi eingesperrt sind, tun Sie gut daran, den Gedanken daran beiseite zu schieben, daß die **Fahrer zehn bis zwölf Stunden täglich arbeiten**. Meist haben sie allerdings am nächsten Tag frei. Wenn Sie am Ziel wankend dem Wagen entsteigen und sich vom Fahrer auf Nimmerwiedersehen verabschieden, werden Sie kaum glauben, daß der Mensch sich an das **lebensgefährliche Dasein eines koreanischen Fahrgastes** gewöhnen kann. Doch irgendwann ruhen auch Sie **gelassen** und entspannt in den Polstern eines Taxis, während der Fahrer in die Hände spuckt, das Lenkrad packt, aufs Gas steigt und sich mitsamt Gast ins Verkehrschaos und auf die Rennbahn stürzt.

Fahrpreis

Der Grundpreis für die ersten Kilometer ist amtlich festgelegt. Danach richtet sich der Fahrpreis vornehmlich nach der **zurückgelegten Strecke**. Kommt der Wagen nur langsam voran oder steckt man in einem **Stau**, läuft der **Taxameter** trotzdem langsam weiter. Führt der Weg durch einen **Tunnel**, hat der Fahrer eine **Gebühr** zu entrichten, die er auf den Fahrpreis auf-

schlägt. **Ausnahmeregelungen** werden nur getroffen, wenn der Weg in eine andere Stadt führt, die über eine Fahrtstunde entfernt liegt. Dann sollten Sie sich **vor Antritt der Fahrt über den Preis einigen**. Für Taxifahrten nach Mitternacht wird ein Zuschlag erhoben.
Koreaner geben in der Regel kein **Trinkgeld**. Hat sich Ihr Fahrer besonders bemüht, sollten Sie den Fahrpreis nach oben abrunden.

Schichtwechsel und Mittagspause

Zwischen 15.00 und 16.00 Uhr werden Sie zwar Hunderte von Taxis erblicken, doch wird kaum eines gnädig bei Ihnen anhalten. Um diese Zeit findet bei den mehr als einhundert Taxiunternehmen der Schichtwechsel statt. Fahrer nehmen dann nur Passagiere auf, wenn das Fahrtziel auf dem Weg zu ihrer Zentrale liegt.
Zu dieser Zeit werden die **Warteschlangen** an den Taxiständen länger und länger. Taxis fahren die Sammelstellen zwar an, setzen ihren Weg jedoch fort, wenn keines der ausgerufenen Fahrtziele ihrer Route entspricht.
Erblicken Sie ein **freies Taxi** und der Fahrer antwortet auf Ihr verzweifeltes Winken mit **eigenartigen, auf seinen Mund weisenden Gesten**, dann will er Ihnen pantomimisch zu verstehen geben, daß er eine Eßpause plant. So wissen Sie immerhin, weshalb Sie weiter nach einem Wagen Ausschau halten müssen ...

Hapsûng

Hapsûng bedeutet, daß **zwei Passagiere ein Taxi teilen**. Viele Fahrer, die mit einem Fahrgast unterwegs sind, halten bei weiteren Kunden in der Hoffnung an, daß einer von ihnen die gleiche Richtung anstrebt. Denn an zwei Passagieren verdienen sie das doppelte Fahrgeld.
Diese Gepflogenheit heißt *hapsûng* und ist **verboten**, da sie den Verkehrsfluß behindert. Doch niemand schert sich um diese Vorschrift, vor allem nicht während der **Stoßzeiten**. Schließlich stehen, je mehr Leute sich ein Taxi teilen, desto mehr freie Wagen zur Verfügung. Vergeudet Ihr Fahrer aber zuviel Ihrer wertvollen Zeit auf der Suche nach einem weiteren Passagier, dann sollten Sie sich beschweren.
Wollen Sie *hapsûng* fahren, weil Sie weit und breit kein freies Taxi finden, dann warten Sie ab, bis ein besetzter Wagen vor Ihnen hält, und nennen Sie laut Ihr Ziel. Liegt es auf seiner Strecke, wird der Fahrer Sie zum Einsteigen auffordern; andernfalls fährt er wortlos weiter.
Er sollte **kein erhöhtes Fahrgeld** verlangen, wenn er wegen Ihres Mitreisenden einen Umweg einschlagen mußte. Natürlich ist es unmöglich, dies genau zu berechnen. Wissen Sie allerdings sicher, daß er Sie auf Umwegen an Ihr Ziel gebracht hat, sollten Sie den **üblichen Fahrpreis** bezahlen oder die geschätzten Mehrkosten der zusätzlichen Strecke vom verlangten Preis

abziehen. Nehmen Sie in Kauf, daß der Fahrer vielleicht protestiert. Möglicherweise berechnet er Ihnen auch weniger, um Sie für die durch *hapsûng* verursachten Ungelegenheiten zu entschädigen.

Tips: Taxi-Lexikon

taekshi (taxi)	Taxi
taekshi t'anûnkôt	Taxistand
kisa-nim	Taxifahrer (allgemeine Bezeichnung für Fahrer öffentlicher Verkehrsmittel)
konghang taekshi	Flughafentaxi
taekshi yogûm	Fahrpreis

Konversation

ôdi kaseyo?	Wo gehen/fahren Sie hin?
...-e kamnida	Ich möchte nach/zu ...
oentchok-ûro kaseyo	Bitte nach links
orûntchok-ûro kaseyo	Bitte nach rechts.
ttokparo kaseyo	Bitte geradeaus.
yôgi naeryô chuseyo	Ich möchte hier aussteigen.
ch'ônch'ônhi ka-chuseyo	Fahren Sie bitte etwas langsamer.
yogûm-i ôlma-eyo	Wie hoch ist der Fahrpreis?
t'aewô chuôsô komapsûmnida	Vielen Dank für die Fahrt.

Geschäftsleben

Das »**Wirtschaftswunder**« **Korea** – 1961 noch lag das Land bei einem Pro-Kopf-Bruttosozialprodukt von 82 US$ im weltweiten Vergleich auf den untersten Rängen – wurde durch mehrere Faktoren gefördert, darunter eine strenge, konfuzianisch geprägte Disziplin, ein hoher Bildungsstand sowie ein stark entwickelter Leistungswille. Koreaner haben die weltweit längste Arbeitswoche einzuhalten, und wer mit Koreanern zusammengearbeitet hat, der weiß ihre Arbeitsmoral zu schätzen. Dies legt, in Verbindung mit einem außergewöhnlichen Wirtschaftswachstum und rasch ansteigendem Export den Grundstock für Koreas internationale Konkurrenzfähigkeit.

Damit hat auch die Zahl **ausländischer Geschäftsleute und Firmenvertreter in Korea** zugenommen. Für den Ausländer ist es meist ein harter Job, hier Geschäfte machen zu wollen. Dies ist selbst in der Heimat der Fall, wo alle die gleiche Sprache sprechen, mit den geschäftlichen Gepflogenheiten vertraut sind und unter einem Vertrag ein und dasselbe verstehen. Die Erfahrungen im fremden Land mit einer fremden Sprache und fremden Regeln hingegen können selbst einen mit allen Wassern gewaschenen Geschäftsmann zur Verzweiflung treiben.

Wir wollen Ihnen hier nicht beim Aufbau einer Firma in Korea helfen. Dafür sind Handelskammern und andere staatliche Einrichtungen zuständig. Aber wir wollen Ihnen helfen, die **Sitten und Regeln des koreanischen Geschäftslebens** zu verstehen, und Sie vor Fallgruben zumindest warnen.

Geschäftsbeziehungen

Im Westen ist es üblich und oberstes Gebot, Geschäfte berechnend und kühlen Kopfes zu betreiben. Natürlich haben koreanische Geschäftsleute den Profit nicht weniger im Auge als ihre westlichen Kollegen. Doch sie legen nahezu ebenso hohen Wert auf die **persönlichen Beziehungen der Geschäftspartner**. Vereinbarungen, Vorschläge und Verträge werden niemals losgelöst von den beteiligten Personen betrachtet. Erscheint ein möglicher Geschäftspartner als nicht vertrauenswürdig, dann wird man mit ihm, so günstig die Konditionen sein mögen, keinen Vertrag abschließen.

Wichtiger als der bloße Profit ist es, mit seinem Geschäftspartner gut auszukommen und sich in einem **grundsätzlichen Einvernehmen** zu befinden. Häufig treffen sich Geschäftspartner vor Beginn der Verhandlungen zunächst zu einem Essen und einigen Drinks. Erst wenn sie sich etwas näher kennengelernt haben, beginnen sie über gemeinsame Unternehmungen nachzudenken.

So fällt es selbstverständlich leichter, Geschäfte zu tätigen mit jemandem, der einen ähnlichen Hintergrund aufweist, vielleicht die gleiche Schule

Geschäftsleben

Südkorea hat einen gigantischen Sprung unter die größten Industrieproduzenten hinter sich. Hier warten Autos des größten koreanischen Konzerns, Hyundai, darauf, von in Hyundai-Werften gebauten Schiffen nach Übersee transportiert zu werden.

besucht hat, aus der gleichen Stadt stammt oder der Freund eines Freundes ist. Solche **Gemeinsamkeiten vermögen jede geschäftliche Verbindung zu fördern**. Koreaner halten es, im Gegensatz zu uns, für den zuverlässigeren und vernünftigeren Weg, **auch Geschäftsbeziehungen als zwischenmenschliche Beziehungen anzusehen**. Profitmaximierung um jeden Preis verkennt die Tatsache, daß hinter Firmen nicht Computer, sondern Menschen stehen. Und diese Menschen, glauben die Koreaner, gilt es als Individuen zu betrachten und zu behandeln – was diese umgekehrt gleichermaßen zu beherzigen haben. Wie aber definieren sich solche Individuen?

Tip: Arbeitsessen

Die westliche Einrichtung des »Arbeitsessens« ist in Korea wenig beliebt. Entweder **man ißt oder man arbeitet**; ein gutes Essen sollte man sich nach Meinung der Koreaner nicht von Geschäftsproblemen verderben lassen.

Gesellschaftliche Stellung

Die koreanische Gesellschaft ist **hierarchisch** aufgebaut. Jeder muß den Rang des anderen kennen, um sich ihm gegenüber angemessen verhalten zu können. Wer einem anderen **Respekt** schuldet, zeigt dies in Mimik und Gestik und Verwendung der entsprechenden sprachlichen Höflichkeitsformen. Auch Geschäftsbeziehungen unterliegen diesen Regeln.

Titel

Um Ihren Geschäftspartner gesellschaftlich einordnen zu können, müssen Sie seine **Position innerhalb seiner Firma oder Organisation** kennen. Die unter Koreanern verwendeten **Anreden** können Ihnen Hinweise auf den **Rang** liefern. So würde niemand einen Präsidenten Kim schlicht und einfach als »Herrn Kim« ansprechen oder gar beim Vornamen nennen. Gleiches gilt für Direktor Park und andere hochgestellte Firmenangehörige.

Auch wenn Koreanern der saloppe westliche Umgangston bekannt ist, wissen sie es doch sehr zu schätzen, wenn Sie es Ihren koreanischen Kollegen gleichtun und diese mit ihrem **Titel** oder ihrer **Funktionsbezeichnung** anreden. Sie schlagen dabei zwei Fliegen mit einer Klappe. Sie verhalten sich, nicht zuletzt auch im eigenen Interesse, respektvoll und lernen dabei zugleich die unzähligen Kim, Lee und Park auseinanderhalten.

Rangordnung

Präsidenten, Direktoren und Manager besitzen weitaus mehr Macht über ihre Untergebenen, als es in vergleichbaren westlichen Betrieben der Fall wäre. Das konfuzianische Prinzip, **Vorgesetzte achtungsvoll zu behandeln**, erschwert es Untergeordneten, **Kritik** zu üben oder Wünschen nicht zu entsprechen. So bleibt ihnen keine andere Wahl, als die Anordnungen von Vorgesetzten zu befolgen.

Präsidenten, besonders größerer Firmen, sind es gewöhnt, **Verantwortung zu delegieren**. So werden Sie von hochgestellten Managern nur unbefriedigende Auskünfte über ein Projekt erhalten und statt dessen an eine zuständige Person verwiesen werden. Präsidenten oder andere leitende Angestellte vertrauen meist dem Urteil sachkundiger Untergebener. Daher sollten Sie darauf achten, die **unteren Ränge nicht zu ignorieren oder gar zu beleidigen**.

Geschäftsverhandlungen werden in der Regel von Personen gleichen sozialen Ranges geführt. Wer also in seiner Firma eine recht hohe Position bekleidet und sich am Verhandlungstisch einem deutlich rangniedrigeren Gesprächspartner gegenübersieht, dem wird durch die Blume verkündet, daß die andere Firma auf eine Zusammenarbeit keinen hohen Wert legt.

Vorstellungen

Eine gute Geschäftsbeziehung wird dadurch in die Wege geleitet, daß **eine dritte Person Sie Ihrem künftigen Partner vorstellt**. Es ist nicht üblich

Geschäftsleben

und wirft schlechtes Licht auf Sie, wenn Sie sich ohne einen Vermittler an eine unbekannte Person wenden. Daher sollten Sie in Korea einen möglichst **umfangreichen Bekanntenkreis** unterhalten. Zum Glück ist Korea ein kleines Land und die Gruppe von *V.I.P.*, auf die es Ihnen ankommt, begrenzt. So können Sie über **Vermittlung** von Absolventen der gleichen Universität ohne aufwendige Förmlichkeiten Kontakte anknüpfen. Gleiches gilt für Mitglieder von Berufs-, Industrie- oder Handelsvereinigungen.
Möchten Sie jemanden kennenlernen, können Sie Bekannte bitten, Sie dieser Person vorzustellen. Können Ihnen diese nicht helfen, so forschen sie in ihrem Bekanntenkreis gewiß nach einem geeigneten »Kuppler«, der über die notwendigen Verbindungen verfügt.

Sprache und Kommunikation

Zum Glück für Sie ist, mit wenigen Ausnahmen, die **Geschäftssprache** in Korea **Englisch**. Dies schützt Sie, selbst wenn Sie die englische Sprache perfekt beherrschen, jedoch nicht vor **Verständigungsproblemen**. Zwar lernen Koreaner von der Mittelschule bis zur Universität Englisch, doch mangelt es den meisten an Sprechpraxis, da der Schwerpunkt der Ausbildung bisher im Übersetzen und Schreiben lag. Erst seit jüngerer Zeit werden im Unterricht auch Sprechen und Hören aktiv geübt. Deshalb bereitet es vielen Koreanern Schwierigkeiten, gesprochenes Englisch zu verstehen und sich auf Englisch auszudrücken.
Gehen Sie nicht davon aus, daß die Fähigkeit, Englisch zu **sprechen**, gleichbedeutend ist mit der Fähigkeit, gesprochenes Englisch zu **verstehen**. Und

es wird kein Gesprächspartner zugeben, daß er weniger versteht, als Sie annehmen. **Beugen Sie also möglichen Mißverständnissen vor**, indem Sie:
- langsam und deutlich sprechen;
- wichtige Punkte mehrmals wiederholen, am besten sogar schriftlich festhalten;
- beim Gespräch mit mehreren Koreanern ab und zu eine Pause einlegen, damit sie einander das Gesagte übersetzen können;
- auf taktvolle Art Ihren Gesprächspartner veranlassen, die wichtigsten Punkte in eigenen Worten noch einmal (auf Englisch) wiederzugeben.

Geschäftsleute mit Korea-Erfahrung werden Sie auf die Notwendigkeit hinweisen, zumindest ein wenig **Koreanisch** zu lernen. Sie hinterlassen damit bei koreanischen Geschäftspartnern und Kollegen einen guten Eindruck, selbst wenn Sie die Sprache nicht fließend beherrschen. Doch es ist zweckmäßig und erleichtert den Umgang, wenn Ihnen immerhin **einige wichtige Ausdrücke** geläufig sind.

Das koreanische »Ja« und »Nein«

In europäischen Sprachen meint »Ja« im allgemeinen: »Ja, ich stimme Ihnen zu« oder: »Ja, ich habe verstanden.« In Korea heißt »Ja« bestenfalls: »Ich habe verstanden« oder: »Ich will mein Bestes tun.« Stellen Sie sich also darauf ein, daß **das »Ja« Ihres Gesprächspartners nicht unbedingt Zustimmung bedeutet** oder eine Zusage verheißt.

Ein »Nein« wird im koreanischen Geschäftsleben kaum je an Ihre Ohren dringen. Folgern Sie daraus jedoch nicht, daß alle stets einhellig Ihre Auffassung teilen. **Ein offenes »Nein« gilt als unhöflich; Absagen werden indirekt ausgedrückt.** Ein koreanischer Bankier beschrieb seine Taktik folgendermaßen: »Anstatt offen und deutlich einen Kredit zu verweigern, gestalte ich die Bedingungen derart ungünstig, daß der Antragsteller unmöglich darauf eingehen kann.«

Wenn Koreaner Ihnen etwas **versprechen und die Zusage später nicht einhalten**, dann geschieht dies nicht aus betrügerischer Absicht heraus. Während Sie das »Ja« Ihres Partners wörtlich verstanden haben, meinte er vermutlich: »Sofern es mir möglich ist, werde ich dieses oder jenes tun« – und hat damit zugleich angedeutet, daß sich ihm Schwierigkeiten in den Weg stellen könnten. Und Sie können es als ein **indirektes »Nein«** interpretieren, wenn die Erfüllung einer Zusage immer wieder aufgeschoben wird.

Telefon

Es ist nicht üblich, telefonisch wichtige geschäftliche Vereinbarungen zu regeln. Per Telefon trifft man Verabredungen oder klärt unbedeutende Angelegenheiten; geschäftliche Besprechungen hingegen finden unter vier

Geschäftsleben

Südkorea gehört zu den dynamischsten Industrienationen und hat in manchen Produktionssektoren (zum Beispiel Schiffbau) bereits Japan in die Defensive gedrängt. Dennoch herrscht im Geschäftsleben noch der konfuzianisch geprägte Verhaltenskodex.

(oder mehr) Augen statt. Dies vertieft und festigt zudem die persönlichen Beziehungen der Partner.

Nonverbale Kommunikation

Koreanische Geschäftsleute legen Wert auf allzeit **korrekte Kleidung**. Sie belegt den eigenen Status sowie die Achtung vor dem Gesprächspartner. Es herrscht Krawatten- und außerhalb der Büroräume auch Jackettzwang, selbst bei unerträglicher Hitze und Schwüle.
In koreanischen **Büroräumen** geht es **geräuschvoll** zu, insbesondere wenn gerade **telefoniert** wird. Wer weiß, vielleicht geht diese Sitte zurück auf jene Tage, in denen die Telefonverbindungen in der Tat ausgesprochen schlecht waren. Zucken Sie also nicht stets aufs neue zusammen, wenn Ihre sanfte Sekretärin am Telefon die Lautstärke eines Schiedsrichters im vollbesetzten Fußballstadion entwickelt.
Das koreanische **Lächeln** wird Ihnen anfänglich Rätsel aufgeben. Freuen Sie sich getrost, auch im Arbeitsleben von lächelnden Menschen umgeben zu sein. Dies bedeutet nicht, daß die lächelnden anderen sich ebenfalls freuen. Ein Lächeln kann ebensogut **Scham** oder **Verlegenheit** ausdrücken. Hat Ihr Mitarbeiter zum Beispiel Ihre stundenlange Arbeit am Computer zunichte gemacht, indem er versehentlich die Löschtaste drückte, wird dieses Miß-

geschick auf seinem Gesicht ein Lächeln, wenn nicht gar Lachen, auslösen. Natürlich findet er diese Situation ebensowenig lustig wie Sie. Mit seinem Lachen äußert er Scham und Bestürzung. Doch zum Glück lassen sich die verschiedenen Bedeutungen des Lächelns leichter erlernen, als Sie befürchten.

Zeit

Die **großen Firmen** und Gesellschaften, die regelmäßige Auslandskontakte pflegen, halten Verabredungen, Lieferungen und Verträge äußerst genau und **pünktlich** ein.
Bei den vielen **mittleren und kleinen Unternehmen** dagegen ist **Zeit** ein **dehnbarer Begriff**. Schließlich war Korea vor nicht allzu langer Zeit noch ein Agrarland. Damals war Zeit noch nicht Geld. Es war nicht notwendig, Termine auf die Minute einzuhalten. Dennoch wurden alle wichtigen Angelegenheiten erledigt – früher oder später.
Auch wenn sich diese traditionelle Einstellung ändert, legt sich ein Koreaner nur ungern auf einen haargenauen Termin fest und schickt der Zeitangabe meist ein »etwa« oder »ungefähr« voraus. Dies räumt allen Beteiligten Spielraum ein und bereitet auf unvorhergesehene Ereignisse vor. Selbst bei **Verträgen mit genauen Zeitvorgaben** rechnet man mit einer gewissen **Flexibilität** der Partner. Schließlich besiegelt ein Vertrag das Vertrauen zweier Parteien, die sich nach Kräften bemühen werden, die Bedingungen zu erfüllen. Beide Seiten sind sich bewußt, daß ungeahnte Zwischenfälle zu Störungen führen können.
So äußert, wer sich etwa über eine verzögerte Lieferung laut beschwert und offenkundig **verärgert** zeigt, grundlegende Zweifel an den guten Absichten seines Vertragspartners.

Verabredungen

Zahllose widrige Zufälle verhindern es immer wieder, **pünktlich** zu einer Verabredung zu erscheinen. Mal spielt der Verkehr einen Streich, mal platzt ein alter Freund herein, mal kommt ein dringendes Telefongespräch dazwischen.
Halbstündige **Verspätungen** nehmen koreanische Geschäftsleute gelassen hin. Bei **Verabredungen mit Ausländern** bemühen sie sich selbstverständlich um pünktliches Erscheinen. Hat man Sie dennoch einmal warten lassen, dann bewahren Sie – wenigstens äußerlich – die Ruhe. Auch wenn Sie schier platzen, **zeigen Sie Ihren Ärger nicht**. Sie schaden nur Ihrem Ansehen. Üben Sie sich also in **Geduld**. Zeit ist nicht immer Geld, auch dann nicht, wenn es scheinbar ewig währt, bis ein gemeinsames Projekt endlich tatkräftig in Angriff genommen wird. In Korea macht sich schließlich auch die Wartezeit bezahlt, da erst eine gute persönliche Bekanntschaft die Weichen für gemeinsame Geschäfte stellt.

Geschäftsleben

Und ehe ein Vertrag endlich abgesegnet und besiegelt wird, müssen **zahlreiche andere Personen zu Rate gezogen** werden, die allesamt unter »Zeitdruck« stehen, weil andere wichtige Dinge schon so lange warten. Vielleicht haben Sie auch das Pech, daß sich gerade koreanische Feiertage häufen, an denen nicht gearbeitet wird. Wappnen Sie sich daher für Ihre Geschäftsabschlüsse in Korea mit Geduld.

Verträge

Die meisten **großen internationalen Gesellschaften** sind sich der Bedeutung von Verträgen bewußt; mitunter haben Gerichtsverfahren sie dies gelehrt. Bei vielen **kleineren Firmen** dagegen lösen Verträge immer noch Mißverständnisse aus.
Während für westliche Geschäftsleute ein Vertrag ein einklagbarer Rechtstitel ist, legt er nach Auffassung zahlreicher Koreaner lediglich die **allgemeinen Richtlinien** fest. Ändern sich einige Voraussetzungen, dann wird in ihren Augen der Vertrag in den betreffenden Punkten außer Kraft gesetzt. Und da **gute persönliche Geschäftsbeziehungen mehr wiegen als Papier**, verliert ein Vertrag, der nicht auf gegenseitigem Vertrauen gründet, seinen Sinn und Zweck.

Verhandlungen

Lassen Sie sich von dem höflichen und freundlichen Verhalten Ihrer koreanischen Geschäftspartner nicht zur trügerischen Annahme verleiten, sie seien keine ernsthafte Konkurrenz für einen erfahrenen westlichen Geschäftsmann.
Koreaner sind von Kindheit an in **hartem Wettkampf** geübt und haben von Grundschule über Universität bis hin zu ihrer Stellung in der Firma gelernt, ihre Ellbogen einzusetzen. Deshalb sind sie am Verhandlungstisch durchaus erprobte Kämpfer und gefährliche Gegner. **Ein koreanischer Geschäftsmann behält stets sein Ziel im Auge, während er flexibel reagiert.** Unbeirrbares Beharren auf dem eigenen Standpunkt gilt nicht als geschickte Verhandlungstaktik, ebensowenig Gespräche unter Zeitdruck. Flexibilität bedeutet schließlich nicht, wider die eigenen Überzeugungen und Interessen bedingungslos nachzugeben.
Koreanische Geschäftspartner ziehen es vor, zunächst eine **allgemein gehaltene Vereinbarung** zu treffen. Über die Details werden sich später Experten beider Firmen den Kopf zerbrechen. Der Abschlußvertrag sollte nicht kleinkrämerisch die winzigsten Einzelheiten haargenau klären und festschreiben, sondern beiden Parteien einen kleinen Bewegungsraum zugestehen. Häufig werden Vereinbarungen **zunächst in einem gemütlicheren Rahmen mündlich geschlossen** und danach in den Geschäftsräumen schriftlich niedergelegt.

Geschäftsleben

Loyalität

Anstellungen, Versetzungen und Beförderungen hängen in Korea vom persönlichen Beziehungsgeflecht ab. Deshalb **zählen gute Verbindungen meist mehr als eine gute Ausbildung.** Wer die Karriereleiter erklimmen will, der wird Aufsteigern uneingeschränkte Loyalität entgegenbringen. Verfügen diese nämlich irgendwann einmal über die Macht, Posten zu vergeben, so werden sie mit Sicherheit an ihre treuen alten Vasallen denken. Loyalität schlägt besser qualifizierte Außenseiter allemal aus dem Feld.
Die **Treue zur Firma** ist weniger ausgeprägt als die **Treue zu Personen.** Bieten sich einem Koreaner anderenorts bessere Möglichkeiten, wird er diese wahrnehmen. Wechselt ein Vorgesetzter, den er stets ergeben unterstützt hat, zu einer anderen Firma, wird dieser sich dort vielleicht für ihn nach einer höher bezahlten Stelle umsehen. Damit ist beiden gedient: Der Vorgesetzte kann sich auf seine Untergebenen verlassen, während diese für ihre Loyalität mit **beruflichem Aufstieg** belohnt werden.
Bietet eine Firmengruppe, mit der Sie bereits in bestimmten Bereichen zusammenarbeiten, weitere Waren und Dienstleistungen an, auf die Sie angewiesen sind, dann sollten Sie die bestehenden Verbindungen nutzen. **Wer Aufträge dem jeweils günstigsten Anbieter erteilt, gilt als illoyal gegenüber seinem koreanischen Partner.**
Ihre Suche nach anderen, geeigneteren Geschäftspartnern wird sich nicht geheimhalten lassen. Auch werden angesprochene Firmen Ihre Angebote als »nicht ernsthaft« einschätzen, wenn sie diese an mehrere Konkurrenten gleichzeitig herantragen. Ein solches Vorgehen verletzt ungeschriebene Gesetze der koreanischen Geschäftswelt. Sie sollten sich besser zunächst **diskret über geeignete Firmen informieren** und dann gezielt auf jene konzentrieren, die Ihren Anforderungen genügen.

Respekt

Nach konfuzianischer Tradition spielt der **Firmenchef** im Betrieb die Rolle des Vaters. Deshalb verdient er **uneingeschränkten Respekt,** genießen seine Wünsche und Bedürfnisse unbedingten Vorrang. Er erwartet von seinen Angestellten, ihn jederzeit auf jede erdenkliche Weise zu unterstützen.
Die Achtung vor dem »Boss« äußert sich zum Beispiel folgendermaßen: Betritt er morgens die Firma, erheben sich alle Angestellten, um ihn zu begrüßen.
Und niemand verläßt abends vor dem Chef das Büro, selbst wenn alle Arbeit längst erledigt ist und es sehr spät werden kann. In einer größeren Firma gilt dies gleichermaßen für das **Verhältnis zu den unmittelbar Vorgesetzten** wie Meister, Gruppenführer oder Betriebsleiter.
Von einem **unter einem koreanischen Vorgesetzten arbeitenden Ausländer** wird man nicht erwarten, alle diese ungeschriebenen Vorschriften zu

Geschäftsleben

Auch ein ausländischer Manager, wie etwa dieser Schweizer Hoteldirektor, muß sich der konfuzianischen Tradition paternalistischer Führung anpassen.

befolgen. Dennoch sollte ihm bewußt sein, daß sein Chef die höhere Position innehat und er ihm nie und nimmer gleichgestellt ist.

Tips: Betriebsklima

• Das Verhältnis der Beschäftigten eines kleinen Betriebes ähnelt der traditionellen **konfuzianischen Familienstruktur**; die Bindungen an einen größeren Betrieb entsprechen ein wenig jenen an das Heimatdorf. Der **Chef** des Betriebes – in größeren Firmen auch Meister oder Gruppenleiter – bekleidet die Position des **Vaters**, die Angestellten nehmen die Rollen der Kinder und Verwandten ein.

• Daher kümmern sich Vorgesetzte nicht allein um betriebliche Belange, sondern auch um das **Privatleben der »Familie«**. So geben sie Rat in Geld- und Liebesangelegenheiten, helfen bei persönlichen Problemen oder unterstützen ihre Angestellten bei der Aus- und Weiterbildung.

• Im Gegenzug erweisen die »Kinder« den Höhergestellten jene **Achtung**, die daheim Vater oder Familienoberhaupt als selbstverständliches Recht erwarten.

Erfrischungen

Wann immer Sie jemandes Büro betreten, wird man Ihnen etwas zu trinken anbieten. Meist wird man Sie nicht einmal nach Ihren Wünschen fragen, sondern unaufgefordert mit Kaffee, Milch und Zucker versorgen. Nehmen Sie dankend an; eine **Ablehnung** gälte als **unhöflich**. Besucher in Ihren eigenen Geschäftsräumen sollten Sie ebenso behandeln. Auch hier ist es nicht nötig, sich nach den Wünschen zu erkundigen.

Es gehört zu den Aufgaben einer koreanischen **Sekretärin**, Kaffee zu kochen oder Säfte zu servieren. Lehnt sie dies ab, etwa weil sie eine höhere Ausbildung genossen hat als ihre Kolleginnen, dann übertragen Sie diese Aufgabe einer anderen Person. **Es ziemt sich nun einmal nicht, Besucher eigenhändig zu bedienen.**

Geschenke

In Korea ist es üblich, mit Geschenken **Dankbarkeit** auszudrücken oder **Eindruck zu erwirken**. Geeignete Gelegenheiten bieten sich zum Beispiel an wichtigen **Feiertagen** wie Neujahr, *ch'usôk* oder Weihnachten. Wer zu diesen Anlässen mit einem Geschenk bedacht wird, ist verpflichtet, sich dafür erkenntlich zu zeigen. Wer einen **Geschäftspartner zu Hause besucht**, sollte nicht mit leeren Händen erscheinen. Dies empfiehlt sich manchmal auch bei einem Besuch in seinem Büro, vor allem nach der Rückkehr von einem Auslandsaufenthalt.

Bestechung

Manche »**Geschenke**« würden Sie vermutlich als Bestechungsversuch auslegen, so etwa erkleckliche **Geld-»Spenden«**, die die Firma des wohlmeinenden Spenders offensichtlich in ein günstigeres Licht rücken sollen. Personen, die sich um den Abschluß eines Vertrages besonders verdient gemacht haben, können nach der Unterzeichnung auf geheimnisvolle Weise in den Besitz eines diskreten weißen Umschlages gelangen, der jenes bedruckte Papier enthält, das mit Sicherheit nicht im Abfallkorb landet.

Diese Gesten der Dankbarkeit sind in Korea gang und gäbe und erregen niemandes Aufsehen. **Die Details solcher »Geschenke« (wem, wann, wieviel) überlassen Sie am besten koreanischen Kollegen**, die sich auf diesem Gebiet sicherer bewegen, als es Ihnen je gelingen wird.

Tips: Verpflichtung durch Geschenke

- In Korea ist es üblich und nicht anstößig, sich andere Menschen durch aufwendige und teure Geschenke zu verpflichten. **Wollen Sie sich diesen Verpflichtungen entziehen**, dann müssen Sie das Geschenk entweder ablehnen oder sich mit einer gleichwertigen Gabe revanchieren.
- Eine **Ablehnung** stiftet natürlich, wenn Sie keine hieb- und stichfesten Gründe vorbringen können, böses Blut. Doch dies ist leichter zu verschmer-

zen als die Folgen, die Sie heraufbeschwören, wenn Sie dem Geber später eine erbetene **Gefälligkeit verweigern**. Ihre »**Undankbarkeit**« spräche sich im Nu herum und würde Sie unweigerlich in das gesellschaftliche Aus befördern.
- Auch in diesem Bereich gilt die – sehr koreanische – Devise: **Gib, damit dir gegeben wird.**

Vor dem Vertrag das Vergnügen

Wie überall, so ebnen auch in Korea **großzügige Einladungen** (mit einem dicken Spesenkonto im Hintergrund) den Weg eines erfolgreichen Geschäftsmannes. Der Unterschied liegt lediglich darin, in welchem Maße »Wein, Weib und Gesang« für nötig gehalten und genossen werden.
Eine Geschäftsbeziehung bahnt sich mit einer **Einladung zum Essen (und Trinken)** an. Weitere regelmäßige Treffen festigen die Beziehung. Stehen Verhandlungen an, schaffen Gaumenfreuden ein günstiges Klima. Und schließlich muß auch nach Abschluß eines Vertrages weiterhin die Verbindung gepflegt werden, um später auftauchende unvermeidliche Schwierigkeiten in einer **freundlichen und vertrauensvollen Atmosphäre** regeln zu können. **Alkohol** trägt gehörig dazu bei, die Beziehungen zu vertiefen. Einige Gläser besiegeln das Vertrauen, und einige Flaschen räumen die letzten sozialen Barrieren beiseite. Sie werden sich wundern, wie leicht sich geschäftliche Probleme mit anderen Partnern oder sogar in der eigenen Firma nach einer durchzechten Nacht lösen lassen.
Viele, wenn nicht sogar **die meisten Geschäftsabschlüsse werden außerhalb der Büros getätigt**. Es fließt eine Menge Geld zu dem Zweck, ein angenehmes Ambiente zu schaffen. Neben exquisitem Essen und reichlich Alkohol gehören dazu gelegentlich auch **Frauen**. Welcher Geschäftsmann, dem eine Schöne einen Abend lang betörende Komplimente ins Ohr haucht, ließe sich nicht dazu hinreißen, in einem kleinen Verhandlungspunkt nachzugeben? Und wer solche Abende nicht mit einer Einladung erwidert, erweist sich als **Geizkragen**.

Tips: Geschäft und Lust

- Gäbe es diese koreanischen Geschäftssitten nicht, dann lebten die *Kisaeng*-**Häuser** vermutlich nur mehr als Fußnoten in Geschichtsbüchern und Thema historischer Liebesromane weiter. Doch die dicken Spesenkonten der koreanischen Firmen haben dieser **altehrwürdigen Einrichtung** das Überleben gesichert.
- Die Einladung in ein *Kisaeng*-Haus gilt in der Regel als **Zeichen für einen positiven Verhandlungsausgang**. Kein Koreaner würde schließlich so viel Geld verschwenden, wenn ihm an dem Geschäftsabschluß nichts läge.

Geschäftsleben

Tun und Lassen im Geschäftsleben

- Eine erfolgreiche Geschäftsbeziehung leiten Sie ein, indem Sie sich Ihrem möglichen Partner **durch eine dritte Person vorstellen** lassen. Es ist nicht üblich und schadet Ihrem Ansehen, wenn Sie versuchen, den Kontakt ohne Vermittler zu knüpfen.
- Ohne **Visitenkarten** sind Sie in Korea ein gesellschaftlicher Niemand. Visitenkarten sind vorzugsweise in **Englisch und Koreanisch** beschriftet und werden bei der Vorstellung ausgetauscht.
- **Vor dem eigentlichen Verhandlungsbeginn** sollten Sie sich um ein **gutes persönliches Verhältnis** zu Ihrem koreanischen Partner bemühen.
- Vergessen Sie nicht, daß in der koreanischen Gesellschaft und Geschäftswelt **reibungsfreie persönliche Beziehungen** oft schwerer wiegen als schiere Tüchtigkeit und Eignung.
- Verlieren Sie nie die **Geduld** – und wenn, dann zeigen Sie es um Himmels willen nicht offen –, selbst wenn in Korea manches länger dauert, als Sie es gewöhnt sind.
- Würdigen Sie den **Status** anderer Personen, indem Sie sie mit ihrem **Titel** ansprechen und dem erforderlichen **Respekt** behandeln.
- **Geschäftliche Einladungen** spielen in Korea eine wichtigere Rolle als im Westen; sorgen Sie also für ein gutgepolstertes **Spesenkonto**.
- Knüpfen Sie ein weitgespanntes **Netz von Beziehungen** und Kontakten zu Koreanern und anderen Ausländern. Dies erleichtert spätere Geschäfte.
- Geben Sie sich nicht starr und unbeugsam, sondern **flexibel**. Wer mit aller Gewalt etwas durchsetzen will, wird von seinen Partnern nicht hoch geschätzt.
- Verlassen Sie sich nicht darauf, daß Ihre Gesprächspartner eine **Fremdsprache** fließend sprechen und verstehen. Lassen Sie Ihre Partner wichtige Punkte in eigenen Worten wiederholen, und zeigen Sie keine Scheu, wichtige Stichworte schriftlich vorzulegen.
- Setzen Sie niemanden so weit unter Druck, daß er »**Gesicht**« verliert. Lassen Sie stets einen Ausweg offen.
- Erscheinen Sie zu Geschäftsgesprächen in **korrekter Kleidung**.
- Erledigen Sie geschäftliche Angelegenheiten **persönlich** und **niemals am Telefon**.
- Führen Sie sich immer vor Augen, daß ein koreanisches »**Ja**« nicht unbedingt »Ja« bedeutet.
- Nichts Koreanisches **kritisieren**!

Lexikon

hoejang	Derjenige. der das Management in einem großen, häufig viele Produktionszweige umfassenden Konzern beauf-

Geschäftsleben

	sichtigt. Etwa: Aufsichtsratsvorsitzender.
sajang	Präsident
pusajang	Vizepräsident
sangmu	Leiter der Geschäftsführung
chônmu	Leiter der Verwaltung
isa	Direktor
pujang	Generalmanager
ch'ajang	Stellvertretender Manager
kwajang	Abteilungsleiter
taeri	Stellvertreter des Abteilungsleiters
pisôshiljang	Chefsekretär (in Korea ist die »rechte Hand des Chefs« meist ein männlicher Angestellter)
pisô	Sekretär(in)

Leben in Korea

Die nachfolgenden praktischen Hinweise beziehen sich vornehmlich auf das **Leben in Seoul**, da weitaus die meisten länger in Korea weilenden Ausländer in der Hauptstadt oder ihrer Umgebung leben. Natürlich führen einige auch anderswo ein glückliches Dasein. Doch in **Großstädten** wie Pusan, Taegu oder Kwangju ähneln die Verhältnisse jenen von Seoul. Lediglich das Angebot ist weniger breit, was jedoch keinen Anlaß zur Verzweiflung geben sollte. Korea ist ein kleines Land und die nächste Großstadt selten sehr weit entfernt.

Wohnen

An **Wohnungsangeboten** herrscht in Korea kein Mangel, und jährlich kommen neue attraktive Wohngelegenheiten hinzu. Die **allgemeinen Lebenshaltungskosten** sind nicht übertrieben hoch. Dies gilt leider nicht für die Mieten.
Die **Mieten** liegen, ob für ein Ein- bis Zweizimmerapartment, eine Luxuswohnung mit vier oder fünf Zimmern oder ein winziges Häuschen, ungleich höher als in Ihrer Heimat.

Wohngegend

Manche Firmen helfen bei der Wohnungssuche, andere gehen davon aus, daß der Neuankömmling die Wohnung seines Vorgängers übernimmt. Ist dieser noch erreichbar, so sollten Sie sich mit ihm in Verbindung setzen, um sich über Vor- und Nachteile zu informieren. **Schon die alltäglichsten Dinge können das Einleben ungemein erleichtern.**
In den meisten Städten werden bestimmte **Wohnviertel** von **Ausländern** bevorzugt. Viele sind froh, andere in der Nähe zu wissen, die dieselbe Sprache sprechen und Rat oder Hilfe gewähren können. Das Angebot der **Supermärkte** entspricht dort eher den Bedürfnissen der westlichen »Gastarbeiter«.
Zu den **Apartmentkomplexen** in Seoul mit einem hohen Ausländeranteil gehören zum Beispiel die Nam-San-Apartments, Hyundai-Apartments, Hanyang-Apartments, Chung-Hwa-Apartments und Shin-Dong-Ah-Apartments.
Beliebte Wohngegenden sind daneben das U.N. Village, Hannam-dong, Pyongchang-dong, Songbuk-dong, Itaewon (gleichzeitig ein bevorzugtes Einkaufsviertel), Dongbinggo-dong, Dongbu Echon-dong, Kangnam-dong, Bangbae-dong und Yunhidong.

Leben in Korea

Die traditionelle Wohnform in reisstrohgedeckten Häusern ist nahezu ausgestorben. Ihre ökologische Funktionalität (z. B. beheizter Wohnboden durch tiefergelegten Küchenherd) findet aber wieder steigendes Interesse.

Maklerbüros

Leider verfügen die wenigsten Apartmentkomplexe über Vermietungsbüros. Es handelt sich bei den Wohnungen um **Eigentumswohnungen**, und Sie müssen über einen Makler Kontakt mit den Vermietern aufnehmen. **Makler spezialisieren sich häufig auf ein bestimmtes Wohngebiet.** Haben Sie sich für eine Gegend entschieden, werden Sie dort mühelos ein Maklerbüro finden. **Englischsprachige Agenturen** inserieren in den entsprechenden Tageszeitungen. Auch sie haben sich meist spezialisiert. Ein Agent wird Ihnen dann Häuser oder Apartments in einem Stadtteil vermitteln. Außerdem stehen die Makler untereinander in Kontakt und können Sie gegebenenfalls an Kollegen verweisen.

Entweder begeben Sie sich nun schnurstracks zum nächsten Maklerbüro im auserkorenen Stadtteil, oder Sie lassen sich von anderen Ausländern eine gute Agentur empfehlen. Jedes **Immobilienbüro**, das mit **englischsprachigen Schildern** auf sich aufmerksam macht, verfügt vermutlich über Personal, das die englische Sprache beherrscht. Der Makler wird sich an die Wohnungseigentümer wenden und Ihnen geeignete Objekte anbieten.

Bei Abschluß eines **Mietvertrages** – der Agent ist dabei behilflich – erhält der Makler von beiden Parteien **Provision**, in der Regel einen bestimmten Prozentsatz der Miete. Sie können also nichts riskieren: **Die Beratung ist kostenlos, gezahlt wird nur bei Vertragsabschluß.**

Mietzahlung

Nur wenige Ausländer zahlen die Miete monatlich. Dies wäre natürlich günstig für diejenigen, die das Land kurzfristig wieder verlassen wollen. Für die meisten Wohnungen und Häuser wird eine **Jahresmiete im voraus** erhoben. Und diese Summe kann ein kleines Vermögen bedeuten. Häufig wird lediglich ein hohes »**Schlüsselgeld**« gefordert. Beim Auszug erhält der Mieter diesen Betrag zurück. Da in Korea privat angelegtes Geld äußerst hohe Jahreszinsen erwirtschaftet, kann der Vermieter auf diese Weise oft mehr Gewinn erzielen als mit einer Miete. Natürlich birgt diese Methode Risiken; aber inzwischen sorgen gesetzliche Vorschriften dafür, daß dieses »Schlüsselgeld« stets zurückgezahlt wird. Manche Wohnungseigentümer verlangen eine **Kombination aus erniedrigtem Schlüsselgeld und Miete.**

Mietvertrag

Es ist ratsam, vor der Unterzeichnung des Mietvertrages einen **Anwalt hinzuzuziehen.** Der Vertrag sollte auf jeden Fall **Klauseln** über Reparaturen, Nebenkosten, Mietverlängerung, Untervermietung und Dauer des Vertrages enthalten. Es empfiehlt sich sehr, den Vertrag **zweisprachig**, englisch und koreanisch, abfassen zu lassen.

Nebenkosten und Wartung

Die **Nebenkosten** können je nach Art der Unterkunft **erheblich variieren**. Wohnungen und Häuser können im Winter von ihrer Größe abhängige Mehrkosten verursachen. Neuere Häuser sind meist mit besseren Heizungen ausgestattet. Bei einem Haus verursachen häufig **Heizung** und **Klimaanlage** hohe Kosten, die auch bei Wohnungen laufend zu Buche schlagen können. Nicht alle Wohnungen bieten den gleichen Komfort, mitunter werden sie nur zu bestimmten Zeiten mit **heißem Wasser** versorgt. All diese Fragen sollten Sie unbedingt vor Abschluß des Mietvertrages klären. Die **Rechnungen für Strom, Wasser und Telefon** treffen monatlich mit der Post ein. Sie müssen persönlich bei der Bank bezahlt werden. Manche Firmen lassen diese lästigen Dinge für ihre ausländischen Beschäftigten erledigen.
Telefonanschlüsse werden mittlerweile im gesamten Land binnen weniger Tage gegen recht niedrige Gebühr erledigt. Allerdings müssen Sie den Telefonapparat selbst kaufen.

Lexikon der Wohnungssuche

chip	Haus
ap'aat'û (apartment)	Apartment

Leben in Korea

*Der Hochhausbau (hier am Hangang-Fluß)
hat das Wohnangebot, aber auch die Preise in die Höhe getrieben.*

chuso	Wohnung, Adresse
chut'aek	Wohnung, Wohnhaus
chipjuin	Hauswirt
ch'ayongja	Mieter
bokdôkbang	Immobilienbüro
chipse	Miete
chônsekyeyak	Mietvertrag
ch'ago	Garage
chôngwôn	Garten

Nah- und Fernverkehr

Viele Ausländer, die sich länger in Korea aufhalten, verfügen über einen Dienstwagen oder schaffen sich ein eigenes Auto an. Von den Einheimischen kann sich dies nur die Oberschicht leisten. Deshalb ist das **öffentliche Verkehrswesen** landesweit vorbildlich ausgebaut. Aber es kann eine Weile dauern, bis Sie sich daran gewöhnt haben.

Mit dem eigenen Auto unterwegs

Vor allem in **Seoul** oder **Pusan** kann es Sie mindestens einen Monat Übung (und Überwindung) kosten, ehe Sie sich auf den hoffnungslos **überfüllten**

Straßen einigermaßen sicher bewegen. Sie benötigen einen **Internationalen Führerschein**. Bleiben Sie länger im Lande, sollten Sie einen **koreanischen Führerschein** erwerben. Sie erhalten ihn, wenn Sie Ihren Heimat-Führerschein vorzeigen und einige recht zeitraubende Formulare ausfüllen. Eine erneute praktische oder theoretische Prüfung wird nicht verlangt.

Ein eigener Fahrer

Sind Sie im Besitz eines eigenen Wagens, wollen sich aber nicht selbst ans Steuer setzen (Sie wären nicht der erste Besucher, der beim Anblick des chaotischen Verkehrs von Seoul den heiligen Eid schwört, niemals selbst das Lenkrad in die Hände zu nehmen), dann sind Sie auf einen Fahrer angewiesen. Bei höhergestellten Personen hebt ein Chauffeur nicht zuletzt auch den **Status** der Firma. Auf alle Fälle erspart Ihnen ein solch dienstbarer Geist viel **Zeit, Nerven und Ärger**, vor allem beim **Parken** in den Innenstadtbereichen.

Die U-Bahn

Seoul besitzt ein modernes U-Bahnsystem. **Fahr- und Streckenpläne in englischer Sprache** finden Sie an allen Informationsstellen für Touristen. Der **Fahrpreis** reißt keine tiefen Löcher in Ihren Geldbeutel und richtet sich nach der Länge der zurückgelegten Strecke.

In den **Hauptverkehrszeiten** sind die Züge überfüllt, bieten aber immerhin den Vorteil, nicht in Staus steckenzubleiben. Befindet sich eine U-Bahn-Station in der Nähe Ihrer Wohnung oder Ihres Büros, dann ist die U-Bahn das **schnellste und sicherste Transportmittel**, das Sie zu zahlreichen Zielen in der Seouler Innenstadt und sogar in weiterer Entfernung bringt.

Busse

Tausende von Bussen lassen Sie nahezu jedes Ziel innerhalb von Seoul sowie andere Städte erreichen. Sie werden jedoch vergeblich nach **Streckenkarten** und einer **zentralen Auskunftsstelle** Ausschau halten. Denn die Linien werden von verschiedenen **privaten Gesellschaften** betrieben.

Bis auf wenige Ausnahmen sind die Busse nur **koreanisch beschriftet**. Sie müssen sich also meist nach der **Nummer der Linie** richten.

Busfahrkarten sind **billig**, und Sie können über das Busnetz zu allen Zielen gelangen – vorausgesetzt, Sie kennen die Nummer der betreffenden Linie. Hier geben Ihnen Nachbarn, Hotelportiers und andere freundliche Menschen jederzeit gern Auskunft. Achten Sie auf **andersfarbige Streckenkodierungen** bei den an Haltestellen ausgehängten Fahrplänen, und übersehen Sie auch keinesfalls **geringfügig abweichende Busnummern**, etwa 148

Leben in Korea

Diese Nachtaufnahme von Seoul zeigt den hohen Grad der Motorisierung, den Korea bereits erreicht hat.

und 148-1. Sie bedienen ähnliche, aber keineswegs identische Fahrtrouten. Wenn der Bus voll ist, heißt es mit einem Stehplatz vorliebnehmen. Vergessen Sie vor allem nicht, daß **Sitzplätze** älteren Menschen angeboten werden sollten.

In **Seoul** werden für **weitere Strecken** besondere Busse eingesetzt. Sie werden gern von Pendlern benutzt und sind leicht an der **grün-beigen Farbe** zu erkennen. Hier bietet sich jedem Fahrgast ein Sitzplatz und mehr Bequemlichkeit als in den gewöhnlichen Stadtbussen; sie halten seltener und bringen Sie so **schneller** ans Ziel. Sie heißen *chwasoek-bosû*.

Taxis

Taxis müssen Sie **auf der Straße aufhalten**, Funktaxen sind unbekannt. Der **Fahrpreis** liegt nach europäischen Maßstäben ausgesprochen niedrig, und zu den meisten Tages- und Nachtzeiten finden Sie mühelos ein freies Taxi.

Schnellbusse

Schnellbusse sind das geeignetste und **rascheste Verkehrsmittel, wenn Sie von einer Stadt in die andere gelangen wollen**. Sie sind mit **Klimaanlagen** ausgestattet, und meist führt die Strecke über die Autobahn oder gut ausgebaute Straßen. Die **Fahrpreise** sind erschwinglich. Sie können sich Ihr **Ticket** im voraus sichern; in der Regel wird es aber erst kurz vor Abfahrt

gelöst. Die Busse fahren im Abstand von 10 bis 15 Minuten zu nahezu allen koreanischen Städten.
Seoul verfügt über mehrere **Busbahnhöfe**, der größte liegt in Kang Nam. Einmal dort, nennen Sie lediglich Ihren Zielort, und irgendein hilfsbereiter Mensch zeigt Ihnen die richtige (wie üblich nur in **Koreanisch beschriftete**) Linie. Die verschiedenen Busgesellschaften sowie die wenig übersichtliche Anlage mögen Sie zunächst verwirren, doch früher oder später findet ein jeder den richtigen Abfahrtsort.

Züge

Die meisten Züge fahren am **Hauptbahnhof** ab. In **Seoul** liegt er genau südlich des Rathauses. Für die erste Zugfahrt empfiehlt sich ein koreanischer Begleiter. Für **Familien mit Kindern** stellt eine Bahnfahrt die weitaus angenehmste Art des Reisens dar, auch wenn man etwas langsamer vorankommt als mit dem Schnellbus oder eigenen Wagen.

Lexikon der Reisemittel

pihaenggi	Flugzeug
pae	Schiff
gich'a	Eisenbahn
bôsû (bus)	Bus
chihach'ôl	U-Bahn
taekshi (taxi)	Taxi
chadongch'a	Auto
chônch'a	Straßenbahn
unjônmyônhô	Führerschein

Kleidung

Die **Alltagskleidung** in Korea unterscheidet sich kaum von der in westlichen Ländern üblichen. Der Stil gibt sich vielleicht ein wenig **konservativer** und zugleich **eleganter** (zumindest beim offiziellen Auftreten in der Öffentlichkeit).
»**Gewagtere**« Kleidung sollten Sie besser zu Hause lassen. Zwar sieht man **Shorts** gelegentlich auch schon in der Öffentlichkeit, allerdings nur in der Nähe des eigenen Heims und dann auch nie in Anwesenheit von Gästen.
Die **Freizeitkleidung** entspricht internationalem Standard. Doch auch hier bemühen Koreaner sich um **geschmackvolles, elegantes Erscheinen** und tragen Freizeitanzüge, Sportkleidung und ähnliches vorzugsweise als zusammenpassendes Set. »Zusammengestoppelte« Freizeitkleidung ist ver-

Leben in Korea

Im Gegensatz zu den anderen Reisenden entsprechen der in die Jahre gekommene **beachboy** *(links) und die dekolletierte Grazie (vorne) nicht dem koreanischen Kleiderknigge in der Öffentlichkeit.*

pönt; wer Jeans trägt, wählt einen Jeansanzug oder ergänzt sie mit einer passenden Lederjacke und Marken-Sportschuhen.

Da Korea vier ausgeprägte **Jahreszeiten** aufweist, benötigen Sie für jede die entsprechende Kleidung: dicke Mäntel, Stiefel und Handschuhe für den Winter und leichte Sachen für den feuchtheißen Sommer.

Kleidung ist vor allem für kleine, schlanke Personen überraschend **preiswert**. Insbesondere das Angebot an Kinderbekleidung bietet bequeme und hübsche Ware zu günstigen Preisen. In einigen **Einkaufszentren** finden Sie auch für den Export hergestellte Mode, und dort können sich auch Schwergewichtige einkleiden. Eine Vielzahl von **Schneidereien** und Nähstuben fertigt überdies Maßbekleidung an. Manche lassen einmal in der Woche eine Hausschneiderin zum Nähen und Flicken in ihre Wohnung kommen.

Schwierigkeiten ergeben sich für westliche Ausländer lediglich bei **Unterwäsche** und **Schuhen**. Zwar kann man sich auch Schuhe maßanfertigen lassen, dennoch ist es kein Kinderspiel, passendes Schuhwerk zu erhalten.

Lexikon: Kleider machen Leute

hanbok	koreanische Kleidung
yangbok	westliche Kleidung
undongbok	Sportkleidung

puinbok	Frauenkleidung
yangbokjôm	Herrenschneiderei
yangjangjôm	Damenschneiderei
kudu	(Leder-) Schuhe

Gesundheit

Wasser

In der Regel ist das **Leitungswasser** zwar genießbar, doch Zurückhaltung ist, insbesondere im Hochsommer, sehr zu empfehlen. Die meisten Ausländer kochen das Wasser ab oder kaufen **Trinkwasser** in Flaschen. In den Großstädten liefern Firmen frisches Quellwasser in großen Glasballons an die Haushalte. Koreaner trinken meistens **Gerstentee** *(bori ch'a)* anstelle von Wasser, und in Restaurants wird dieser oft als Begrüßungstrunk gereicht.

Essen

In **kleinen Restaurants** läßt die **Hygiene** mitunter zu wünschen übrig, und Sie sollten auf ungekochte Speisen wie rohen Fisch dort besser verzichten. Im Zweifelsfall sollten Sie, besonders in den **Sommermonaten, heißes Essen** kalten Gerichten vorziehen.
Selbst Delikatessen wie *naengmyôn,* kalte Nudelsuppe, können bei mangelnder Sauberkeit Magenverstimmungen verursachen. Waschen Sie **Obst** und **Gemüse** sorgfältig, am besten mehrere Male. Koreaner schälen Äpfel und Birnen, da der Obstanbau Schädlings- und Unkrautbekämpfungsmittel im Übermaß einsetzt.

Ärzte

Die meisten koreanischen Ärzte sprechen und verstehen ein wenig **Englisch**. Viele haben auch im Ausland studiert und beherrschen fließend **Deutsch**, Englisch oder Japanisch. Es gibt zahlreiche ausgezeichnete Ärzte, die Sie sich am besten von Freunden oder Bekannten empfehlen lassen. **Ärztelisten** stellen Ihnen FOCUS und/oder H.A.R.T., eine Gesundheitsberatung für in Korea lebende Ausländer, zur Verfügung.
Die meisten koreanischen **Kliniken** verfügen über eine Ambulanz, daher können Sie sich in vielen Fällen an eines der großen Krankenhäuser wenden. In den zahlreichen Privatkliniken kommen Sie an die Reihe, ohne warten zu müssen.
Die Behandlung verläuft persönlicher. Dafür ist das medizinische **Leistungsangebot** häufig begrenzt.

Leben in Korea

Präventivmedizin: geballte Lebenskraft aus Reis und Ginseng

Apotheken

Meist finden sich in der Nachbarschaft mehrere Apotheken. Damit keine Irrtümer aufkommen, ist es am besten, ein in **Englisch oder Koreanisch ausgestelltes Rezept** vorzuweisen. Arzneien erhalten Sie auch in den **Ambulanzstationen der Krankenhäuser**.
Sie können sich auf die **Qualität der Medikamente**, ob importiert oder aus koreanischer Produktion, verlassen. Manche Ärzte versorgen ihre Patienten schon bei der Behandlung mit Arzneimitteln, ohne jedoch zu erklären, um welche Medizin es sich handelt.

Tips: Medikamente

- Die meisten Medikamente, für die zum Beispiel in der Bundesrepublik Deutschland ein Rezept erforderlich ist, werden in Korea **rezeptfrei** angeboten.
- **Benötigen Sie bestimmte Medikamente**, so lassen Sie sich am besten die Inhaltsstoffe aufschreiben, da auch Medikamente europäischer Firmen in Korea häufig andere Markennamen tragen.
- Oftmals werden Tabletten und Dragees **nicht in Originalpackungen**, sondern abgezählt in der vom Arzt verordneten Stückzahl abgegeben.

Zahnärzte

Die zahnärztliche Versorgung in Korea ist gut; in jeder **größeren Stadt** finden sich **Zahnkliniken**, deren Standard dem westlicher Kliniken gleicht.

Lassen Sie sich von Freunden einen guten Zahnarzt empfehlen, oder erkundigen Sie sich bei FOCUS oder anderen Beratungsstellen.

Lexikon der Medizin

uesa	Arzt
ch'igwa uesa	Zahnarzt
byôngwôn	Krankenhaus
hwaja	Patient
kanhowôn	Krankenschwester
yak	Arznei
yakbang	Apotheke
ch'ôbang	Rezept

Kulturschock

Kulturschock und -streß drücken sich als gewisses **Angstgefühl** aus. Sie befallen Menschen,die sich unversehens in einem ihnen **völlig unvertrauten Kulturkreis** wiederfinden. Plötzlich drehen sich die Räder rückwärts, die Uhren gehen anders; die Hebel, die man zum Erreichen bestimmter Ziele ansetzte, greifen nicht mehr.
Kulturschock tritt meist während des ersten halben oder ganzen Jahres in einer fremden Umgebung auf. **Die wenigsten Menschen können ihm völlig entgehen**, gleichgültig wie offen sie der neuen Kultur gegenüber eingestellt sind.

Kulturschock: Was ist das?

• Für uns soll dieser Begriff die besonderen und **sonderbaren Probleme** von Menschen bezeichnen, die sich in eine andere Kultur einzuleben versuchen.
• Kulturschock beschränkt sich nicht auf einen **bestimmten Menschentyp**.
• Kulturschock ist **weder gut noch schlecht**; er ist ein **Grunderlebnis**, das sich jeder Bewertung entzieht: elementar, allumfassend, zerstörerisch und konstruktiv zugleich.
Bei der Geburt gleicht ein Kind einem unbeschriebenen Blatt. Während des Wachstums lernt es **verschiedene Methoden, um zu erreichen, wonach ihm der Sinn steht**. Ein koreanisches Baby lernt etwa, daß es ein Geschenk am besten mit beiden Händen entgegennimmt. Diese Handhaltung erhöht die Wahrscheinlichkeit, beim nächsten Mal wieder etwas geschenkt zu bekommen. Täten dies westliche Kleinkinder, würden sich die Eltern vermutlich besorgt fragen, ob eine Hand zu schwach entwickelt sei. Westliche Kinder sollen Erwachsenen in die Augen schauen, wenn sie getadelt werden; koreanische Kinder lernen, den Blick zu senken. Im Westen werden Kinder ermutigt, ihre Eltern, Lehrer und andere Autoritäten zu »hinterfragen«; in Korea sollen Kinder dankbar annehmen, was andere sie lehren.
Allein an diesen Beispielen wird deutlich, daß sich Verhaltensweisen und gesellschaftliche Regeln in diesen zwei Kulturen erheblich unterscheiden. Deshalb müssen ihre **sozialen Gesetze wechselseitig neu erlernt** werden.
Als **Besucher in Korea** wissen Sie zunächst zum Beispiel nicht, wann man sich verbeugt oder wie man einem Älteren ein Getränk anbietet, wie man Untergebene kritisiert oder sich zu einem bestimmten Anlaß kleidet. Sie wissen nicht, wie man auf dem Markt einkauft oder wie Sie sich verhalten sollen, wenn die Leute Ihrem kleinen Kind das Höschen herunterziehen, um sein Geschlecht festzustellen.
Koreanern sind all diese Verhaltensweisen **selbstverständlich** und **alltäglich**, schließlich hatten sie ein Leben lang Zeit, sie zu erlernen.

Symptome des Kulturschocks: Übertriebene Sauberkeit

Jedes Land kennt andere **Sauberkeitsmaßstäbe**. Koreaner fassen Speisen nur ungern mit den Fingern an, denn Finger gelten als unrein. Ebensowenig würden sie sich im Haus auf Schuhen bewegen.
Neuankömmlingen fallen diese Beispiele für die Sauberkeitsliebe der Koreaner zunächst meist nicht auf. Was ihnen dagegen auffällt, sind die unterschiedlichen Hygienemaßstäbe, so wie sie sich schnell und **oberflächlich** darstellen. In kleinen Restaurants wird das Geschirr häufig mit kaltem Wasser gespült, und öffentliche Toiletten glänzen nicht immer so blitzblank, daß »Meister Proper« kein Betätigungsfeld mehr fände.
Mit der Zeit lernen die meisten Ausländer, über diese und andere Eigenarten und Wichtigkeiten großzügig hinwegzusehen, aber Neuankömmlinge neigen dazu, sie **überzubewerten**. Manche der unter Kulturschock Leidenden weigern sich, in einem Restaurant zu essen, und meinen **hypochondrisch**, exotische Krankheiten eingefangen zu haben.

Gefühle von Hilflosigkeit und Isolation

Ausländer leiden häufig unter dem Gefühl, für die Bewältigung der einfachsten Dinge des Lebens völlig untauglich zu sein. Unter dem Einfluß des Kulturschocks gewinnt alles **bedrohliche** Ausmaße. Man möchte **allem Koreanischen entfliehen** und sich mit vertrauten Lebensumständen und eigenen Landsleuten umgeben.
Natürlich kann es nicht gelingen, sich völlig zu isolieren, aber wer sich am liebsten in ein Schneckenhaus zurückziehen möchte, für den bedeuten die unvermeidlichen **Kontakte mit Koreanern** eine **psychische Belastung**.

Depression

Jeder Neuankömmling wird Opfer von Gemütsbedrückungen: »Wie kann ich mich nur an dieses und jenes gewöhnen? Warum soll ich versuchen, in dieser elenden Situation auch noch glücklich zu sein?« Mit diesen Stimmungen einher geht die **Unfähigkeit, sich am eigenen Schopf aus dem Schlamassel zu ziehen**. Alles erscheint hoffnungslos, selbst die gutgemeinten Ratschläge von Freunden helfen nicht weiter. In schweren Fällen müssen Kulturschock-Opfer sogar ärztlich behandelt werden.

Heimweh

Die Sehnsucht nach Freunden und Familienangehörigen wird besonders stark, man hat das Bedürfnis, sich das Rückgrat stärken zu lassen, und sehnt sich nach Streicheleinheiten. Manche werden zu besseren Briefeschreibern. Andere fühlen sich in einem **Vakuum im Lande Nirgendwo**, gestrandet an

Kulturschock

Dieses einladend geöffnete Tor symbolisiert yin *und* yang, *die Harmonie der Widersprüche.*
Folgen Sie der Einladung zur Entdeckung der koreanischen Kultur.

irrealen Gestaden. Einzig real erscheint hingegen die **verklärende Erinnerung an daheim**.

Reizbarkeit

Bei so vielem Unbekannten, bei so vielen Enttäuschungen nimmt es nicht wunder, daß eine kultur-geschockte Person dünnhäutig und reizbar wird. Jeder Tag birgt **zahllose Situationen, deren Bewältigung ungewiß erscheint**.

Kulturschock: Jeden trifft es anders

Alleinstehende in Korea

Wer mit einem Ehepartner oder gar Kindern nach Korea kommt, der ist vor einigen Auswirkungen des Kulturschocks geschützt. Er findet ein trautes Heim vor, in dem sich Kulturschock-Erlebnisse besprechen und relativieren lassen. Dafür bieten sich Alleinstehenden **vielerlei Chancen, Koreaner und andere Ausländer kennenzulernen**. Koreaner kümmern sich um **Alleinstehende** und bieten sich häufig auch als Führer an (oft nicht ganz selbstlos: am Gast lassen sich Sprachkenntnisse trainieren). Auch innerhalb der verschiedenen Ausländergruppen werden sich Singles gegenseitig helfen.

Kulturschock

Alleinstehenden Männern, und bis zu einem gewissen Grad auch unverheirateten Frauen, bieten sich in Korea viele Möglichkeiten, **mit Vertretern des jeweils anderen Geschlechts zusammenzutreffen.**
Viele Frauen möchten gerne einen ausländischen Mann kennenlernen, viele verfolgen gar ernsthafte Absichten. Auf der anderen Seite reizt viele koreanische Männer die Begegnung mit einer Ausländerin, die so ganz anders (und meist ungeahnt emanzipierter) ist als die zu ihren koreanischen Geschlechtsgenossinnen.
Aber derartige Begegnungen können viele **Mißverständnisse** verursachen. Es gelten andere Regeln; nur wenige Koreaner oder Koreanerinnen betrachten zum Beispiel einen **Flirt** als unverbindliches Geplänkel. Meist gelten solche Signale als ernste Vorwarnungen für dauerhafte Verbindungen.
Unverheirateten Ausländerinnen fällt es häufig schwer, enge Freundschaften mit koreanischen Männern zu schließen, die rein platonisch bleiben. Dies hängt mit der **koreanischen Auffassung von Ehe** zusammen: Ab einem gewissen Lebensalter sollte ein Mensch verheiratet sein, um als vollwertiges Mitglied der Gesellschaft zu gelten. Deswegen wird als selbstverständlich angenommen, daß auch alleinstehende Ausländerinnen auf der Suche nach einem Ehepartner sind.
Schließlich zählt es geradezu als Sport unter Koreanern, **Singles beiderlei Geschlechts unter die Haube zu bringen**.
Es gilt fast als Gesellschaftsspiel, ihnen mögliche Ehekandidaten vorzustellen und darauf zu warten, ob es »funkt«. Dies kann für die Opfer solcher Machenschaften gelegentlich vergnüglich sein, durchaus aber auch zur Belastung geraten.

Ausländische Ehepartner von Koreanern

Es bestehen viele Ehen zwischen Koreanern und westlichen Ausländern. Meist ist in einer solchen Verbindung die Ehefrau koreanischer Herkunft, aber es findet sich selbstverständlich auch der umgekehrte Fall. Diese Paare und ihre Familien sind in einer **einzigartigen Situation**: Sie stehen mit einem Bein in der koreanischen Gesellschaft und mit dem anderen im Ausland.
Dies bietet **Vorteile**: Die Lebensumstände in Korea lassen sich reibungsloser bewältigen, wenn ein Familienmitglied die Sprache beherrscht und in der Kultur beheimatet ist. Die Freunde und Verwandten des koreanischen Ehepartners werden Hilfe anbieten und den Zugang zur koreanischen Gesellschaft erleichtern.
Schwierigkeiten entstehen dann, wenn die koreanische Hälfte den beim Partner auftretenden **Kulturschock** nicht versteht oder gar als Kritik an der eigenen Kultur empfindet. Auch können Probleme mit der Schwiegerfamilie auftreten. **Koreanische Familienbande** sind eng geflochten. Jeder erhebt Anspruch auf intimste Kenntnis vom anderen. Die westliche Wert-

Kulturschock

*Mittel gegen den Kulturschock:
Entdecken der koreanischen Volkskunst (hier: bäuerlicher Maskentanz).*

schätzung von **Individualität** gilt in der koreanischen Familie nicht. Außerdem sehen viele Koreaner **die Ehe mit einem Ausländer** noch als **Schande** an. (Das gilt weniger für Ausländer weißer Hautfarbe, schlägt aber bei Ehen zwischen Nichtweißen und Koreanerinnen stark durch.) Dieses Vorurteil verringert sich zwar, doch viele Koreaner blicken immer noch auf Landsleute herab, die außerhalb ihres eigenen Kulturkreises heiraten. Diese Haltung kann sich sogar in abfälligen Bemerkungen ausdrücken, die ein gemischtes Paar auf der Straße vernimmt.

Europäische Ausländer

Für viele Koreaner ist jeder Nicht-Asiate ein **Amerikaner**. Briten, Franzosen, Deutsche – um nur einige zu nennen – finden es verständlicherweise lästig, wenn ihnen Straßenkinder allerorten *miguk saram* (»Amerika-Mensch« = Amerikaner) nachrufen.
Es stimmt ärgerlich, stets als Angehöriger eines anderen Landes angesehen zu werden. Der Grund dafür liegt vorrangig darin, daß weitaus die meisten Ausländer in Korea tatsächlich Amerikaner sind. Es flimmert ein amerikanisches Fernsehprogramm über den Bildschirm, und auch die meisten ausländischen Filme stammen aus den USA. So wird erklärlich, daß das **koreanische Wort für Amerikaner den Begriff für »Ausländer« fast völlig verdrängt hat**.

Nichtkoreaner koreanischer Abstammung

Kulturschock

Mittel gegen den Kulturschock: Erlernen der koreanischen Kampfsport-Kunst

Menschen koreanischer Abstammung, die im Ausland geboren sind oder nahezu ihr gesamtes Leben dort verbracht haben, sehen sich neben dem »normalen« Kulturschock **spezifischen Problemen** gegenüber. Viele kommen nach Korea, um das Land ihrer Herkunft kennenzulernen. Ins Ausland adoptierte Kinder wollen die Sprache lernen und das Land ihrer Geburt erkunden.

Koreaner der zweiten und dritten Generation aus Auswanderungsländern kommen jetzt, um ihre Verwandten kennenzulernen. Solche Auslands-Koreaner fühlen ein besonderes Interesse am Land ihrer Vorväter, an seinen Sitten und an seiner Kultur.

Aber gerade diese Menschen werden von der koreanischen Gesellschaft **geringgeschätzt**. Spricht ein Nicht-Asiate im Taxi einige Worte Koreanisch, dann freut es den Fahrer, daß ein Fremder sich diese Mühe macht. Wenn allerdings ein Asiate mit koreanischen Vorfahren nur radebrecht, wird der Fahrer dessen Eltern Vorwürfe machen, weil sie ihrem Sprößling die Muttersprache nicht beigebracht haben.

Dies gilt auch dann, wenn das Kind **adoptiert** wurde und seine neuen Eltern keine Koreaner sind.

Für Kleidung und Verhalten gilt dasselbe. Andersrassigen Besuchern aus westlichen Ländern verzeiht man das Beibehalten ihrer heimatlichen Sitten, selbst wenn ihr Verhalten nach koreanischer Auffassung anstößig sein sollte. Aber **ein Mensch ethnischer koreanischer Herkunft wird nach koreanischen Standards beurteilt**. Für die Betroffenen ist dies besonders verlet-

Kulturschock

*Mittel gegen den Kulturschock:
Entdecken Sie die reizvolle koreanische Landschaft.*

zend, wenn sie Korea stets als ihr eigentliches Vaterland betrachtet haben.

Mit dem Kulturschock leben

Jeder Mensch benötigt natürlich ein anderes Rezept, aber ganz allgemein verordnet gilt: **Je besser man sich selbst kennt und je mehr man über die koreanische Kultur weiß, desto leichter wird man mit dieser »Krankheit« umgehen.**

Vorinformationen

Bevor man die Reise nach Korea antritt, sollte man sich selbstverständlich über Land und Leute informieren. Eine gute Vorbereitung verbürgt **echte Erfahrungen**. Versuchen Sie daher, soviel wie möglich über Ihr Reiseland zu **lesen**.

Kontakt zu Koreanern

Der **beste Weg, Korea kennen und seine Kultur schätzen zu lernen**, führt über koreanische Freunde und Bekannte. Sie können das Unbekannte erklären, Cicerone spielen und auch als »Gegengift« für negative Erfahrungen mit anderen Koreanern wirken.

Koreanisch lernen

Es wirkt nahezu banal vorzuschlagen, als Gast in Korea auch Koreanisch zu lernen. Doch wir hauen in diese Kerbe, auch wenn wir Sie zunächst entmutigen müssen: **Koreanisch zählt zu den schwierigen Sprachen dieser Erde.** Zudem sprechen so viele Koreaner in den großen Kaufhäusern, den von Ausländern bevorzugten Einkaufsvierteln und den Fremdenverkehrsorten **Englisch**, daß man glauben könnte, sich auch ohne Koreanisch zu behaupten.

Dennoch scheint es uns die Mühe wert, soviel Zeit wie möglich zum Sprachstudium zu verwenden. Selbst wenn man **nur ein wenig Koreanisch radebrechen** kann, nehmen Koreaner dies als Zeichen der Wertschätzung für ihr Land und ihre Sprache. Mit nur wenigen Grundkenntnissen, zum Beispiel den Zahlen und einigen Wortwendungen beim Handeln auf dem Markt, **verstärkt man das Reiseerlebnis erheblich.**

Koreanisch lesen lernen fällt den meisten leicht, da es sich um ein **phonetisches Alphabet** handelt (im Gegensatz etwa zur chinesischen Symbolschrift). Wer zumindest die Straßenschilder entziffern kann, dem erscheint die Umgebung schon viel vertrauter, auch ohne daß er zunächst die Bedeutung der koreanischen Begriffe versteht. Ein besonderes Vergnügen bringt es, englische Fremdwörter auszusprechen, die in der koreanischen Schrift *hangul* geschrieben sind.

Kulturspiel

Das Lesen gelehrter Bücher über die koreanische Kultur ähnelt dem Trockenschwimmen ohne Risiko. Unter diesen Sitten und Gebräuchen (über-)leben zu müssen, dies kommt hingegen einem Sprung ins kalte Wasser gleich. Dieser Test soll Ihnen helfen, sich **einige Situationen vorzustellen, in die Sie in Korea unweigerlich geraten werden**. Sie können unter mehreren möglichen Antworten wählen. Und wir werden erläutern, weshalb manche Lösungsmöglichkeiten besser sind als andere, wodurch Sie **Gesicht gewinnen und nicht verlieren**.

Situation 1

Eine koreanische Nachbarin klingelt und bringt Ihnen Ihre Post, die versehentlich bei ihr abgegeben wurde. Sie beginnen ein Gespräch von Frau zu Frau und bieten ihr eine Tasse Kaffee an. Die Nachbarin lehnt höflich ab. Wie verhalten Sie sich?

a Sie nehmen Ihre Absage hin und wechseln das Thema.
b Sie servieren nichtsdestotrotz Kaffee.
c Sie bieten ihr wenig später erneut Kaffee an.
d Sie nehmen an, daß Ihr Gast als Buddhistin keinen Kaffee trinken darf, und bieten deshalb Tee an.

Kommentar:

In Korea gilt es als unhöflich, ein Angebot unverzüglich anzunehmen. Deshalb hat Ihr Gast höchstwahrscheinlich aus Höflichkeit zunächst abgelehnt. Es ist stets angebracht, Besuchern etwas anzubieten. Die Geste selbst besitzt Wert; es ist weniger wichtig, ob der Gast die angebotene Erfrischung auch annimmt. Die beste Antwort in diesem Fall ist deshalb **c**. Sollte sie wiederum ablehnen, servieren Sie trotzdem eine Tasse Kaffee. Antwort **b** betrachten wir als die zweitbeste Möglichkeit, denn in Korea ist es durchaus üblich, Gästen etwas zu servieren, ohne sie zuvor zu fragen. Manchmal werden Zucker und Milch in den Kaffee gerührt, ohne sich vorher nach dem Geschmack des Besuchers zu erkundigen. Antwort **a** wäre unhöflich und **d** schlicht falsch.

---- *Kulturspiel* ----

Situation 2

Sie besuchen mit koreanischen Geschäftsfreunden ein Lokal. Die Kellnerin bringt Gläser und einige Flaschen Bier. Einer Ihrer Begleiter drückt Ihnen ein Glas in die Hand. Wie reagieren Sie?

a Sie reichen das Glas an Ihren Tischnachbarn weiter.
b Sie halten das Glas, während Ihr Geschäftspartner eingießt. Dann bieten Sie ihm ein leeres Glas an und schenken ihm ein.
c Sie füllen das Glas und geben es dem zurück, der es Ihnen überreicht hat.
d Sie sehen es als eine Ehre an, dieses Glas und alle anderen mit Bier zu füllen, je eines für jeden Anwesenden.

Kommentar:

Beim gesellschaftlichen Trinken ist es durchaus üblich, sich einander ein leeres Glas zu reichen. Der Nehmende hält es, während der Geber einschenkt. Danach schenkt der Empfänger seinem Trinkpartner ein.
Die Antworten **a**, **c** und **d** würden nur Verwirrung und verlegenes Lächeln auslösen.

Kulturspiel

Situation 3

Mit Einkäufen bepackt, stehen Sie im völlig überfüllten Bus. Neben Ihnen sitzt eine Frau. Nach kurzer Zeit fühlen Sie, daß sie an Ihrer Tasche zupft. Wie verhalten Sie sich?

a Laß fahren dahin! Sie überlassen Ihr die Tasche mit dem tröstlichen Gedanken, daß sie keinen hohen Verlust bedeutet, oder in der Annahme, daß die Frau etwas rabiat für wohltätige Zwecke sammle.
b Sie rufen in jeder Ihnen bekannten Sprache um Hilfe vor der Diebin.
c Sie übergeben ihr die Tasche und lächeln.

Kommentar:

In Korea ist es üblich, daß sitzende Mitfahrer das Gepäck der Stehenden auf den Schoß nehmen. Auch unter Koreanern geschieht dies ohne Worte. Antwort **c** ist richtig. Antwort **a** wäre nicht falsch – aber stellen Sie sich Ihre Überraschung vor, wenn die Frau Ihnen die Tasche beim Verlassen des Busses zurückgibt. Antwort **b** würde die Frau und Sie selbst in große Verlegenheit bringen.

Situation 4

Sie sind zu einer Party eingeladen und beginnen eine freundliche Unterhaltung mit jemandem, den Sie erst wenige Male getroffen haben. Eine seiner ersten Fragen lautet: »Warum sind Sie nicht verheiratet?« Sie wollen diese persönliche Angelegenheit nicht erörtern. Wie lösen Sie Ihr Problem?

a Sie bringen unmißverständlich zum Ausdruck, daß ihn dies nichts zu kümmern habe, und entfernen sich so rasch wie möglich.
b Sie erklären im Scherz, noch niemanden gefunden zu haben, der gut genug für Sie sei.
c Sie greifen zu einer Notlüge und erklären, bereits verheiratet zu sein.
d Sie antworten nicht und wechseln das Thema.

Kommentar:

Persönliche Fragen drücken (für Koreaner) Anteilnahme am Gesprächspartner aus. Das Motiv ist also nicht schiere Neugier oder Klatschsucht. Antwort **d** wäre hier angebracht.
Antwort **a** würde das *kibun* des anderen erschüttern. Wenn die Notlüge der Antwort **c** aufgedeckt würde, wäre dies peinlich für beide Seiten. Antwort **b** würde vielleicht als Scherz aufgefaßt, läßt Sie aber möglicherweise arrogant erscheinen.

Kulturspiel

Situation 5

Sie unterrichten in Korea. An Ihrem Geburtstag kommt ein ehemaliger koreanischer Schüler vorbei und bringt Ihnen ein kleines Geschenk. Wie verhalten Sie sich?

a Sie bitten ihn herein, bedanken sich für das Geschenk und bieten ihm etwas zu trinken an.
b Sie bitten ihn herein, packen das Geschenk in seiner Gegenwart aus und bitten ihn, zum Essen zu bleiben.
c Sie danken ihm für seine freundliche Geste und erklären, das Geschenk leider nicht annehmen zu können. Sie möchten keinerlei Verpflichtung annehmen.
d Sie bedanken sich für das Geschenk und nehmen sich vor, seinen Geburtstag herauszufinden, damit Sie ihm dann eine Kleinigkeit zusenden können.

Kommentar:

Nach koreanischem Verständnis endet die Verbindung zwischen Lehrer und Schüler oder Student und Professor nicht mit Abschluß der Ausbildung, sondern besteht ein Leben lang. Deshalb ist es durchaus nicht ungewöhnlich, wenn ein Schüler seinem Lehrer ein Geschenk überreicht, selbst wenn dieser ihn schon längst nicht mehr unterrichtet.
Antwort **a** ist die beste Wahl. Lösung **b** wäre unhöflich; denn das Öffnen des Geschenks in seinem Beisein könnte den Schenkenden beschämen, da er seine Gabe als bescheiden betrachtet. Das Geschenk ablehnen, wie unter **c** vorgeschlagen, wäre unhöflich und außerdem unnötig. Lehrer gehen wegen eines kleinen Geschenks keine Verpflichtungen ihren Schülern gegenüber ein. Ebenso unangemessen wäre es, wenn ein Lehrer einem Schüler etwas zum Geburtstag schenken wollte, wie bei **d** vorgeschlagen. Der hohe Status des Lehrers macht dies unnötig.

Kulturspiel

Situation 6

Sie gehen mit Ihrem Bekannten A die Straße entlang. Dort treffen Sie einen Ihnen unbekannten Herrn B. A und B unterhalten sich. Nach einigen Minuten bemerken Sie, daß Sie von der Unterhaltung ausgeschlossen und B nicht einmal vorgestellt worden sind. Wie reagieren Sie?

a Sie regen sich nicht auf und nehmen an, daß B jemand ist, den Sie nicht zu kennen brauchen.
b Sie verschweigen Ihre Betroffenheit, vermerken aber innerlich, daß A Sie indirekt beleidigt.
c Sie stellen sich Herrn B kurzentschlossen selbst vor.
d Sie nehmen A beiseite und machen ihn darauf aufmerksam, daß er Sie B noch nicht vorgestellt hat.

Kommentar:

In Korea stellt man einen Bekannten, den man zufällig auf der Straße trifft, seinem Begleiter nicht vor. Eine solche Begegnung dauert nur wenige Minuten, danach geht jeder seiner Wege. Antwort **a** ist somit richtig, **b** dagegen trifft völlig daneben; **c** und **d** kämen alle Beteiligten peinlich zu stehen. Bedenken Sie: Gäbe es einen triftigen Grund, Herrn B kennenzulernen, würde Ihr Freund A Sie vorstellen.

Kulturspiel

Situation 7

Sie fahren an einem schönen, friedvollen Nachmittag im Wagen durch die Stadt. Plötzlich hören Sie das laute Heulen einer Sirene. Die anderen Autos fahren an die Seite, und jemand winkt Ihnen, dasselbe zu tun. »Was tun?«, sprach Zeus.

a Sie ignorieren den Winkenden und rasen auf dem schnellsten Weg zur Botschaft Ihres Landes.
b Sie fahren Ihren Wagen an den Straßenrand und legen sich auf den Boden des Autos.
c Sie fahren den Wagen an die Seite und begeben sich unauffällig für etwa zwanzig Minuten ins nächste Teehaus.

Kommentar:

Vergewissern Sie sich des Datums; vielleicht ist gerade die Mitte des Monats erreicht. Dann steht der monatliche Probe-Alarm an. Das Sirenengeheul kann einen Neuankömmling in den Grundfesten erschüttern. Bei dieser Übung (man soll sich vor fiktiven Luftangriffen in Sicherheit bringen) sucht die Bevölkerung in Hauseingängen, U-Bahn-Zugängen und in öffentlichen Gebäuden Zuflucht. Sie verhalten sich aber auch noch gemäß den Vorschriften der koreanischen Sicherheits-Paranoia, wenn Sie im eigenen Wagen Obdach suchen. Am besten verhält man sich wie in Antwort **c**. Wollen Sie wie in **a** zur eigenen Botschaft weiterfahren, werden Sie auf heftigen Widerstand stoßen. Sich auf den Boden des Wagens zu legen wie unter **b**, dies erscheint uns etwas übertrieben.

Situation 8

Sie weilen länger in Korea und wohnen im eigenen Heim. Es ist Mitte Januar, und Sie überlegen, wie Sie Ihre enorme Heizkostenrechnung senken können, ohne an Lungenentzündung zu sterben. Da kommt Ihr Hausmädchen zur Arbeit, reißt sämtliche Fenster auf und beginnt zu putzen. Wie verhalten Sie sich?

a Sie denken, dem Mädchen ist es vielleicht zu warm – weil es zu heiß gebadet hat.

b Sie halten sein Tun für eine versteckte Aufforderung, ihm zu kündigen – und kommen dieser nach.

c Sie erklären dem Mädchen, daß Sie die Fenster im Winter doch lieber geschlossen halten möchten.

Kommentar:

Koreaner lieben Wärme meist mehr als westliche Ausländer. Trotzdem meinen sie vernünftigerweise, täglich frische Luft in die Wohnung lassen zu müssen. Außerdem sind ihrer Auffassung nach beim Putzen die Fenster zu öffnen, damit aufgewirbelter Staub entweichen kann. (Anscheinend kommt in Korea der Staub nie durch ein Fenster herein.) Die meisten Wohnungen in Korea wurden bislang durch die *Ondol*-Fußbodenheizung erwärmt. Allerdings waren die Wände wenig wärmegedämmt. Der beste Weg, sich warmzuhalten, war dann, auf dem Fußboden zu sitzen und zu schlafen. Dabei stellten offene Türen und offene oder undichte Fenster kein Problem dar. Antwort **c** ist wohl die richtige Lösung, aber Sie werden zur einleuchtenden Erläuterung einige Energie aufwenden müssen. Analog dazu wird im Sommer angenommen, daß Fenstergitter den Staub beim Putzen in der Wohnung halten. Also wird das Mädchen vor Arbeitsbeginn zunächst alle Fliegenfenster aufreißen. Freie Flugbahn den Moskitos!

— Kulturspiel —

Situation 9

Sie arbeiten in Korea und haben gehört, daß im Büro bald eine Jahresabschluß-Party stattfindet, aber keine offizielle Einladung erhalten. Irgendwann erzählt Ihnen ein Kollege, daß das Fest im Haus des Chefs stattfinden wird. Was tun Sie?

a Sie fragen Ihren Kollegen, wann das Fest beginnt, und machen sich auf den Weg dorthin.
b Weil der Chef Sie nicht eingeladen hat, bleiben Sie gekränkt zu Hause.
c Sie nehmen an, Ihr Chef wolle nur Ihr Bestes und habe Sie nicht eingeladen, weil Sie sich bei dieser Party nicht wohlfühlen könnten.
d Sie fragen Ihren Chef ganz beiläufig, ob er von diesem Fest wisse.

Kommentar:

In Korea sind informelle Einladungen üblich, und meist werden sie auch nicht vom Gastgeber ausgesprochen. Die anderen im Büro wissen vermutlich, wann und wo die Party steigt – Ihr Kollege hat Ihnen ausdrücklich davon erzählt, ohne daß Sie dies verstanden haben. Lösung a ist richtig. Als Mitarbeiter sind Sie selbstverständlich bei jeder Einladung, die sich an die Belegschaft richtet, eingeschlossen. Es spielt dabei keine Rolle, daß Sie Ausländer sind. Antworten b und c sind aus diesem Grunde falsch. Es schadet nichts, wie in d den Chef zu fragen, ist aber überflüssig. Es könnte ihn in die ungerechtfertigte Verlegenheit bringen, sich zu fragen, ob er Sie nicht ausdrücklich und persönlich hätte einladen müssen.

Kulturspiel

Situation 10

Nach einem lukullischen Essen mit Ihren engsten koreanischen Freunden, allesamt Männer, genießen Sie noch einen Verdauungsschluck. Bestürzt stellen Sie fest, daß ein Freund seine Hand auf Ihren Oberschenkel legt. Wie verhalten Sie sich in dieser Lage?

a Sie merken, daß Ihr Bekannter unter »Freundschaft« anderes versteht als Sie, entschuldigen sich und ergreifen die Flucht.
b Ihnen wird bewußt, daß diese Geste unter Koreanern eine Möglichkeit darstellt, Freundschaft zu zeigen, und legen Ihre Hand ebenso auf das Bein Ihres Freundes.
c Sie fühlen sich unbehaglich und erklären Ihrem Bekannten leise, daß diese körperliche Intimität in Ihrer Heimat nicht üblich ist.

Kommentar:

In Korea darf man seinen freundschaftlichen Gefühlen Geschlechtsgenossen gegenüber auch durch Gesten und Berührungen Ausdruck verleihen. Mißverstehen Sie dies nicht als homosexuelle Annäherung! Wahl **a** wäre deshalb völlig falsch. Wenn Sie sich wohl dabei fühlen, wäre **b** die richtige Reaktion, andernfalls teilen Sie Ihrem Freund Ihre Vorbehalte, etwa nach Muster von Lösung **c**, mit.

Tun und Lassen

Ältere Menschen sind immer freundlich und mit Respekt zu behandeln. Im Bus wird zuerst ihnen ein Sitzplatz angeboten. Hat ein Senior Mühe, die Straße zu überqueren oder eine Last zu tragen, fühlen sich Jüngere verpflichtet, ihm zu helfen.

Ärger zeigen verstößt gegen die Regeln höflichen und rücksichtsvollen Benehmens und kann zwischenmenschliche Beziehungen auf Dauer zerstören. Das Temperament immer im Zaum halten!

Bezahlen wird derjenige, der eingeladen hat. »Getrennte Rechnung« kennt man nicht. Ist nicht eindeutig, von wem die Einladung ausging, entspinnt sich ein freundschaftlicher Streit ums Bezahlen. Das Begleichen der Rechnung ist Ausdruck von Würde und eine Ehrensache.

Bildung wird in Korea hoch geschätzt. Schüler und Studenten lernen nach Kräften, um dieses Ziel zu erreichen. Gebildete Persönlichkeiten genießen hohe soziale Achtung.

Einladungen erfolgen meist formlos, mündlich und nicht immer durch den Gastgeber. Außerdem werden sie meist recht kurzfristig ausgesprochen, häufig wenige Tage, gelegentlich nur Stunden zuvor.

Essen nimmt man mit Stäbchen und Löffel zu sich. Der Reis steht vor dem Gast, die Suppe rechts davon. Die Person mit dem höchsten Status, also der älteste Anwesende oder der Ehrengast, beginnt mit dem Essen. Längeres Reden während der Mahlzeit gilt als unhöflich. Schlürfen und Schmatzen ist als Zeichen des Wohlbehagens erlaubt.

Geduld wird hoch geschätzt – und ist oft bitter nötig, zum Beispiel wenn Dienstleistungen nicht rechtzeitig ausgeführt werden, jemand sich verspätet oder schlampt. Selbst in solchen Fällen gelten Schuldzuweisungen und Wutanfälle als ungehöriges Benehmen.

Geld sollte man in einen Umschlag stecken, wenn man es verschenkt oder dem Personal den Lohn auszahlt. Nur auf dem Markt oder beim Einkaufen in einem Geschäft wird es offen sichtbar übergeben.

Geschenke sind wichtiger Teil der sozialen Etikette, vor allem bei Besuchen. Dazu eignen sich zum Beispiel Obst, Blumen, Gebäck oder alkoholische Getränke. Auch erfordern besondere Anlässe, so der erste Geburtstag, entsprechende und angemessene Geschenke. Bei Hochzeiten, einem 60. Geburtstag oder Bestattungen wird meist Geld im Umschlag überreicht.

Großzügigkeit Freunden und Bekannten gegenüber gilt als Beweis persönlicher Wertschätzung. Diese mag sich durch generöse Geschenke oder ein (nach westlichen Maßstäben viel zu üppiges) Festmahl ausdrücken. Geiz ist verpönt.

Handeln gehört auf den Märkten zu den »Spiel«-Regeln. Nachdem der Händler seinen Preis genannt hat, macht man ein Gegenangebot und einigt sich schließlich auf eine Summe, die zwischen beiden Geboten liegt. Nicht gehandelt wird in Supermärkten, Kaufhäusern und überall dort, wo die Waren ausgezeichnet sind.

Harmonie im sozialen Umgang gilt es unbedingt zu wahren. Dies erfordert gelegentlich kleine Unwahrheiten oder sehr verhohlenes Herangehen an (zwischenmenschliche) Probleme.

Hausmädchen stehen in den Diensten der meisten in Korea lebenden Ausländer. Sie putzen, waschen, kochen und kümmern sich um die Kinder. Sie besitzen in Korea einen eindeutig niedrigeren sozialen Status als ihre Arbeitgeber. Um bei Koreanern keinen »Kulturschock« auszulösen, sollten diese sozialen Unterschiede beachtet und nicht verwischt werden.

Kimchi ist Koreas Nationalgericht. Es besteht überwiegend aus eingelegtem Chinakohl und wird meist sehr scharf gewürzt. Koreaner freuen sich sehr, wenn Ausländer sich zur *Kimchi*-Gemeinde gesellen.

Kinder berühren ist natürlicher Ausdruck von Interesse und Zuneigung. Manchmal werden Kleinkinder auch – nach westlichen Maßstäben beinahe unsittlich – berührt, um ihr Geschlecht festzustellen. Für Koreaner ist dies keineswegs außergewöhnlich.

Kleider machen vor allem in Korea Leute; deshalb ist es wichtig, sich nicht zu nachlässig anzuziehen. Erlesene und formelle Kleidung gilt zum Beispiel bei Besuchen oder öffentlichen Anlässen als Zeichen des Respekts. Shorts, rückenfreie Kleider und ähnliche »Offenherzigkeiten« und Bloßlegungen sollten eher dem privaten Vergnügen dienen.

Kritik sollte, wann immer möglich, vermieden werden. Ist sie unumgänglich, hat sie taktvoll, freundlich und nie in der Öffentlichkeit zu geschehen.

Persönliche Fragen sind für Koreaner ein freundlicher Weg, ihr Gegenüber besser kennenzulernen. Will man sie nicht beantworten, sollte man einfach das Thema wechseln. Üblich sind Fragen wie: »Warum sind Sie nicht verheiratet?« oder: »Wie alt sind Sie?«

Reis ist das koreanische Grundnahrungsmittel. Ihm kommt etwa die gleiche Bedeutung zu wie bei uns Brot und Kartoffeln (mit allen Abwandlungen) zusammen. Übriggebliebenen Reis wegwerfen gilt als Verschwendung und zieht Unglück nach sich.

Schuhe werden vor Betreten eines Hauses, einer Wohnung, eines Tempels oder eines Schreines ausgezogen. In Büros und öffentlichen Gebäuden gilt dies nicht.

Singen gehört für Koreaner unabdingbar zum geselligen Beisammensein. Bei Parties wird die höchstgestellte Person zuerst zum Singen aufgefordert, dann kommen die anderen Gäste an die Reihe. Auch Ausländer sollten damit rechnen, bei gesellschaftlichen Anlässen ein oder zwei Lieder trällern oder schmettern zu müssen.

Status regelt das soziale Miteinander. Er wird bestimmt durch Beruf, Herkunft und Alter. Es gilt die Devise: »Ehre, wem Ehre gebührt.« Ebenso wichtig ist es, sich gemäß dem eigenen Status zu verhalten.

Titel gelten für Koreaner nahezu als Bestandteile des Namens und sollten bei der Anrede stets vorangesetzt werden: Präsident Lee, Direktor Kim, Stellvertretender Direktor Park. Dies beweist Respekt und hilft, die unzähligen Herren Kim und Lee oder die zahllosen Damen namens Park oder Mun auseinanderzuhalten.

Toiletten sind häufig nicht nach Geschlechtern getrennt. Frauen müssen dann auf dem Weg zu einer Kabine das Pissoir passieren. In Wohnungen ist der Boden in Badezimmern häufig naß, deshalb stehen Plastiksandalen vor oder hinter der Tür bereit.

Trinken gehört für Männer zum Geschäfts- und Privatleben. Dabei wird meist mehr Alkohol konsumiert, als es Europäer von vergleichbaren Anlässen her kennen.

Trinkgelder werden in Korea nicht erwartet. In einigen Erste-Klasse-Hotels findet sich auf der Rechnung eine prozentual veranschlagte Servicepauschale. War man mit der Bedienung im Restaurant, dem Friseur oder Taxifahrer besonders zufrieden, werden Trinkgelder als Zeichen der Anerkennung selbstredend gerne akzeptiert.

Überreichen: Will man einem Gleich- oder Höhergestellten etwas überreichen, dann geschieht dies mit der rechten Hand. Um höchste Ehrerbietung zu zeigen, benutzt man beide Hände oder stützt die rechte Hand mit der linken. Bei sozial niedriger Eingestuften sollte man die rechte oder die linke Hand, keinesfalls aber beide Hände benutzen.

Verbeugen gehört zur Begrüßung, wenn man einen Menschen an diesem Tag erstmals sieht. Sind die Standesunterschiede sehr groß, verbeugt sich nur der niedriger Eingestufte, während der andere mit Worten grüßt. Gegenseitige Verbeugungen zählen auch zur formvollendeten Vorstellung.

Zuneigung zwischen den Geschlechtern wird nicht in der Öffentlichkeit gezeigt. Zärtliche Gesten (Händehalten, Umarmungen) zwischen Angehörigen gleichen Geschlechts hingegen sind als Ausdruck von Freundschaft keineswegs verpönt.

Stichwortverzeichnis

Aberglaube 62
Abtreibung 63
Ahnenverehrung 30, 33, 41–42, 61, 94–98, 104, 108, 110–111
Alkohol 76–77, 83, 89, 92, 104, 114–122, 124, 134, 150–153, 157–162, 193, 225, 227
Allan, Horace 34
Alleinstehende in Korea 30, 78–80, 209–210, 218
Alphabet, koreanisches (siehe *hangul*)
Alphabetisierung 74
Altaische Kultur 12, 14
Alter 26–28, 30, 45, 47, 61–62, 75, 90–95, 133–134, 146, 162, 172, 201, 207, 225, 227
Altersversorgung 43–44
Amerika und amerikanische Einflüsse 21–22, 211
Angestelltendasein 88–89
Animismus 16, 31, 36
Anklopfen 59–60
Anreden 27–28, 44, 46–47, 87, 92, 123, 144–145, 172, 184, 227
Apotheken 205
Arbeitsessen 59, 183
Arbeitsleben und Berufsleben 30, 61, 76, 87–90, 114, 123–124, 182
Architektur 11, 15
Ärger zeigen 50, 142, 188, 225
Ärzte 204–206
Astrologie 40, 80–81
Aufenthaltserlaubnis 142
Ausgehen 149–154
Ausländer in Korea 53, 61, 92, 94, 112–113, 132, 134–135, 196–214
Autofahren 199–200

Badezimmer 166–167, 227
Bars 120, 152
Beamtenwesen 16–17, 26
Begrüßen 54, 92, 142, 157, 160, 228

Beleidigen 141, 156, 184
Beruf (siehe Arbeits- und Berufsleben)
Bescheidenheit 158
Bestattung 40, 94–97, 226
Bestechung 192–193
Besuche 66–67, 72, 94, 96, 104–106, 225
Betriebsklima 123–124, 191
Bevölkerung 12–13, 55
Bewegungsfreiheit 55–56, 60
Bewirtung
  bei Koreanern zu Gast 156–159
  Koreaner zu Gast 159–164
Bezahlen 24, 154, 225
Beziehungen, zwischenmenschliche 25–26, 47–48, 182–183, 185, 187–190, 194, 225
Bierlokale 152
Bildung 14–15, 24–25, 27–28, 30, 34, 69, 74–75, 80, 88, 118, 182, 190, 225
Blickkontakt 58, 207
Buddhas Geburtstag
(*buch'ônim t'ansaeng il*) 109–110
Buddhismus 13, 16, 18–19, 25, 31–35, 95, 109–110
Bürokratie 140–143, 149
Busse 92, 200–202

Cafés 150–152
ch'anggi
(koreanisches »Schach«) 137
Chang Myon 22
Chauffeure 141, 167–168, 200
Chefposition 123, 190–191
Cheju (Insel) 12, 85–86, 99, 136
China und
chinesische Einflüsse 18, 20–21, 24, 32, 96, 108, 131–132
Chinhae 99
Chiri-Gebiet 134
Choi Kyu-ha 22
Cholla-Provinzen 100, 110
Chongjo (König) 33

Stichwortverzeichnis

Christentum und Christen 20, 32–34, 81, 84, 98, 112–113
Chun Doo-hwan 22, 34
ch'usôk (Herbstmondfest) 97–98, 108, 110–111, 166, 168, 192

Dankbarkeit 27, 42, 192
Demokratie 22–23, 34
Demokratische Volksrepublik Korea (Nordkorea) 12, 21–23, 34
Diskotheken 83, 104, 134, 153–154
Dörfliches Leben 51–52, 90
Drachensteigen (siehe *yônnalligi*)
Drei Königreiche 12, 16, 25, 32

Ehe 28, 44–46, 61, 135, 210
Ehebruch 28
Eherecht 30–31
Ehrlichkeit (siehe Offenheit)
Eifersucht 28
Einkommen 88, 148
Einladungen 66–67, 70, 86–87, 105, 132, 135, 149–151, 156–157, 159, 193–194, 223, 225
Einsamkeit 112
Einweihungszeremonie (siehe *kosa*)
Eisenbahn 202
Enge (siehe Bewegungsfreiheit)
Entschuldigen 56
Erfolg 27
Erster Vollmond *(bôrum-nai)* 106
Erziehung 71–75, 80, 88
Essen und Eßgewohnheiten
  koreanisch 38, 59, 62–63, 65–68, 85, 90, 94–95, 97–98, 100, 104, 106–108, 110–111, 114, 116–117, 125, 126–133, 151–152, 157–158, 160–163, 182–183, 193, 204, 208, 225–226
  nicht-koreanisch 160–163

Familie 18–19, 24, 26, 30, 40–47, 62, 71–72, 82, 88–89, 92–93, 98, 104, 135, 147–148, 191, 210

Familienlinie 30–31, 41–43, 98
Familienplanung 62
Fatalismus 13, 32
Feste, Feiertage und Zeremonien 16, 61, 66–70, 81–87, 90, 102–113
Finger 58, 208
Fleiß 13–14, 17–18
Flexibilität 141–142, 189, 194
Flirt 210
Flitterwochen 85–86
Folk Village 138
Fotografieren 66, 68, 84, 90
Fragen, persönliche 146, 218, 226–227
Frauen und Frauenrolle 26, 28–31, 34, 36, 42–46, 62–66, 77, 87–88, 92, 94–95, 103, 114, 117–118, 128, 134, 135, 138, 147–149, 152, 156, 159–160, 210
Frauenemanzipation 29, 46
Freizeit 75–77, 89, 114, 133–136
Freundlichkeit 11, 51–52, 73, 142, 178, 189
Freundschaft 14, 26, 52, 57, 59, 75–76, 114, 122–125, 134, 224

Gartenlokale 151
Gastfreundschaft 102–103, 156
Geburt 43, 61–66
Geburtstage und Geburtstagsfeiern 67–70, 80, 90, 92, 98, 225–226
  1. Geburtstag (siehe *Ttol*-Feier)
  60. Geburtstag (siehe *hwangap*)
Gedenktag zur Gründung der Nation *(kaech'on-chol)* 112
Geduld 13–14, 18, 33, 71, 140–141, 188–189, 194, 225
Gefühle 14, 25, 57, 94, 225
Gehorsam 28, 184
Geister und Geisterglaube 31, 34–40

Geisterhäuschen 34
Geiz 193, 226
Geld 38, 52, 69–70, 84, 86–87, 96, 104, 157, 173, 192, 194, 225
Gemeinschaftssinn 51
Genealogie 30
Geographie 12, 15
Geschäftsleben 13, 37, 40, 48–49, 60, 89–90, 114–115, 118, 124, 153, 182–195, 223, 227
Geschäftszeiten 104–105
Geschenke 49, 61, 66–67, 69–70, 72, 81–84, 86–87, 96, 104, 108–109, 126, 157, 168, 192–193, 219, 225–226
Geschichte 11–23, 36
Geschlechterrollen (siehe auch Frauen, Männer) 26, 34, 44–46
Geschlechtertrennung 19, 28, 56–57, 77, 148–149, 163
Geselligkeit 76, 149, 227
»Gesicht« (siehe *kibun*)
Gespräche 48, 129, 143–144, 146–149, 218, 226–227
Gestik (siehe Körper- und Zeichensprache)
Gesundheit 204–206
Ginseng 93, 119, 126, 205
Gleichheit und Ungleichheit 26, 34
Glückssymbole 68
Großeltern 27, 42–43, 54, 62, 71, 90, 92, 103–104
Großzügigkeit 226

Haare 94
Haein-Tempel 32–33
Ham-Ritual 82–83
hanbok (koreanische Tracht) 68, 84–85, 92, 104–105, 111, 138, 172
Händchenhalten 56
Hände 48, 58, 116, 143, 207, 228
Händeschütteln 143
Handeln 170–174, 226
hangul (koreanisches Alphabet) ..... 14 –15, 19–20, 112, 176

Hanshik-Tag (»Tag des kalten Essens«) 97, 108
Hanyang 18–19
hapsûng 180–181
Harmonie 25, 48, 182, 194, 226
Hausangestellte 50, 56, 73–74, 88, 164–169, 222, 226
Hausfrauenrolle 13, 45–46, 76, 87–89
Heiratsvermittlung 46, 80–81
Heizung (siehe *ondol*)
Herbeiwinken 58, 174–175
Hideyoshi, Toyotomi 20, 32–33
Hierarchie 25–27, 36–37, 44, 46–49, 54, 58, 116, 118, 123, 142–143, 166, 170, 172, 183–184, 226–228
Hilfsbereitschaft 52, 122
Himmelsrichtungen 38
Hobbies 147
Hochzeit und Hochzeitsbräuche 28, 30, 40, 42, 54, 61, 64, 78–87, 226
Höflichkeit 48, 51–54, 58–60, 75, 116, 127, 129, 142–143, 154, 160, 178, 186, 189, 192, 215, 225
Homosexualität 57, 153, 224
Hotelrestaurants 132, 151–152
Hotels 105, 132, 154, 177
Humor 14, 18, 140
Hundert-Tage-Fest (*Paek-il*-Feier) 66–67
hwangap (60. Geburtstag) 43, 67, 80, 90, 92, 226
Hygiene 131, 166–167, 170, 204, 208

Individualität 211
Industrialisierung 22, 35, 41, 61, 68, 149, 183, 187
Invasionen 13, 18, 20–22, 32–33
Isolationspolitik 20
Itaewon 154, 196

Ja, koreanisches 186, 194
Jahreszeiten 84–85, 99–102, 203

231

Stichwortverzeichnis

Japan
und japanische Einflüsse 12–13, 16, 18, 20–21, 32, 34, 106, 110, 118, 120

Kalender 90, 103, 106
kara-okae 120
karma 32
Katholizismus (siehe auch Christentum) 32, 34
Kaya-Reich 16
kibun (»Gesicht«) 24, 47–50, 60, 90, 147, 155, 178–179, 194, 215, 218
kimchi 68, 85, 89, 100, 103, 126–128, 131, 162, 226
Kim Il-sung 21
Kinder 30, 37, 43–44, 70–74, 104, 108, 135, 147–148, 156–157, 164, 207, 209, 226
Kindheit 61, 67, 70–76
kisaeng (»Geisha«) 117–118, 193
Kleidung 61, 70, 72, 84, 86, 94, 102, 104–105, 134, 146, 156, 187, 194, 202–204, 207, 226
Klima 12, 65, 99–100, 102, 203
Kneipen 152–153
Koguryo-Reich 16, 32
Kollegen 52, 89, 123–124
Kolonialismus 20–21, 32
Kommunismus 21–22
Komplimente 148, 158
Konfuzianismus 14, 16–20, 24–35, 40–41, 46, 51, 56, 69, 74–75, 90, 94, 96, 103, 109, 115–116, 118, 149, 182, 184, 187, 190–191
Kontakte (zwischen Ausländern und Koreanern) 10, 48–49, 53, 124–125, 147–149, 185, 208–210, 213
Kontaktpflege 89–90, 122–124, 185, 194
Koreakrieg 13, 21–22, 28, 34, 107, 126
Körperkontakte
gleichgeschlechtliche 56–58, 153, 224, 228

zwischengeschlechtliche ... 56–57, 228
Körper- und Zeichensprache 50, 53–60, 184, 187–188, 217
Korruption 16, 19, 25–26
Koryo-Dynastie 16–19, 28, 32
kosa (Einweihungszeremonie) 38
Krankenhäuser 204–205
Krankheit 36–37
Kriminalität 52, 168–169
Kritik 24, 49–50, 58, 90, 148–149, 184, 194, 207, 226
Kulturschock 11, 24, 164, 166, 168, 174–175, 207–214
Kulturspiel 215–224
Kündigung 48–49
kûne (Schaukelspiel) 138
Küssen 56
Kut-Zeremonie 35, 37–38
Kwangju 22, 196
Kyongju 16

Lachen und Lächeln 14, 24, 53, 58–59, 148, 179, 187–188
Landwirtschaft 12, 19, 22, 61–62
Lärm und Lautstärke 121, 136, 152, 170, 187
Lehrer und Lehrerrolle 27–28, 52, 54, 104, 109, 207, 219
Leistungswille 17, 182
Liebe 46, 80–81
Loben 148, 158
Lokale 117–118, 120, 149–154
Loyalität 25, 122, 171–172, 190

Mandschu 14, 20
Männer und Männerrolle .... 26, 42 –45, 76, 103, 114–116, 134–135, 147, 227
Märkte und Marktleben 169–174
Medizin
traditionelle koreanische *(hanyak)* 19, 35, 120, 126
moderne westliche 35, 204–206

Stichwortverzeichnis

Mieten 196–198
Militär 22–23, 26, 34, 147
Ming-Dynastie 18
Mischehen 210–211
Mitgift 62, 81–82
Modernisierung 11, 25, 30, 61, 149
Mönche, buddhistische ... 32, 109, 207
Mongolen und Mongolisch 14, 18
mudang (Schamanin) 35–38
Mütter und Mutterrolle 30, 45–46, 65–67, 70–71, 75–76, 88, 109

Nachbarn 52
Nachkriegsentwicklung 22–23
Nachrichten übermitteln 48
Nachtklubs 153–154
Namen 26, 40, 63–64, 143–145
Natur 11, 36
Nein, koreanisches 178, 186
Neujahr *(shinjang, sôl)* 27, 31, 54, 71, 97–98, 103–107, 136, 138, 166, 168, 192
Nichtkoreaner koreanischer Abstammung 212–213
nôlddwigi (koreanisches Wippspiel) 31, 104, 136, 138
Non-Gae 118
Nordkorea (siehe Demokratische Volksrepublik Korea)
Nudeln 78–79, 85, 128
nunchi 24, 48, 50–51

Offenheit 48, 53, 92, 115, 122, 124, 134, 146–148, 186, 218, 226–227
Öffentlichkeit 49, 202–203, 226, 228
Olympische Sommerspiele 1988 22
Ondol-Heizung 102, 132, 162, 222
Opfern 38, 40, 97–98, 110
Oppositionsbewegungen ... 34–35, 76

Paduk (»Go«-Spiel) 136–137
Paekche-Reich 16

Paek-il-Feier
(siehe Hundert-Tage-Feier)
Panmunjom 18, 23
Park Chung-hee 22, 34
Partnersuche 46, 77–78, 80–81
Pietät, kindliche 18, 25, 28, 30, 41–42, 45, 54, 94, 96
Politik und Regierung 26–27, 147–149
Porzellan 17–18
Privatleben 146–147
Probe-Alarm 23, 221
Profitdenken 182–183
Prostitution 118
Protektion 122–123, 190
Protestantismus (siehe auch Christentum) 32, 34
Pünktlichkeit 150, 156, 159, 188
Pusan 21, 28, 100, 135, 196, 199
Pyongyang 16

Rang, sozialer (siehe Status)
Rangordnung (siehe Hierarchie)
Rauchen 92
Reichsgründung 16, 112
Reis 68, 85, 100, 106, 110, 119, 125, 127, 129, 162, 205, 227
Reisen 85–86, 92, 95, 133–136
Reiskuchen 67–68, 85, 90, 104, 110–111, 130
Religion (siehe auch Buddhismus, Christentum etc.) 16, 24, 31–40
Rendezvous 77–78
Republik Korea (Südkorea) 12, 21, 34, 110
Respekt 26–27, 44–45, 48–49, 52–53, 58, 90, 92–94, 96, 98, 104, 111, 116, 121, 123, 129, 140, 143, 156, 166, 172, 184, 187, 190–191, 194, 225–228
Restaurants
  koreanische 84–85, 132, 151–152, 154, 204, 208
  ausländische 131–132
Rhee, Syngman 21–22

233

Roh Tae-woo 22
Room Saloons 152–153
Rücksicht
und Rücksichtlosigkeit 49, 51, 60
Rußland 20

S*aebae*-Verbeugung 104, 111
Sauberkeit 166–167, 208
Schamanin (siehe *mudang*)
Schamanismus 14, 24, 31–32, 34–40
Scheidung 28, 30
Schildkrötenschiffe 20–21
Schlangestehen 175, 180
Schrift, koreanische (siehe *hangul*)
Schuhe 157, 203, 208, 227
Schule und Schulzeit 61, 71, 74–76, 122, 124
Schwangerschaft 43, 61–66
Schwiegermütter 28, 43–44
Schwiegertöchter 43–44, 84, 86
Sejong (König) 14, 19–20, 112
Seoul 18–22, 32, 35, 55, 72, 100–101, 110–111, 138, 150, 154, 176, 196, 199, 200–202
Sexualität 148
Shilla-Dynastie 12, 16, 28, 32, 36, 115
Sicherheit 168–169
Singen 119–120, 152, 158–159, 163, 227
Sitzen 132, 158, 162–163, 201, 225
Söhne und Sohnesrolle 25, 27–28, 30, 35, 41–45, 62–65, 92, 94–95, 97–98, 103
Sôrak-Gebirge 100, 134, 136
Sorgerecht 30
Sowjetunion 21
Soziale Fürsorge 30, 43–45, 62
Soziale Unterschiede 22, 76, 169, 226
Spaß 75, 114, 136–139
Spiele und Spielen 31, 72–73, 104, 114, 136–139

Sprache und Schrift
Chinesisch 14–15, 20, 63–64, 112, 173–174, 214
Englisch und andere westliche
Sprachen 15, 54, 176–178, 185–186, 194, 198, 200, 202, 204–205, 214
Koreanisch 12, 14–15, 44, 48, 122, 142–143, 173–174, 176–177, 185–186, 194, 198, 200, 205, 214
ssirûm (Ringkampf) 139
Status 26, 44, 48–49, 54, 58, 61, 80–81, 87–88, 109, 116, 129, 142–143, 166, 172, 183–184, 194, 200, 219, 226–228
Stille 59, 129, 158, 225
Stolz 48, 90, 148–149
Straßenverkehr 102, 108, 168, 179, 199–200
Streit 58
Streß 76, 114
Strom 198
Studentendemonstrationen 22
Studium und Studentenzeit 61, 74, 76–78, 122–124, 134
Südkorea (siehe Republik Korea)
Sung Hun 33
Suwon 138

T**abuthemen** 147–148, 155
Taegu 33, 196
Tag des Baumes
(*shingmok-il*) 106–107
Tag der Befreiung
(*kwangbok-chôl*) 110
Tag der Eltern
(*ôbôi-nal, ômôni-nal*) 109
Tag des Kindes (*ôrini-al*) 108
Tag des koreanischen Alphabets
(*hangul-nal*) 112
Tag des Lehrers
(*sûsûng-ûi nal*) 109
Tag der Streitkräfte
(*kukkun-ûi nal*) 111

Stichwortverzeichnis

Tangun (Reichsgründer) 16, 112
Tänze 35, 38, 40, 110, 211
Tanzlokale 153–154
Taxis und Taxifahren 174–181, 201
Tee 102, 162, 204
Teehäuser *(tabang)* 150, 152
Telefon und Telefonieren 186–187, 194, 198
Tempel 32, 100, 109–110, 134, 227
Theater 36
Tischsitten und Servieren 128–130, 158, 161–163, 225
Titel 26, 143, 184, 194, 227
Töchter und Tochterrolle 28, 30, 41–42, 46, 62–65, 81
Tod
und Trauer 36–38, 40, 61, 94–96
Toiletten und -gewohnheiten ... 47, 60, 154–156, 208, 227
Totengedenken 54, 97–98, 108, 110–111
Totengedenktag
(Volkstrauertag, *hyôngch'un-il*) 110
Totenwache 94–95
Trinken und Trinkgewohnheiten ... 76, 89, 92, 114–122, 134, 150–153, 158, 159–162, 182, 193, 204, 216, 227
Trinkgeld 153–154, 180, 227
Trinklokale 117, 120–121
Tripitaka Koreana 32–33
Ttol-Feier
(erster Geburtstag) 67–70, 80, 225
Tun und **Lassen** 225–228

U-Bahn 200
Überreichen 48, 58, 116, 227–228
Umgang mit Bekannten 52–53
Umgang mit Fremden 51–53, 144
Unabhängigkeitstag
(samil, samil-chôl) 106
Universität 35, 40, 74, 76–77, 122–124
Unternehmer 89
Urbanisierung 30, 41, 44, 52

Urlaub und Ferien 75, 85, 89, 114, 133–136

Väter und Vaterrolle 25–26, 30, 44, 64, 71, 109, 135, 190 191
Verabredungen 150, 186, 188
Verabschieden 54, 159, 163–164
Verbeugen 48, 53–55, 75, 84, 97–98, 104–106, 110–111, 144, 207, 228
Verfassungstag *(chehôn-il)* 110
Verhandlungen 153, 182, 184, 186–187, 189, 194
Verkehrsmittel 133, 199–202
Verlegenheit 24, 187–188
Vermittler 141, 184–185, 194
Verpflichtungen, soziale 25, 89, 122, 124, 192–193, 219
Verspätung 156, 159, 188
Verträge 182, 189, 193
Vertrauen 26, 182, 189, 193
**Verwandtschafts-
bezeichnungen** 46–47
Visitenkarten 26, 54, 142–144, 177, 194
Volkskünste 14, 76
Volksreligion (siehe auch Schamanismus, Buddhismus etc.) 16, 32
Vorstellen 26, 52–53, 142–145, 184–185, 194, 220, 228
Vorzimmer 141

Waffenstillstandsgrenze 12, 22
Wahrsagerei 40, 63, 68–69, 80–81
Wang Kôn (General) 16
Wasser 198, 204
Weihnachten 112–113, 192
Westliche Einflüsse 20, 132, 152–154
Winken 54, 58
Wirtschaft 14, 22–233, 30, 182
Wohnungssuche 196–199
Wohnweise 71–72, 82, 102, 128, 132, 158, 166–167, 169, 197, 199, 222

235

Yalu 22
Yangban-Schicht 19, 26, 28
Yi-Dynastie 18–20, 25–26, 28, 30, 32, 36, 74, 138
Yi Sông-gye (General) 18–19
Yi Sun-shin (Admiral) 20-21
yônnalligi (Drachensteigen) 104, 138
Yun Posun 22
Yushin-Verfassung 22

yut (Spiel) 71, 104, 136

Zahlen
  glückliche und unglückliche 97
  koreanische und sino-koreanische 173–174
Zeit 52, 141, 172, 188–189, 200
Zuneigung zeigen 56, 73, 226, 228
Zurückhaltung 146
Zweiter Weltkrieg 21